# ELOGIOS PARA

## *DESARROLLE MUJERES LÍDERES*

«En *Desarrolle mujeres líderes*, Kadi Cole ofrece a los líderes una clase magistral de forma virtual sobre las mujeres en el liderazgo. Esta es una lectura obligada tanto para hombres como para mujeres. Kadi se adentra en algunos de los temas más delicados que enfrentan los líderes con respecto a los hombres y las mujeres en el lugar de trabajo, y lo hace con sabiduría, entendimiento, claridad y precisión. Este libro le resultará reflexivo, práctico y útil en gran manera».

—**Carey Nieuwhof**, pastor fundador, Iglesia Connexus; autor de *Didn't See It Coming* [No me lo esperaba]

«*Desarrolle mujeres líderes* es el libro de esta época para todos los líderes. Práctico, bien documentado, que enfrenta los matices con honestidad y escrito en un estilo convincente y poderoso que, posteriormente, definirá la iglesia del futuro».

—**Jo Anne Lyon**, embajadora, superintendente general emérita de la Iglesia Wesleyana

«En un momento en que el liderazgo es una necesidad primordial, hay una gran cantidad de mujeres talentosas listas para liderar. Kadi nos muestra cómo maximizar su potencial al ofrecer a los lectores un enfoque práctico y balanceado para equipar y facultar a la próxima generación de mujeres líderes».

—**Jerry Hurley**, líder de desarrollo de equipo, Life Church, ciudad de Oklahoma, Oklahoma

«Conocí a Kadi por primera vez en una reunión de mesa redonda de los principales líderes de las iglesias más grandes de Estados Unidos. Como el único no estadounidense, yo sobresalía. La otra persona que se destacaba entre las demás era Kadi, por ser la única mujer en la habitación ese día. Como líder de la iglesia durante casi tres décadas, es b̶̶̶̶̶̶̶̶̶̶ norama de las mujeres en el liderazgo esta̶̶̶̶ historias y las historias de otros que ella ha registrado serán una inspiración para usted».

—**Pastor Joel A'Bell**, pastor principal, Iglesia Hillsong, Australia

«La iglesia nunca ha necesitado mujeres líderes más que en la actualidad. Kadi Cole está llevando una sabia orientación hacia un área crucial».

—**John Ortberg**, pastor principal de la Iglesia Menlo; autor de *La eternidad comienza ahora*

«¡Cómo desearía que este libro hubiera estado disponible décadas atrás cuando comencé a liderar en la iglesia local! Recomiendo esta herramienta a los líderes de la iglesia que saben que podemos hacerlo mejor, quienes creen que el deseo de Dios es que los hombres y las mujeres sirvan con respeto mutuo en culturas saludables donde todos podamos avanzar».

—**Nancy Beach**, entrenadora de liderazgo, Grupo Slingshot; autora de *Las mujeres lideran mejor: El arte de ser mujer y líder dentro de la iglesia*

«Kadi Cole ha provisto un excelente recurso que puede ayudar a cualquier organización a identificar y desarrollar de manera más efectiva e intencional lo que lamentablemente es una fuente de liderazgo sin explotar en muchas organizaciones cristianas. Solo los dos últimos capítulos valen el precio del libro para todo líder. Práctico, perceptivo y saludable, *Desarrolle mujeres líderes* es una guía a la que usted y su ministerio harán referencia en los próximos años».

—**Bill Willits**, director ejecutivo de Ministry Environments, Ministerios North Point; coautor de *5 Llaves para construir grupos pequeños*

«Kadi nos ha dado un regalo que todo líder necesita: las herramientas para desarrollar mujeres líderes. Escrito con coraje, honestidad y percepción que provienen de años de experiencia, *Desarrolle mujeres líderes* es un libro sin el cual no podemos dirigir».

—**Sherry Surratt**, directora ejecutiva de Parent Strategies en Orange Ministries

«Kadi fue una de las pioneras entre las mujeres en el liderazgo de la Iglesia Christ Fellowship. Le damos crédito a Kadi por ayudarnos a hacer realidad aquí la visión dada por Dios. Cada vez que viajo, me encuentro con personas que mencionan cuánto la admiran. Me enorgullece mucho haberla apoyado para que sea todo lo que Dios le ordenó que fuera como mujer que lidera el camino en el ministerio hoy. Este libro será un factor de cambio para usted y su equipo».

—**Tom Mullins**, pastor fundador, Iglesia Christ Fellowship

«No podemos ignorar la necesidad de desarrollar con mayor intencionalidad mujeres líderes, sobre todo en nuestras iglesias. Kadi ofrece una perspectiva valiosa y una investigación reveladora que expandirá su forma de pensar. El tono es amable pero no apologético. Tanto hombres como mujeres necesitan escuchar las historias y emplear las mejores prácticas descritas aquí».

—**Jenni Catron**, entrenadora de liderazgo, autora y fundadora de 4Sight Group

«Kadi Cole ha escrito un valioso libro que enfrenta una necesidad evidente. Con confianza, pero con gran respeto, reconoce el déficit en el desarrollo de mujeres líderes y luego usa la historia para ofrecer soluciones prácticas para satisfacer esta necesidad. Este libro le dará una comprensión valiosa y le ayudará a liderar y a desarrollar sus mujeres líderes».

—**Dee Ann Turner**, vicepresidenta, Chick-fil-A (retirada), autora de *El gusto es mío: El impacto del talento extraordinario y una cultura cautivante*

«¡Sincero, revelador y práctico! Una mirada directa a un tema relevante que merece nuestra atención. Independientemente de su posición teológica, Kadi ha escrito un recurso excelente y estimulante que le ayudará a desarrollar un equipo saludable y productivo».

—**Dan Reiland**, pastor ejecutivo, Iglesia 12Stone

«Las palabras de Kadi Cole ayudarán a cerrar una importante brecha para la iglesia en la actualidad. Estoy agradecido de que haya tenido el deseo y la tenacidad para completar este libro que todos deberían leer».

—**Mallory Bassham**, pastor principal asociado, Iglesia Gateway

«La mayoría de los libros sobre mujeres en el liderazgo son más una defensa de un cierto punto de vista teológico que una base práctica sobre cómo desatar el talento dado por Dios a las mujeres en nuestras iglesias. Kadi Cole rompe ese patrón. Si eres una mujer que busca determinar su función y la mejor forma de usar sus dones de liderazgo, o un hombre que busca ayudar a las mujeres en su vida y su iglesia a convertirse en todo lo que Dios las ha llamado a ser, este es un libro que no solo necesita leer, sino también tomar nota».

—**Larry Osborne**, pastor, Iglesia North Coast; autor de *Lead Like a Shepherd* [Lidera como un pastor]

«La pasión de Kadi por ver a otros alcanzar su potencial de liderazgo se refleja en cada página de este libro. Su experiencia de primera mano como mujer en el liderazgo de la iglesia ofrece sabiduría difícilmente devengada y herramientas prácticas para pastores y líderes. Este es un libro importante para el cuerpo de Cristo en esta época».

—**Todd y Julie Mullins**, pastores principales, Iglesia Christ Fellowship

«El poderoso libro de Kadi me ayudó a escuchar de primera mano lo que significa ser una mujer que trata de llevar el liderazgo en el ministerio. Este libro está lleno de formas prácticas con las que todos podemos colaborar para ayudar a las mujeres en el liderazgo. El reino de Dios avanzará y tomará un nuevo terreno gracias a este libro».

—**Lance Witt**, fundador, Replenish Ministries

«Kadi Cole expone hábilmente los problemas cruciales que enfrenta la mujer líder. Ella desafía a los líderes del ministerio a luchar con su teología y prácticas para desarrollar e involucrar a las mujeres en los roles de liderazgo del ministerio. El resultado de su peregrinar con ella en este libro le conducirá a establecer sus mejores prácticas para colocar a las mujeres en el liderazgo. Disfrute el viaje».

—**Doug Randlett**, pastor principal asociado, Iglesia Thomas Road; profesor adjunto, Liberty University

«La amplia experiencia de Kadi al liderar a niveles muy altos en la iglesia la hace excepcionalmente calificada para hablar sobre lo que creo es uno de los mayores problemas que enfrenta la iglesia estadounidense. Si valora los dones de las mujeres para liderar en el contexto de su iglesia, le recomiendo este libro».

—**Geoff Surratt**, entrenador de iglesia multicéntrica; fundador de Ministry Together

«El liderazgo de Kadi como enfermera, profesional de educación superior y líder ejecutivo en la iglesia desde hace mucho tiempo ofrece una riqueza de experiencia. Sus ideas, junto a las de los miles que ha entrevistado, brindan comprensión clara y herramientas prácticas. El libro de Kadi lo guiará a usted a lo largo de un camino para aumentar exponencialmente el potencial del liderazgo de su iglesia».

—**Greg Ligon**, director de operaciones, Leadership Network

«Este poderoso libro es único, bien documentado y se necesita desesperadamente. Me encanta el espíritu de mi amiga Kadi Cole en su redacción. Sus historias sinceras y consejos prácticos me hicieron sentir incómodo en algunos puntos, pero seguí leyendo porque, honestamente, lo necesitaba. El capítulo sobre las mejores prácticas para el desarrollo de mujeres líderes vale más que el precio del libro».

—**Dr. Warren Bird**, autor o coautor de treinta y un libros, incluidos *Creador de héroes*, *Teams That Thrive* [Personas que prosperan] y *How to Break Growth Barriers* [Cómo romper las barreras de crecimiento]

«La cultura cambia a través de las conversaciones. *Desarrolle mujeres líderes* de Kadi Cole equipa a los líderes de la iglesia con las herramientas para promover esas conversaciones. Sus profundos conocimientos obtenidos a través de años de experiencia personal pueden ser el catalizador para que el cuerpo de Cristo se vuelva más completo».

—**Kevin Penry**, líder direccional de operaciones 2000-2017, Life Church, ciudad de Oklahoma, Oklahoma

«Un recurso innovador que se convertirá en un pilar fundamental para las iglesias y los ministerios que buscan formar mujeres líderes talentosas. Kadi es una destacada profesional que ofrece principios de liderazgo probados e investigación reveladora junto con ideas muy prácticas que pueden ponerse en práctica de inmediato. ¡Mantendrá este libro cerca de su espacio de trabajo y lo consultará una y otra vez durante muchos años!».

—**Jon Ferguson**, cofundador, Iglesia Community Christian y NewThing

«Independientemente del punto de vista que usted tenga sobre el papel de las mujeres en la iglesia, este libro es una guía útil sobre cómo relacionarse y desarrollar mujeres líderes en su congregación. Kadi Cole aborda los estereotipos, los conceptos erróneos y los abusos que las mujeres líderes de la iglesia han sufrido. Más importante aún, ella ofrece ayuda práctica al crear ambientes y relaciones eclesiales saludables para que las líderes femeninas prosperen y crezcan».

—**Jim Tomberlin**, pastor, autor y fundador de MultiSite Solutions

«Una lectura obligada, brillante y oportuna para todos los líderes cristianos, independientemente de su punto de vista teológico. Kadi Cole aporta la claridad necesaria y las ideas prácticas que nos ayudarán a valorar, respetar y movilizar mejor, al menos a la mitad de los que asisten a nuestras iglesias».

—**Steve Stroope**, pastor principal, Iglesia Lake Pointe; autor de *Tribal Church* [Iglesia tribal]

«¡Qué libro tan oportuno para la iglesia! Este es un libro sumamente práctico para mujeres que intentan encontrar su lugar en el liderazgo. Y también es un libro para quienes ayudan a las mujeres a desarrollar su capacidad de liderazgo. ¡Obtenga este libro, léalo y libere el potencial de las mujeres en su iglesia!».

—**Jim Sheppard**, director ejecutivo y jefe, Generis

«Un enfoque extremadamente práctico y equilibrado para abordar lo que a veces puede ser un tema candente. Todos los pastores y los líderes de ministerio que se toman en serio la incorporación de los dones de manera igualitaria y el llamado santo de las mujeres en nuestras iglesias deben leer, aprender y considerar estos modelos a seguir».

—**Jimmy Scroggins**, pastor principal, Family Church.

# DESARROLLE
## *mujeres*
# LÍDERES

# DESARROLLE
## *mujeres*
# LÍDERES

### ESQUIVE LOS OBSTÁCULOS Y LIBERE
### EL POTENCIAL DE LAS MUJERES EN SU IGLESIA

# KADI COLE

 Vida

*La misión de Editorial Vida es ser la compañía líder en satisfacer las necesidades de las personas, con recursos cuyo contenido glorifique al Señor Jesucristo y promueva principios bíblicos.*

**DESARROLLE MUJERES LÍDERES**
Edición en español publicada por
Editorial Vida – 2023
Nashville Tennessee
© **2023 Editorial Vida**
Este título también está disponible en formato electrónico.

Publicado originalmente en EE. UU. con el título:
**Developing Female Leaders**
**Copyright © 2019 por Kadi Cole**
Publicado con el permiso de Zondervan, Grand Rapids, Michigan 49546.
Todos los derechos reservados.
Se prohíbe su posterior reproducción y distribución.

Todas las citas bíblicas han sido tomadas de La Santa Biblia, Nueva Versión Internacional® NVI® © 1999 por Biblica, Inc.® Usada con permiso. Reservados todos los derechos en todo el mundo.

Editora en jefe: *Graciela Lelli*
Traducción, edición y adaptación del diseño al español: *Grupo Scribere*

ISBN: 978-0-82974-624-2
eBook: 978-0-82974-625-9
Número de Control de la Biblioteca del Congreso: 2022946872

CATEGORÍA: Religión / Vida cristiana / Liderazgo
IMPRESO EN ESTADOS UNIDOS DE AMÉRICA
PRINTED IN THE UNITED STATES OF AMERICA

23 24 25 26 27 LSC 9 8 7 6 5 4 3 2 1

## Sobre Leadership ⚹ Network

La Leadership Network fomenta movimientos de innovación que conducen a la iglesia a un mayor impacto. Ayudamos a modelar las conversaciones y las prácticas de iglesias pioneras en Norteamérica y alrededor del mundo. Su disposición es identificar a los líderes eclesiales con ideas innovadoras y ayudarlos a catalizar esas ideas para que resulten en movimientos que modelan la iglesia.

Junto con la editorial HarperCollins Christian Publishing, el nombre más grande en libros cristianos, la impronta NEXT de Leadership Network es llevar ideas a la implementación para que las ideas de los líderes tomen forma, sustancia, y se hagan realidad. Puesta en manos de otros líderes de la iglesia, esa realidad comienza a extenderse de un líder a otro... y al siguiente... y al siguiente, donde esa idea comienza a florecer hasta convertirse en un movimiento desarrollado que crea un impacto real y tangible en el mundo que la rodea.

NEXT: Un recurso de Leadership Network comprometido a ayudarlo a usted a hacer crecer su siguiente idea.

leadnet.org/NEXT

*Este libro está dedicado a…*
*Las mujeres que modelaron el liderazgo femenino piadoso para mí… Mi*
*madre, Harriet. Eres una de mis más ricas bendiciones. Mi mentor de*
*liderazgo espiritual y amigo de toda la vida, Jill Brandenburg. Mi jefa*
*favorita y exigente, Dra. Marianne May. Y los hombres que hicieron*
*un gran esfuerzo para abrirme las puertas del liderazgo… pastor Gale*
*Fister, Jim Kuffel, Bob Woods, Dr. Doug Randlett, pastor Jeff Bogue,*
*pastor Todd Mullins y Greg Ligon. No hay palabras para agradecerles.*

# Contenido

# BIENVENIDA

«Tiene muy buenas caderas para dar a luz».

Esa fue mi primera experiencia en el liderazgo del ministerio como mujer. Hacía poco me había mudado al otro lado del país para mi primer trabajo después de graduarme de la universidad, y me había ofrecido como voluntaria para liderar la mesa de identificación para el picnic del ministerio de solteros de mi iglesia. Era enérgica, ingenua, estaba llena de esperanzas y lista para compartir el amor de Jesús con todos los que conocía. Ese espeluznante divorciado de cuarenta y cinco años me tomó por sorpresa.

No supe qué hacer. ¿Estaba bromeando? ¿De alguna manera había yo enviado una señal equivocada? ¿Cuál es la forma correcta de responder a esto?

Con torpeza, intenté reírme en el momento, pero nunca he olvidado cuán fuera de lugar y vulnerable me sentí de inmediato. Por fortuna, tuve algunos buenos líderes que se pusieron a mi lado, pusieron sus ojos en blanco junto a los míos, y me ayudaron a encontrar otras vías y experiencias que fueron totalmente opuestas: afirmativas, edificantes y muy divertidas. De no haber sido así, estoy casi segura de que el hombre de «las caderas para dar a luz» y otros muchos encuentros desafortunados habrían desanimado mi pasión por servir en el ministerio y habrían socavado mi confianza en las personas que componen la iglesia de Jesús. ¡Oh, cuánto me habría perdido!

No soy la única con este tipo de historias. De hecho, mientras más mujeres líderes en el ministerio conozco, más historias increíbles escucho. Algunas son muy divertidas, algunas son ridículas y otras lo harían llorar. Hay un gran poder en recordar y compartir nuestras experiencias, sobre todo para los líderes jóvenes que vienen detrás de nosotros.

Algunos líderes increíbles (tanto hombres como mujeres) hicieron eso por mí, así que este libro es mi intento de llevar historias poderosas a más iglesias, a más equipos de liderazgo y a más mujeres líderes prometedoras para animarnos, inspirarnos y desafiarnos a todos a cumplir nuestros llamamientos a plenitud.

Me doy cuenta de que la mujer en el liderazgo de la iglesia es un tema controversial, y aunque por lo general no soy de los que participan en un debate tan cargado de emociones, este sigue apareciendo en casi todas las conversación o compromisos de liderazgo que tengo. Puesto que provengo de una iglesia cristiana espiritualmente rica y ecléctica, he aprendido a amar, comprender y apreciar a las personas y los ministerios en ambos puntos de vista de este tema teológico.

Crecí en las montañas de Montana, donde los roles de género no son muy tradicionales: los hombres suelen cocinar y cultivar el huerto, mientras que las mujeres frecuentemente cazan y saben cómo cambiar el aceite de su auto. Pero la mayoría de las mujeres que vi en nuestra pequeña iglesia misionera solo desempeñaban roles femeninos tradicionales, como lo son el cuidado de los niños y la cocina. En la universidad, era parte de una iglesia luterana cerca de Seattle donde se ordenaba a las mujeres sin ninguna reserva y nadie lo cuestionaba. He sido parte de una iglesia bautista en el sur, donde vi a una mujer del personal altamente calificada dudando constantemente en darle toda su perspectiva al pastor principal, aun cuando él le pidió su opinión con toda honestidad. Y he estado en el personal de liderazgo en una iglesia que comenzó con una opinión con respecto a este asunto, y luego cambió por completo al lado opuesto. Todos ellos fueron lugares maravillosos para crecer, contribuir, aprender y liderar.

Ahora, en mi trabajo como consejera de la iglesia y entrenadora de liderazgo, veo a Dios obrar en muchos contextos y enfoques diferentes. Los amo a todos, y honestamente respeto la opinión de cada uno sobre este tema. Pero algo ha cambiado durante el último tiempo en mi trabajo con los líderes de la iglesia.

Por lo general, cuando hablo en una conferencia o dirijo un entrenamiento en una iglesia, son las mujeres líderes las que se sienten emocionadas de conectarse y hablar sobre mi viaje personal, en especial, sobre cómo terminé liderando a altos niveles en iglesias que no estaban abiertas públicamente a tener mujeres en puestos de liderazgo. Pero cada vez más y más, pastores principales y líderes ejecutivos se me han acercado para preguntarme sobre qué pueden hacer para ayudar a desarrollar a las jóvenes líderes en su personal y en sus congregaciones. Hablo de preparación y entrenamientos, de ver a las mujeres líderes más allá de los títulos administrativos y secretariales, y de cómo impartir visión y proporcionar claridad sobre este asunto con sus equipos.

Mientras hablamos, por lo general ellos asienten y toman notas. Con frecuencia hacen algunas otras preguntas complementarias y, en ocasiones, ofrecen una descripción de las mujeres existentes en su equipo y una explicación de lo que han hecho hasta ahora para ayudarlas a crecer como líderes. Aquí es donde todo se vuelve extraño. En verdad escucho cosas como:

- «La ascendí a mi asistente para que pueda participar en las reuniones del equipo ejecutivo».
- «Asumo que solo la tendremos por un par de años más hasta que comience a tener hijos».
- «Le pedí a mi esposa (que no trabaja en la iglesia) que fuera su mentora».
- «Ella es un poco fuerte, lo que hace que nuestro equipo se ponga nervioso».
- «Hablé con su esposo para ver si ella estaría dispuesta a aumentar sus horas».

- «No quería que se sintiera incómoda por ser la única mujer, así que no la incluimos».
- «Tenemos un gran ministerio de mujeres, así que ella obtiene allí lo que necesita espiritualmente».
- «Íbamos a darle un ascenso, pero se quedó embarazada, y no quisimos sobrecargarla con un bebé en camino».

Siempre me sorprende. Estos hombres son realmente asombrosos, los líderes de más alto nivel en sus iglesias. Son inteligentes, aman al Señor, tienen grandes habilidades en el trato con las personas y están intentando con desesperación abrirle paso al talento femenino que ven en sus equipos.

Sin embargo, esto es lo que he notado: ellos tenían buenas intenciones, pero simplemente ignoraban lo que no conocían. Lo llamo ser «amorosamente ignorantes». ¿Cómo se podía esperar que estos líderes hicieran las cosas de manera diferente si no entendían por qué estas perspectivas y acciones son inútiles?

Y es por eso que escribí este libro. Espero resaltar los problemas y ayudar a los líderes de las iglesias a pensar de manera más crítica sobre lo que creen y cómo pueden ser aún más intencionales para elevar y facultar a las mujeres líderes que sirven en sus equipos y se sientan en sus congregaciones.

En todo este libro encontrará una colección de historias, experiencias, investigaciones, entrevistas, perspectivas, consejos, advertencias, sabiduría, y la candidez obtenida de…

- más de treinta mujeres líderes ejecutivas de alto nivel en el ministerio en una variedad de entornos, incluidas algunas de las iglesias más grandes e influyentes del mundo;
- más de mil mujeres líderes de iglesias de todo Estados Unidos y de varios otros países que completaron nuestra encuesta sobre el desarrollo de mujeres líderes; y
- un grupo de hombres líderes valientes de algunas de las iglesias

más influyentes de Estados Unidos quienes participan de forma activa en este tema, y están viendo el fruto de liberar a las mujeres para que contribuyan todas en el ministerio.

Hay preguntas de debate al final del libro que usted puede responder solo o junto con su equipo de liderazgo.

Mi única intención es ayudar. Si usted es abierto, curioso, apasionado, está deseoso, o tal vez incluso decidido a impulsar este tema en su iglesia, oro para que este libro sirva como un catalizador de conversación, una herramienta útil para ayudarlo a hacer cambios y una fuente de aliento e inspiración para «lo que podría ser».

## PARA LOS LÍDERES DE LA IGLESIA

Espero que comiencen a ver a las mujeres talentosas, dotadas y ungidas que Dios ha traído a su iglesia bajo una nueva perspectiva. Oro para que obtengan la visión que Dios tiene sobre cómo equipar y facultar su potencial inactivo para que toda su iglesia pueda beneficiarse del impacto de ellas y cumplir la misión a la que han sido llamados a liderar.

## PARA LAS MUJERES QUE COMIENZAN SU VIAJE DE LIDERAZGO (SIN IMPORTAR SU EDAD)

Espero que aprendan de estos narradores de historias y dadores de sabiduría. Sean inspiradas por su valentía, tenacidad, errores, victorias, vocación y santificación. Oro para que comiencen a ver su potencial y su camino de manera más claro, como Dios lo ve.

# PARA MUJERES LÍDERES EXPERIMENTADAS

Espero que este libro sea una confirmación de que su fidelidad y presencia en el ministerio marca la diferencia. Es importante que sigan apareciendo. Es importante que continúen aprendiendo y creciendo. Y es importante que comiencen a iniciar el diálogo, a educar a los líderes que les rodean, a invertir en las mujeres líderes más jóvenes que vienen detrás de ustedes y dejan las cosas mejor de lo que las encontraron. Ustedes importan.

La evidencia positiva de la diversidad de todo tipo en nuestros equipos y en nuestros lugares de trabajo ha sido clara durante mucho tiempo: mayor productividad, cultura enriquecida, mayor retención de talento, más innovación y creatividad, mayor impacto social y una mejor toma de decisiones en el liderazgo.[1] Y eso es solo en el mundo de los negocios. ¿Cómo serían nuestras iglesias si mejoramos en todas estas áreas? ¿Qué tipo de impacto podríamos ver para el reino si abrazamos el poder de la diversidad?

Espero que podamos descubrirlo.

*Modelo a seguir # 1*

# TRATE DE ENTENDER

«¿Dónde están todas las mujeres?», preguntó el pastor Joel A'Bell, pastor guía de la Iglesia Hillsong de Australia. Todos miraron a su alrededor con timidez. Un par de líderes se rieron entre dientes. Traté de sonreír cortésmente, pero evité el contacto visual con todos.

Esta no era la primera reunión de líderes de la iglesia en la que yo era la única mujer. Tampoco era la más grande. Pero fue, sin lugar a dudas, la más intimidante. Y no tenía nada que ver con el hecho de ser mujer.

Esta era la reunión anual de pastores ejecutivos de grandes iglesias multicéntricas. Se habían conocido a través de una comunidad de Leadership Network[1] a principio de la década del 2000, cuando el multicéntrico era un concepto nuevo, y nadie había escuchado aún el término *pastor de campus* ni se usaba una estructura organizativa matricial en la iglesia. Ellos continúan reuniéndose cada año para aprender los unos de los otros, compartir en qué están trabajando y animarse de forma mutua en el trabajo del ministerio en todo el mundo.

Ese año, mi iglesia local era la anfitriona, y mi pastor ejecutivo, quien me estaba reclutando para volver al personal como parte del equipo ejecutivo, me invitó a participar durante unos días para «probar de lo que sería parte». (No es una mala estrategia de reclutamiento, ¿verdad?)

El pastor Joel miró la habitación como si en realidad quisiera una respuesta.

Al ser de otro país y trabajar en ministerios alrededor del mundo, no estaba acostumbrado a este tipo de homogénea. Lo que nos parecía «normal» a nosotros despertó una señal de advertencia en él. Ninguno de nosotros tenía buenas respuestas, especialmente yo. Solo me sentía agradecida de estar en la habitación.

Otro pastor ejecutivo lo expresó de esta manera: «Hay tantas mujeres talentosas en nuestra congregación, pero es como si no pudieran abrirse paso, ni siquiera como voluntarias. Queremos que lo hagan, pero simplemente no podemos entenderlo. Vengo del mundo corporativo, y esto es desconcertante para mí».

*Desconcertante* es una buena definición para esto. Puede ser confuso para los pastores que están abiertos a que las mujeres hagan más en sus iglesias, pero descubren que existe una barrera invisible a la hora de reclutar y retener mujeres líderes de alta calidad.

¿Qué es? Si es evidente que tenemos necesidades que una mujer líder podría satisfacer y tenemos mujeres calificadas disponibles, ¿cuál es el impedimento?

Para responder a esa pregunta, usted debe adentrarse un poco en la mente de la mujer. Sé que es un pensamiento aterrador, pero hágalo conmigo. Si quiere entender el impedimento, debe entender el rechazo. Tiene que conocer la batalla interna que muchas de las mujeres de su congregación enfrentan para que pueda alentarlas y desafiarlas de manera correcta.

Obviamente, cada mujer es diferente. Pero a continuación verá los desafíos o las paradojas más comunes que las mujeres que entrevistamos y encuestamos enfrentan. Le animo a preguntarles a algunas de las mujeres líderes en su equipo y en su congregación por sus experiencias y perspectivas en torno a estos conceptos. Podrá darse cuenta de que muchos de ellos son verdad y el aprendizaje valdrá la pena. Sin una comprensión más profunda, seguirá desconcertado y ellas permanecerán subutilizadas.

## CONDICIONAMIENTO

Cuando he hablado con hombres líderes sobre este tema, ha sido difícil para mí encontrar las palabras adecuadas para describir los efectos que muchas culturas provocan en la visión que una mujer tiene de sí misma, su función, su llamado y su potencial. Muchas cosas influyen en esto durante nuestros años de crecimiento: nuestra dinámica familiar, el área del país donde vivimos, el tipo de escuela a la que asistimos y la cultura de nuestra iglesia. La mayoría de las mujeres mayores de treinta y cinco años probablemente crecieron con padres de la generación de posguerra conocidos como *baby boomer* (nacidos entre 1946 y 1964), en la que los roles de género eran claros, pero estaban siendo desafiados de manera progresiva. Sin embargo, si bien crecieron en la iglesia, estos roles de género tradicionales se mantuvieron firmes durante otros veinte o treinta años.

Ahora, amo ser mujer, y realmente amo a los hombres en mi vida. No quisiera que ninguno de nosotros renunciara a nuestras identidades de género o a las singularidades dadas por Dios que ellas expresan. Por tanto, cuando hablo de roles de género, no hablo del género propiamente dicho o la belleza que Dios revela en los hombres y las mujeres. Sino que me refiero a los roles estereotípicos que asignamos con facilidad a las personas basados únicamente en el género.

Cosas como estas:

- Los hombres son mejores en ciencia, tecnología, finanzas, resolución de problemas y videojuegos. Todos los hombres disfrutan trabajar en automóviles, arreglar cosas en la casa; les gusta la política, los deportes y las actividades al aire libre como la pesca y la caza. Los hombres son descuidados, perezosos y no cocinan ni limpian. Todos son líderes competitivos naturales.
- Las mujeres tienen talento natural para enseñar, organizar, cocinar, limpiar y relacionarse. Todas disfrutan de los niños, la moda, gastar dinero, decorar, comprar y bailar. Las mujeres ni son técnicas ni pueden arreglar cosas como automóviles o electrodomésticos. Las mujeres evitan el trabajo físico exigente y prefieren no sudar. Las mujeres son pacificadoras en las relaciones y seguidoras naturales.

Cada uno de nosotros ha crecido en conexión con algunos de los estereotipos de nuestro género y algunos que no nos describen en lo absoluto. Conozco muchos hombres que se sienten inseguros de que no son buenos en los deportes o que no son capaces de arreglar cosas de la casa. ¡Qué lástima! Dios nos ha creado a cada uno de nosotros y nos ha dado un estilo único que se ajusta a nuestra vocación específica. Los estereotipos lastiman a todos. Dondequiera que una mujer haya adoptado sus estereotipos, los efectos de estos mensajes durante décadas influyen en gran medida en lo que esta mujer líder en desarrollo piensa acerca de sí misma, cómo puede agradar a Dios y lo que puede ofrecer en servicio a su iglesia.

La mejor forma que conozco de describírselo a alguien que no ha experimentado que su género es una desventaja para el liderazgo es poner a los hombres en nuestro lugar. Para comprender mejor cómo se sentiría esto, lo siguiente es una sátira sobre la igualdad de género que escuché por primera vez en una conferencia para profesionales de educación superior. Esto no pretende insultar la posición teológica de nadie, pero quiero desafiarlo a pensar en cuán diferente vería su capacidad

de liderazgo si esto es lo que escucha semana tras semana durante sus
años de formación y crecimiento.

## Diez razones por las que los hombres no deberían ser pastores, por David Scholer[2]

10. El lugar de los hombres está en el ejército.

9. Para los hombres que tienen hijos, sus deberes pueden distraerlos de la responsabilidad de ser padre.

8. Su constitución física indica que son más adecuados para tareas como cortar árboles y luchar contra gatos monteses. Sería «antinatural» para ellos tener otras formas de trabajo.

7. El hombre fue creado antes que la mujer, obviamente como un prototipo. Por lo tanto, los hombres representan un experimento, en vez del logro supremo de la creación.

6. Los hombres son demasiado emocionales para ser sacerdotes o pastores. Su conducta en los juegos de fútbol y baloncesto lo demuestra.

5. Algunos hombres son bien parecidos, y esto distraería a las mujeres creyentes.

4. Los pastores necesitan nutrir sus congregaciones. Pero esto no es un rol masculino tradicional. A lo largo de la historia, las mujeres han sido reconocidas no solo como más hábiles que los hombres en la crianza, sino también atraídas a esto con más fervor. Esto hace que ellas sean la elección obvia para la ordenación.

3. Los hombres son demasiado propensos a la violencia. Ningún «hombre viril» quiere resolver las disputas de ningún otro modo que no sea peleando. Por lo tanto, no serían buenos modelos a seguir, además de ser peligrosamente inestables en puestos de liderazgo.

2. El Nuevo Testamento nos enseña que Jesús fue traicionado por un hombre. Su falta de fe y el consiguiente castigo nos

recuerdan la posición subordinada que los hombres deberían tomar.

1. Los hombres pueden participar en las actividades de la iglesia, incluso sin ser ordenados. Pueden barrer las aceras, reparar el techo de la iglesia, y tal vez incluso dirigir los cantos el Día de los Padres. Al limitarse a tales roles masculinos tradicionales, aún pueden ser de vital importancia en la vida de la iglesia.

Una locura, ¿verdad? Pensar en transmitir a los jóvenes estos mensajes va en contra de todo lo que nos han enseñado. Sin embargo, las mujeres reciben estos mensajes todo el tiempo.

- El lugar de la mujer es en el hogar.
- Las mujeres están diseñadas física y mentalmente ante todo para la maternidad.
- Las mujeres son muy emocionales y les cuesta mucho trabajo tomar decisiones claras o comunicarse de forma efectiva.
- Las mujeres, en especial las hermosas, son una tentación para los hombres y no se puede confiar en mantener límites apropiados.
- Las mujeres son secundarias y encuentran su valor a través de los hombres en sus vidas.

Para una joven líder, estos mensajes sutiles (y a veces no tan sutiles) realmente pueden afectar su comprensión de la persona que Dios la ha hecho ser y de lo que la ha llamado a hacer.

Sin embargo, si creció en un hogar donde no había roles de género estereotipados, es probable que esta muchacha no haya asimilado el mensaje tan fuerte como las que sí tuvieron un hogar con roles de género definidos. De hecho, uno de los descubrimientos más sorprendentes en nuestras entrevistas fue que, de las treinta mujeres líderes a alto nivel en el ministerio que entrevistamos, casi todas crecieron sin los roles tradicionales del género femenino. Por ejemplo, ambos padres de la líder trabajaban a tiempo completo con carreras exitosas, o creció con una

madre soltera a quien vio desempeñar todos los aspectos de la vida hogareña, el mantenimiento de la casa y la crianza de los hijos, o asistió
a una escuela para niñas en la que las jóvenes desempeñaban todos los
roles en los deportes, el gobierno estudiantil, y los estudios, incluyendo
ciencia, tecnología, matemáticas e ingeniería. Esto parece haber desarrollado sus habilidades de liderazgo y confianza en dos formas:

- Estas mujeres no sabían que no debían buscar un trabajo o un rol
  que les pareciera interesante. Vieron líderes alrededor de ellas, y
  en lugar de ver el género, vieron los dones, la pasión y las habilidades. Estos fueron los elementos que utilizaron como base para
  decidir si el rol sería una buena opción para ellas o no. La pregunta nunca fue: «¿se me permitirá?»; siempre fue: «¿quiero intentar
  esto?». O «¿es esto una buena opción para mí?».

- Dado que muchas de estas mujeres desde muy jóvenes irrum-
  pieron en entornos dominados por los hombres en la escuela o
  el trabajo, aprendieron a construir relaciones, encaminar los desafíos y desarrollar una «piel gruesa» que fue increíblemente útil
  para liderar en una iglesia dirigida sobre todo por hombres. Una
  mujer comentó que era mucho más fácil crecer en un ambiente
  dominado por hombres porque sus líderes y compañeros eran
  «tiradores directos», pues daban constantemente sus comentarios de forma clara y en tiempo real sobre cómo podría mejorar.
  Casi todas las entrevistadas podían ver esto ahora en retrospectiva, pero en aquel momento no tenían idea de cómo Dios las
  estaba preparando para el liderazgo en el ministerio.

¿Podría ser que esta «primera generación» de mujeres líderes de
nivel ejecutivo en el ministerio tuvieron una posible ventaja porque sus
años de formación les dieron la oportunidad de vivir por encima de
los estereotipos de género? Quizás pudieron romper el techo de cristal
en las iglesias, a menudo llamado el «techo de cristal empañado»[3] porque en la base de quienes se veían a sí mismas que eran, no se asumía

ninguna limitación para lo que podían hacer. Para mí, esto tiene dos grandes implicaciones:

- Esta próxima generación de mujeres, que ha crecido con una visión mucho más amplia de lo que una mujer es capaz de hacer, traerá con ellas un nivel de habilidad y confianza que nunca hemos visto en la iglesia. Piense en el potencial que tienen y en lo que nos perderíamos si solo encontraran un lugar para sus habilidades de liderazgo fuera de la iglesia. ¡Descubrir cómo desarrollar estas líderes y capacitarlas para el ministerio no podría ser más importante ni más urgente!

- Nuestros programas de discipulado a temprana edad (presecundaria) necesitan incluir programación intencional basada en el género para que las niñas y los niños practiquen todos los roles que se necesitan para convertirse en y hacer discípulos. Necesitan ver muchos ejemplos tanto de hombres como de mujeres que desempeñan varios roles ministeriales basados en sus talentos, no solo en su género. Debe haber libertad no solo para que los hombres sean los acogidos y las mujeres las que acomodan, sino también para que los hombres estén detrás de la escena, en la cocina, y las mujeres al frente, en el escenario. Cuanto antes comience esto, mejor oportunidad tendremos de apoyar a nuestra congregación a descubrir y cumplir su propósito dado por Dios.

Además de los mensajes individuales que una mujer líder ha estado recibiendo, también debemos recordar las mayores limitaciones culturales que las mujeres estadounidenses han enfrentado. Aunque estas no son necesariamente parte de la vida diaria de todas las mujeres en la actualidad, nuestras madres y abuelas (quienes influyeron mucho en nuestro pensamiento sobre nuestro potencial como mujeres) crecieron en un mundo muy diferente. Aquí hay una pequeña perspectiva de donde hemos venido como nación en torno a la igualdad de las mujeres en los últimos cien años.

- Antes de 1920 las mujeres no podían votar en Estados Unidos.[4]
- Antes de 1963 era legal pagarles a las mujeres menos que a los hombres por igual trabajo (en ese momento a las mujeres se les pagaba un 41 % menos en el mismo empleo).[5]
- Antes de 1974, las mujeres no podían solicitar una tarjeta de crédito sin un esposo o padre como cofirmante.[6]
- Antes de 1975 había estados donde las mujeres no podían servir en los jurados.[7]
- Antes de 1978, las mujeres podían perder su trabajo por quedar embarazadas.[8]
- Antes de 1980 no existía una definición de acoso sexual, y, por lo tanto, no había forma de proteger a las mujeres, sobre todo en su lugar de trabajo.[9]

Mi madre ha sido la persona que más me ha animado, pero creció en una época en que las mujeres eran tratadas de manera muy diferente a los hombres. A su madre no se le había permitido votar siendo una joven adulta. Mi mamá recibía un salario mucho más bajo que sus compañeros y no pudo tener su propia tarjeta de crédito hasta cerca de sus cuarenta años. Ella fue la primera mujer en su familia que asistió a la universidad, pero pensaba que sus únicas opciones eran convertirse en maestra o enfermera. Y vivió décadas de acoso sexual sin poder protestar.

Por tanto, no es de sorprender que cuando di grandes pasos hacia la independencia o el liderazgo, mi madre, aunque trató de apoyarme, también se mostró muy preocupada. No quería que me decepcionara. No quería que fracasara. No quería que golpeara el techo de cristal y me sorprendiera. Este tipo de preocupación a veces puede parecer poco solidaria, o como si cuestionara la capacidad de una mujer joven, lo cual no es el caso en absoluto: una madre preocupada cuestiona la voluntad del *mundo* para aceptar a una mujer joven con capacidades de liderazgo.

Otra de las cosas que pueden condicionar a una mujer contra

liderar en la iglesia son las declaraciones a menudo desapercibidas, pero fuertes, sobre ser mujer, residuos de la historia de nuestra sociedad.

Escuché la entrevista de Julie Roys a una joven llamada Abby Snow en su transmisión *Up for Debate* [Tiempo de debate] de la Radio Bíblica Moody. Para Abby, este acondicionamiento social apareció en una clase de seminario.

Recuerdo estar en una clase [de posgrado] y habíamos leído un libro con verdades maravillosas, escrito por un hombre piadoso, pero cada ejemplo sobre lo que no se debe hacer en el liderazgo era una metáfora femenina.

Era la «esposa fastidiosa».

Era un «cuento de viejas».

Era la «madre gallina».

Así que lo mencioné en clase y dije: «Saben, veo estas verdades bíblicas y quiero aceptarlas con humildad y sabiduría, pero es muy difícil para mí verme como una líder cuando todos los ejemplos negativos sobre lo que no se debe hacer en el liderazgo [son] femeninos». Así que le comenté esto a mi profesor; él es un buen hombre y respondió: «Oh, nunca me había percatado de eso».[10]

Danielle, una joven pastora de una comunidad, me describió sus experiencias con los roles de género de la siguiente manera:

Tuve algunas experiencias en mi niñez donde un maestro o un entrenador o alguien así en la escuela me designaba o colocaba en algún tipo de posición de autoridad sobre mis compañeros de clase, pero sin tener un título o algo por el estilo, simplemente decía: «¿Te encargarás de esto?» o «¿quisieras explicarle esto a ese grupo de personas?». Supongo que vieron capacidad en mí, pero en aquel momento era muy embarazoso e incómodo. «¿Por qué me expone así delante de mis amigos que realmente no quieren que los controle o los guíe de ninguna manera?». Puedo ver ahora que vieron algo en mí o un cierto conjunto de habilidades, pero al principio, no asocié esto con mis talentos de manera acogedora. Y luego, encima de eso, todo lo que había visto en mi vida hasta ese entonces, cuando se trataba de género y liderazgo, caía dentro de dos marcos.

Uno era que tuve muchas mujeres en mi vida, ya sea mi madre o mi abuela o incluso personas en la iglesia, cuyos talentos parecían ser manifestados de una forma muy bella a través de dones como la misericordia, la hospitalidad y la ayuda. Y así ellas florecían en sus talentos, y yo podía ver claramente la marca de Dios en sus vidas. Pero cuando yo traté de hacer lo mismo, no sentí que encajaba. Entonces era como: «Oh, bien. Quiero decir, ayudar a las personas es bonito, pero no siento que esto es mi vocación». Pero dado que todas las mujeres en mi vida hacen esto, pensaba que así era como lucía la feminidad.

Por otro lado, tuve hombres líderes en mi vida, incluido mi padre, quien, ahora reconozco, tenía un don realmente similar al mío: un don de liderazgo o un don de sabiduría o enseñanza. Pero, durante mis primeros años, solo vi hombres operar en estos dones, así que pensaba que estos eran dones masculinos. Así que tenía esta confusión de lo que era una buena feminidad o masculinidad. Pero en realidad, la confusión era ver cuáles son mis dones y mi vocación y cómo se manifiestan en los diferentes géneros. Así que pasé muchos años pensando que no era sobresaliente en nada, ni una buena mujer ni una buena líder.[11]

Estas experiencias no son únicas. Si las mujeres en su iglesia dudan en asumir roles de liderazgo de más alto nivel, aceptar un nombramiento específico, o tomar asiento en la mesa, hay una buena razón. Cuando esté junto a una mujer, haga preguntas, escuche y aprenda sobre su punto de vista singular, podrá descubrir cualquier idea errónea que esté deteniéndola. Además, usted tiene un poder increíble para ayudarla a verse de manera diferente, darse cuenta del potencial que tiene y abrir puertas de oportunidad que de otro modo ella no sabría que existen.

# PISOS PEGAJOSOS

¿Recuerda esa mesa redonda de pastores ejecutivos donde me sentí agradecida de estar en la habitación? Miro hacia atrás ahora y tengo que reírme de mí misma. Cometí todos los errores clásicos que una mujer líder tiende a cometer y que la frenan, a menudo sin saberlo.

- Fui cautelosa al hablar en todas las conversaciones formales. Recuerdo pasarle notas a mi pastor con puntos escritos sobre los temas para que pudiera añadirlos al diálogo. Incluso le susurré un chiste que, cuando lo dijo, provocó una gran risa en toda la habitación. (Él intentó con gentileza darme crédito, pero de alguna manera eso nunca funciona en realidad). La única vez que ofrecí mis pensamientos yo misma, levanté la mano y pregunté si podía decir algo. ¿Por qué no pensé que mi experiencia y perspectiva podrían sostenerse por sí mismas? ¿Por qué asumí que no pertenecía a ese grupo? Luego descubrí que en realidad tenía tanta experiencia en multicéntricos como muchos en esa sala, a veces más, pero en aquel momento ni siquiera podía comprender esa idea. Entré asumiendo que sabía menos y que tenía menos que ofrecer.
- Me sentí intimidada por los líderes en aquella habitación, y me resultó incómodo entablar cualquier tipo de conexión personal. ¿Qué podríamos tener en común fuera del campo de trabajo? Además, sabía cuán cautelosos son los líderes ministeriales cuando se trata de interacciones hombre-mujer, así que esperé a que alguien me hablara. ¿Por qué me permití perder la oportunidad de relacionarme con estos líderes de clase mundial?
- Cuando había una pausa entre sesiones y no sabía qué hacer, comenzaba a recoger platos sucios y tazas vacías de las mesas. ¿Por qué no sentí que podía simplemente caminar y unirme a una de las conversaciones de receso a mi alrededor?
- Cuando me preguntaron qué hacía en el ministerio, comencé

a dar una explicación sin sentido. ¿Cómo explico mi «título de niña» sin ser aburrida? ¿Recreo un título para que entiendan lo que hago, esperando que esto no sea mentir? ¿Por qué no determiné de antemano qué decir?

- Y, por supuesto, estaba demasiado preocupaba por cómo me veía y la imagen que estaba proyectando. Las tendencias perfeccionistas se interponen todo el tiempo para las mujeres, especialmente cuando se trata de apariencias. Estamos condicionadas para creer que de aquí se deriva gran parte de nuestro valor. ¿Por qué no podía simplemente confiar en mí misma y conectarme de manera auténtica con estos compañeros líderes? ¿Realmente les importaba (o incluso notaron) lo que llevaba puesto?

Estas y varias otras tendencias que las mujeres tienen para frenarse de crecer en el liderazgo se conocen como el «piso pegajoso».[12] El techo de cristal es una cosa, pero el piso pegajoso es a menudo igual de limitante, sobre todo en los círculos ministeriales. Estas son las actitudes y los comportamientos aprendidos que las mujeres asumen para con *ellas mismas* que les impiden crecer en sus capacidades de liderazgo y oportunidades para avanzar. Algunos desafíos del «piso pegajoso» que a menudo detienen a las mujeres incluyen no aprovechar las relaciones de mentoría, no aprender a presentarse de manera efectiva, esperar a que otro reconozca su trabajo duro en lugar de articularlo con confianza por sí mismas, y no saber cómo negociar con confianza por su propio valor (como el horario, el salario y los beneficios).[13]

Como líder organizacional, es útil que usted conozca que las inseguridades también afectan de muchas maneras negativas a las mujeres líderes. Por ejemplo, si hay una oferta de trabajo disponible, la investigación ha demostrado que un hombre solicitará ese trabajo si está 60 % seguro de que puede realizarlo bien. Él sabe que es probable que pueda descifrar el otro 40 % a medida que avanza. Por el contrario, si una mujer considera una oferta de trabajo potencial, esperará hasta estar 100 % segura de que puede realizar bien el trabajo *incluso antes de aplicar*.[14]

Esto tiene un doble impacto: la mujer no solo pierde oportunidades de crecer y mejorar, sino que sus líderes nunca saben que está interesada en avanzar en la organización.

No es raro escuchar de líderes de la iglesia que tienen trabajos disponibles y le han comentado a su equipo que el rol está abierto tanto para hombres como mujeres, y que las mujeres no apliquen. Para la mayoría de los hombres, esto parece un misterio, y desafortunadamente es fácil suponer que las mujeres no están interesadas en ese tipo de rol. Pero si conoce sobre la tendencia 60/100, puede hablar con la mujer líder prometedora sobre las nuevas oportunidades disponibles para ella y por qué usted cree que ella encajaría bien. Puede explicarle claramente que no espera que sea perfecta desde el primer día, sino que la capacitará por un período de seis meses o un año, le dará la información que necesite y le permitirá crecer en el trabajo. Es probable que ella necesite más aliento e incluso un «empujoncito amoroso» para ir en busca de una nueva oportunidad, pero a medida que crece en sus habilidades, gana confianza y experimenta un crecimiento exitoso en una posición, será menos vacilante la próxima vez.

Aquí hay algunas otras tendencias del «piso pegajoso» que limitan el éxito de las mujeres en el liderazgo:[15]

- Las mujeres a menudo usan palabras más suaves que minimizan su impacto («siento» en lugar de «pienso» y «sé»). Esto puede comunicar de forma inadvertida que no están seguras de si lo que expresan es preciso o no.
- Se disculparán por tener una opinión o por algo que sucedió que no fue su culpa. («Lo siento, pero no creo que sus cálculos sean correctos»).
- Las mujeres con frecuencia piden permiso para dar sus opiniones o perspectivas, incluso cuando tienen un lugar reconocido dentro de la reunión. Esto envía un mensaje a los demás, y a ellas mismas de que se supone que no deben estar allí realmente.
- El automenosprecio puede ser una herramienta útil para un líder

fuerte, pero las mujeres tienden a usarla con más frecuencia y de manera más personal. Esto puede comunicar una falta de autoestima o una incapacidad de ver sus propias fortalezas. Jugar a sentirse imposibilitada para aliviar la inseguridad de un hombre líder puede ayudarla a corto plazo, pero al mismo tiempo desacredita la visión que ese líder tiene de usted a largo plazo.

• Las mujeres a menudo evitan de forma automática buscar oportunidades o incluso rechazan una invitación porque no están seguras de poder lograr esto sin fallar en otra responsabilidad. Muchas mujeres necesitan ser entrenadas en cómo liderar en un nivel *superior*, y no solo añadir más a su plato ya lleno.

• Aunque las mujeres tienden a establecer muchas metas para sí mismas, a menudo son o demasiado realistas o muy poco realistas. Ni lo uno ni lo otro logra lo que debería ser un objetivo saludable: llevarla a hacer y ser más de lo que usted cree que puede, sin conducirla al fracaso.

• Debido a que existe una presión para «hacerlo todo», las mujeres a menudo nopiensan en pedir ayuda, incluso si es evidente que necesitan recursos adicionales o personal para ayudarlas a cumplir con sus responsabilidades. Esto se exacerba en el ministerio y los sectores sin fines de lucro, donde los presupuestos son a menudo ajustados, los recursos escasos y las mujeres sienten que deberían simplemente estar agradecidas por ser parte de la obra.

Si usted tiene en cuenta estas tendencias, los líderes de la iglesia tienen una increíble oportunidad de desafiar y animar a las mujeres líderes a comunicarse con mayor precisión en las reuniones, de extender una invitación personal a una mujer líder para solicitar un ascenso explicando por qué cree que ella puede hacer el trabajo y ayudarla a solucionar su problema de cómo aprovechar nuevas oportunidades sin dejar de hacer las cosas que ya hace de forma maravillosa. También puede estar listo para darle recursos adicionales o sacar algo de su plato que probablemente ella no pedirá para sí.

# ¿CÓMO PUEDE APRENDER MÁS?

La clave de este asunto es «tratar de entender» sobre una base individual. Tómese el tiempo para conversar con las mujeres líderes que tiene en su equipo y en su congregación. Pídales que le cuenten sus historias y cómo han impactado su visión de sí mismas como líderes.

Aprenda de sus experiencias en su iglesia al hacer preguntas intencionales como estas y escuche con atención:

- ¿Alguna vez ha tratado de dirigir algo en nuestra iglesia?
- ¿Disfruta liderar aquí? ¿Por qué?
- ¿Qué oportunidades cree que están disponibles para usted?
- ¿A qué obstáculos se ha enfrentado cuando ha tratado de liderar?
- ¿Cómo impacta su pensamiento interno en lo que dirige?
- ¿Cómo podemos nosotros, como pastores y líderes de la iglesia, apoyarla en su liderazgo?

En más de una entrevista, las mujeres líderes con las que hablamos enfatizaron la necesidad de que los hombres escuchen bien. De hecho, tres de ellas lo expresaron casi de la misma manera: «Los hombres necesitan hacer preguntas y luego escuchar… *realmente* escuchar». Este es el primer y mejor lugar para comenzar.

La parte hermosa de estar en esa sala intimidante de líderes ejecutivos fue que dos pastores ejecutivos me buscaron, entablaron una conversación conmigo, preguntaron mi perspectiva, me incluyeron en la charla, y fueron muy caballerosos. Acepté el trabajo y pude pasar los siguientes seis años reuniéndome de forma regular con estos líderes increíbles, viendo más mujeres unirse al grupo, y varios de estos líderes originales amablemente me permitieron entrevistarlos para este libro. Estaré eternamente agradecida por el tiempo que tomaron para comunicarse conmigo, conocerme, entender mi historia y seguir animándome de manera personal y práctica.

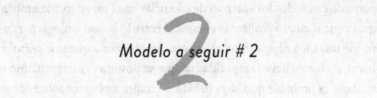

*Modelo a seguir # 2*

# DEFINA CON CLARIDAD LO QUE CREE

*Sé que usted cree que entiende lo que pensó que yo dije, pero no estoy seguro de que se dé cuenta de que lo que escuchó no es lo que quise decir.*

—ROBERT J. MCCLOSKEY, DIPLOMÁTICO ESTADOUNIDENSE

(1922-1996)

Si pudiera elegir una palabra para describir lo que significa ser una mujer líder en la mayoría de los ministerios, sería *confuso*. Cada líder enfrenta problemas de claridad: ¿a dónde vamos?, ¿quién está realmente a cargo?, ¿cómo llegaremos allí?, ¿qué debo hacer para ayudar?; y las organizaciones más efectivas tienen la intención de ofrecer claridad de manera consistente y enfocarse en su visión, misión y estrategia. Pero para una mujer que intenta liderar en el contexto de la iglesia, estos temas de claridad a menudo están compuestos por mensajes ambiguos sobre qué, cómo y a quién se le permite liderar.

Quiero enfatizar una vez más que apoyo completamente las creencias teológicas que usted tenga y dónde traza el límite alrededor del tema de la mujer líder en su iglesia. Puedo entender, apreciar y he sido parte de casi todos los sistemas de creencias en el espectro. Sin embargo, lo que sí quiero analizar es el espacio entre lo que su teología permite que una mujer haga en su iglesia y lo que ella *piensa* que se le permite hacer. Incluso si tiene la seguridad de que su postura es extremadamente clara, es probable que haya habido mensajes ambiguos sobre cómo esto se desenvuelve para las mujeres en su iglesia y en su liderazgo. En mi experiencia, la mayoría de las mujeres piadosas son muy conscientes de que hay un límite en alguna parte, y puesto que se preocupan por no sobrepasar ese límite, a menudo se mantienen muy por debajo de lo que usted cree que pueden hacer. Esta brecha es uno de los lugares donde usted tiene increíble potencial de liderazgo sin explotar.

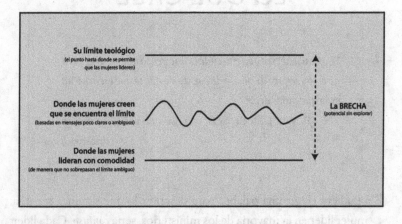

Por ejemplo, supongamos que una iglesia acepta que una mujer dirija el equipo de bienvenida ya que este es un rol altamente funcional y no requiere ninguna enseñanza bíblica o autoridad espiritual directa. Este trabajo implica coordinar el horario para asegurarse de que todas las puertas estén cubiertas en cada tiempo de servicio, ordenar las etiquetas de identificación, reclutar y formar el equipo, y ayudar a los voluntarios a aprender el trabajo y a realizarlo bien. Sin embargo, también está claro que no se les permite a las mujeres participar en todos los roles de liderazgo de la iglesia. No hay mujeres en el personal pastoral y rara vez hay alguna que dirige o enseña durante el servicio del fin de semana.

Es común que el equipo de bienvenida no esté abierto para que una mujer en su congregación lo dirija, porque 1) es probable que tenga que enseñar una clase de orientación voluntaria que incluirá hombres, y 2) puede que tenga que reorientar a alguien que hace el trabajo de forma incorrecta, y si esta persona fuera hombre, ella no podría hacerlo. Si el límite no está claro o no se expresa manifiestamente que esta oportunidad está abierta para las mujeres, sería fácil para ellas asumir que no deberían ofrecerse para servir en este rol. Y como hablamos en el último capítulo, puesto que la mayoría de las mujeres no se sienten lo suficiente seguras en sus capacidades para solicitar un papel de liderazgo que nunca antes habían desempeñado, esta iglesia en realidad se pierde esta oportunidad y es probable que ni siquiera se de cuenta.

Esta falta de claridad también puede ser un desafío para las mujeres que lideran ministerios infantiles o estudiantiles, aun cuando liderar en estas áreas casi nunca resulta en una controversia teológica. Pero si la mujer intenta mantenerse por debajo del límite, ¿qué sucede cuando un hombre se une al equipo de voluntarios? Ella sabe que está bien liderar a los niños, pero ¿puede dirigir a uno de sus papás si él está a cargo del tiempo de juego?

Varios pastores con los que he trabajado han sentido la preocupación de que aportar claridad a este asunto puede enviar un mensaje involuntario de que se está limitando el potencial de la mujer, pero en muchos casos, en realidad lo estará expandiendo a medida que las mujeres se den cuenta de que estaban liderando por debajo de lo que está disponible para ellas.

También ofrece claridad a los hombres de su iglesia para saber dónde pueden brindarse como voluntarios y liderar si una mujer ocupa un cargo de liderazgo. Si una mujer no puede dirigir a un hombre de ninguna manera, entonces los hombres no deben ser voluntarios en el ministerio infantil o en el campamento de verano si una mujer es parte de los líderes. Sin embargo, por ejemplo, si hay equipos funcionales que no implican la predicación, entonces los hombres son libres de estar en el equipo y ser liderados por una mujer. Para muchos de ustedes puede sonar loco tener que ofrecer claridad en este asunto, pero he ido aprendiendo sobre cómo miembros de la iglesia bien intencionados viven en la ambigüedad, he descubierto que hay *mucho* desperdicio de tiempo y energía en este tipo de pensamiento.

El director ejecutivo de Ministry Environments, de la Iglesia Northpoint Community, Bill Willits, explicó:

> Siempre ha habido mujeres líderes increíbles, pero no siempre han estado disponible para la iglesia. Creo que la razón de eso es que no sabían que tenían la oportunidad. Cuando comenzamos, contratamos a muchas personas a tiempo parcial porque no teníamos el efectivo o la capacidad de contratar a nuestros jugadores a tiempo completo. Y yo diría que, en veinte años, el volumen de mujeres líderes que están disponibles para el ministerio de la iglesia se ha disparado. Pero veinte años atrás, no era una norma cultural, ni aclaramos las oportunidades que estaban disponibles.[1]

Incluso si su iglesia no ha trazado un límite claro porque usted no está seguro de cuál es su visión sobre este tema, quiero alentarle a que con solo aportar claridad (incluso si es un límite por debajo de aquel con el que usted se siente completamente cómodo) en realidad va a abrir puertas de oportunidad para las mujeres que actualmente se parecen estar cerradas. ¡Y aún así, usted gana mucho potencial de liderazgo!

Articular de manera clara sus creencias es la mitad del camino en aportar claridad a este asunto; la segunda mitad es alinear sus prácticas con lo que cree. Para tener claridad, y, por tanto, líderes confiables y productivos, lo que su iglesia dice que usted cree y lo que hace con esas creencias tiene que coincidir.

Por ejemplo, muchas mujeres en nuestra encuesta argumentaron que a las mujeres se les permite liderar en sus iglesias, pero hay muy pocas como líderes en el personal del ministerio y por lo general ninguna en puestos de liderazgo de alto nivel.[2] Les hizo preguntarse si este era realmente el sistema de creencias de los líderes o era «solo una apariencia».

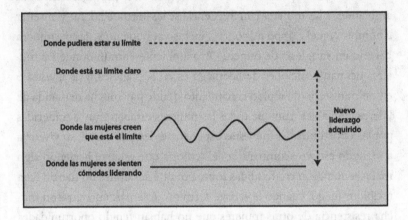

También muchas expusieron que a las mujeres líderes se les permite ejercer sus dones de liderazgo en ciertas áreas del ministerio, pero en otras no, y no tenían claro por qué o cuáles eran «aprobadas». Otra área de confusión estaba centrada en que a las esposas de los pastores se les permite liderar en áreas entornos al ministerio, pero no a mujeres solteras o casadas con alguien que no está en el personal asalariado de la iglesia.

La distinción entre «liderazgo» y «autoridad espiritual» a menudo necesita ser aclarada. ¿Puede una mujer dirigir un devocional de cinco minutos al comienzo de una reunión de equipo? ¿Se le permite orar o tiene que pedirle a un hombre en la reunión que ore?

## ALINEACIÓN

La alineación de creencias y acciones también se da a conocer con fuerza cuando se hacen excepciones. Muchas de nuestras mujeres líderes a alto nivel entrevistadas comenzaron en el ministerio en entornos más conservadores, pero hubo circunstancias únicas que les permitieron liderar en formas que por lo general no hubieran estado disponibles para ellas.

Una mujer pasó mucho tiempo a principios de la década de sus veinte años participando en la obra misionera en el extranjero. En estos ambientes, a las mujeres con frecuencia se les permite liderar y enseñar a hombres en el campo misionero, incluso aunque no se les permitiera hacerlo en su iglesia de origen. Otro ambiente común donde las mujeres ocupan posiciones de liderazgo es en la plantación de iglesias o en un ministerio de rápido crecimiento donde hay mucha demanda de líderes confiables. Aunque todas las mujeres estaban muy agradecidas por las oportunidades que estas experiencias les ofrecieron, su vivencia a menudo estuvo acompañada del temor a que estaban haciendo algo mal o se sintieron confundidas sobre por qué sus dones no fueron bien recibidos luego, cuando la «crisis» terminó. Además, encontraron mucha resistencia de otras mujeres que no habían tenido oportunidades similares para liderar.

También fue una experiencia común para muchas de las participantes en nuestra encuesta tener que organizar, crear y dirigir básicamente todas las partes de un ministerio o proyecto, excepto los momentos de liderazgo público, como la apertura, la reunión, el cierre en oración, o ser reconocidas públicamente como «la líder». En uno de esos ejemplos, a una directora de coro se le permitió elegir la música, decidir quién cantaría, dirigir el ensayo y dirigir la actuación, pero no se le permitió voltearse y pararse de frente a la congregación durante la presentación. Eso habría sido «dirigir» en ese entorno, y no estaba permitido.[3] Pero aparentemente todo lo demás que hizo *no* se consideraba dirigir.

Ofrecer «claridad» no necesariamente significa tener que escribir muchas hojas sobre el tema o tener grandes discusiones o debates en público. Aunque conozco iglesias fuertes que han hecho eso y les ha sido muy útil, también conozco varias iglesias igualmente efectivas que tienen su posición clara en la mente del liderazgo y dentro de su cultura, pero han optado por no convertirlo en una «política escrita» independiente.

Tal vez todo lo que usted necesita para aclarar su posición es ajustar el lenguaje de sus documentos ya existentes. Cualquier cambio debe implementarse dentro del estilo de la cultura de su iglesia, pero la medida del éxito estará en que sus líderes y la mayoría de los miembros de su iglesia entiendan lo que usted cree de la misma manera, y que lo que ven en los rangos de liderazgo de su iglesia coincida con lo que usted dice que cree.

Si se está adentrando en este asunto por primera vez, le recomiendo que se tome el tiempo necesario para hacer un estudio teológico minucioso, lea los muchos recursos disponibles sobre los diferentes puntos de vista y cubra el proceso en oración pidiendo la guía clara de Dios y la unidad entre los líderes involucrados. No hay necesidad de apresurar el proceso de discernimiento ni el de estudio o de comunicación e implementación de cualquier cambio. Sin embargo, si usted ya sabe cuál es su posición teológica, el siguiente paso es evaluar qué tan bien lo están haciendo sus equipos y su cultura al ser consistentes con esas creencias. Cuanto más alineadas estén sus creencias con sus prácticas, más claras y más capacitadas estarán sus mujeres líderes para maximizar su potencial dentro de su ministerio.

Una última reflexión: no tenga miedo de vivir según sus convicciones claramente basadas en la Escritura, aun cuando esto cree algún conflicto y momentos incómodos, pues Dios honrará eso. Pero es importante mantenerse en sintonía con las culturas actuales de su iglesia y de su comunidad. A menudo estamos llamados a ser contraculturales, pero liderar bien el cambio es parte de ese proceso. Aporte claridad a lo que le hace sentir cómodo y resérvese el derecho de actualizarlo más tarde a medida que estudia, ora y discierne con mayor claridad lo que Dios tiene para su iglesia y para las personas a las que está llamado a servir.

Para ayudarlo a facilitar la evaluación de la claridad de su iglesia sobre su posición teológica y su cultura, he esbozado una serie de puntos de vista sobre el tema de las mujeres en el liderazgo de la iglesia. Aunque esto ciertamente no es exhaustivo y no refleja toda la perspectiva de una enfoque, espero que le brinde una visión general de las diversas formas en que esto tiende a vivirse en la cotidianeidad del ministerio, basada en mis experiencias e investigaciones.

## DIFERENTES PUNTOS DE VISTA SOBRE LAS MUJERES EN EL LIDERAZGO DE LA IGLESIA

Si usted es nuevo en el debate teológico sobre los roles de género en el liderazgo de la iglesia, hay muchos puntos de vista diferentes, y es un tema muy cargado y a menudo profundamente personal. Puesto que mi trayectoria ha incluido experiencias maravillosas en una variedad de escenarios teológicos, he estado expuesta a muchas y diversas opiniones. Le recomiendo encarecidamente que haga su propio estudio de la Biblia y lea una variedad de perspectivas mientras lidia con este tema usted solo con el Señor.

Sin embargo, para mí, el ángulo más útil para entender por qué este tema es tan controversial, y cómo seguidores de Cristo tan comprometidos y bíblicos pueden ver esto de maneras tan diferentes, fue aprender sobre la conexión de este asunto con la comprensión de cómo vemos a Dios y cómo estamos hechos a Su imagen. Más específicamente, cómo el Padre, el Hijo y el Espíritu Santo (la Trinidad) interactúan entre sí, y cómo esto nos enseña a nosotros, como hijos de Dios, que debemos interactuar unos con otros.

Por favor, tenga en cuenta que hay críticos que se oponen al uso de la teología trinitaria como base para el debate sobre el rol de género, y respeto sus opiniones. Esta es simplemente la perspectiva que me ha ayudado a entender mejor este tema, y que ofrece un fuerte argumento de por qué el asunto sigue siendo tan difícil de resolver (comprender la Trinidad siempre será un misterio) y por qué creo que es posible «estar de acuerdo en estar en desacuerdo» sin vernos a través de juicios severos o suposiciones incorrectas. Como San Agustín expresó: «En lo esencial, unidad; en lo no esencial, libertad; en todas las cosas, claridad».[4]

La doctrina de la Trinidad se formalizó en el Concilio de Nicea en el año 325 A. D., concluyendo que Jesús es «uno en ser o sustancia» con el Padre.[5] En el Concilio de Constantinopla en el año 381 A. D., se reafirmó que el Padre y el Hijo son «uno», y se afirmó la divinidad del Espíritu Santo.[6] Desde entonces, la teología de la Trinidad ha sido reafirmada y ampliada por muchos teólogos, pero se ha mantenido fiel a sus fundamentos: que Dios es tres personas únicas que operan como una.

Sin embargo, de esta base unificada, han surgido dos puntos de vista diferentes sobre cómo los miembros de la Trinidad se relacionan e interactúan entre sí. Según Kevin Giles, en su libro *The Trinity & Subordinationism* [La Trinidad y el subordinacionismo], se ha escrito más sobre este debate teológico en los últimos treinta años que sobre cualquier otra doctrina cristiana.[7] Es una con la que los teólogos continúan luchando año tras año.

Ambas partes acuerdan que todos los miembros de la Trinidad son iguales en valor e importancia, y que su relación entre ellos está basada en el amor y el respeto mutuo. Sin embargo, una opinión sostiene que la Trinidad es una imagen de tres personas iguales y unidas, que se someten entre sí y que moran una dentro de otra. Es una relación totalmente integrada. Cuando Jesús vino a la tierra, renunció de forma temporal a este estado igualitario con el Padre y el Espíritu Santo para entrar de forma plena en la humanidad. De manera voluntaria se convirtió en subordinado del Padre, pero Su igualdad fue restablecida después que resucitó de los muertos y ascendió al cielo. A esto se le llama una «visión igualitaria» y se basa en la palabra francesa *égale*, que significa «igual».[8]

La segunda visión sostiene el papel de Jesús como subordinado al Padre, no solo de manera temporal en la tierra, sino como la descripción de Su relación continua con el Padre. Aunque las tres personas de la Trinidad son iguales en valor, hay una jerarquía en sus roles y en la manera en que operan entre sí. Así como el Padre ordenaba y Jesús obedecía mientras estuvo en la tierra, esta siempre ha sido su relación posicional, y siempre lo será. El Padre cuida con amor y dirige a Jesús según Su voluntad, y Jesús obedece. Jesús se somete al Padre con alegría y de forma voluntaria, y el Espíritu Santo hace lo mismo con Jesús. Esta es una «visión jerárquica» y a la teología de Jesús en un rol eterno por «debajo» del Padre continuamente, se le llama «subordinación eterna».[9]

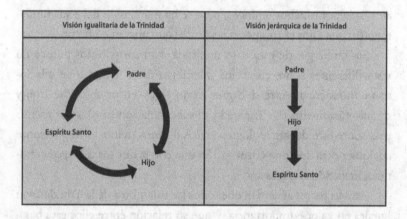

Ambos puntos de vista creen que las tres personas divinas de la Trinidad tienen el mismo valor, muestran amor y unidad, y esto se demuestra claramente en toda la Biblia. Ambas partes también están de acuerdo en que la doctrina de la Trinidad ejemplifica cómo las personas, que están hechas a la imagen de Dios deben relacionarse e interactuar entre sí. Como usted puede ver, esta creencia en quién es Dios cambia enormemente nuestra comprensión de quiénes somos como personas y cómo Él quiere que vivamos y lideremos nuestros hogares, iglesias, lugares de trabajo y comunidades.

Las personas que sostienen una visión igualitaria de la Trinidad por lo general creen que los hombres y las mujeres son iguales en ser, y son libres de desempeñar cualquier rol en el hogar, en la iglesia, en el trabajo o en la comunidad en función de su talento individual y su vocación según lo validado por la comunidad. Los hombres y las mujeres, aunque diferentes, son iguales y se complementan sin jerarquía. Las relaciones entre los hombres y las mujeres se construyen sobre la mutualidad; el objetivo es el servicio, la sumisión y el respeto mutuo. Sus relaciones son una verdadera asociación, donde uno está incompleto sin el otro. Tienden a minimizar la división entre lo sagrado y lo secular, por lo que esta mutualidad se vive en todos los roles y todos los entornos por igual, como el hogar, la iglesia y el trabajo. Los igualitarios defienden la infalibilidad de la Escritura y creen que su posición descansa sobre la obra de reconciliación hecha por Dios para restaurar las relaciones humanas a que reflejen las relaciones igualitarias de la Trinidad.

Las personas que siguen la visión jerárquica de la Trinidad creen que los hombres y las mujeres tienen el mismo valor, pero diferentes roles y funciones debido al género que Dios les ha dado, incluidos los roles de liderazgo y de sumisión. Las relaciones entre los hombres y las mujeres tienen un orden establecido y dispuesto por Dios que, si se vive en la semejanza de Cristo, crea libertad y paz para todos. Las mujeres son creadas de forma excepcional para ser «ayuda idónea» para los hombres, y sus dones y perspectivas complementan y a menudo desempeñan un papel fundamental en el éxito del liderazgo, el trabajo y el ministerio del hombre. Debido a los roles de «ayuda idónea» y «complemento» de las mujeres, a esta perspectiva a menudo se le conoce como el punto de vista «complementario».

Los que defienden esta visión tienden a enfatizar la centralidad del matrimonio como piedra angular de la familia, la iglesia, la comunidad y, por tanto, de toda la sociedad. Las esposas por lo general «irán al lado» de sus esposos para ayudarlos en sus diversos roles y responsabilidades, incluidos la familia, el liderazgo de la iglesia y también su trabajo secular. Los complementarios defienden la infalibilidad de la Escritura y creen que su posición descansa sobre la obra de reconciliación hecha por Dios para restaurar las relaciones humanas a que reflejen las relaciones jerárquicas de la Trinidad.

Hay algunos conceptos erróneos y temores generalizados sobre ambos puntos de vista; sin embargo, he descubierto que ambos

27

testifican fuertemente contra el abuso o la opresión de todo tipo. Ambos sostienen que Dios estableció dos géneros bien definidos, masculino y femenino, y el valor y la importancia de cada uno, incluida la relación matrimonial tradicional. Ninguna de estas teologías aprueba la homosexualidad, el transgénero o la neutralidad de género. Además, ninguna posición lleva su punto de vista al extremo de que un género sea más importante o «mejor» que el otro, como el patriarcado o misoginia, o el matriarcado o feminismo extremo.

Aunque hay dos puntos de vista teológicos primarios, el igualitarismo y la complementariedad, en mi experiencia y en las perspectivas de las mujeres entrevistadas y encuestadas para este proyecto, estos dos puntos de vista se manifiestan de *muchas* maneras diferentes. Incluso dentro de denominaciones que tienen posiciones teológicas muy claras y dadas a conocer, las congregaciones locales individuales muchas veces trazan diferentes «límites» para lo que una mujer puede hacer en su iglesia, ya sea en cualquiera de ambas direcciones. Además, con el surgimiento de iglesias no denominacionales, hay incluso más oportunidades para diversas expresiones. La cuestión puede complicarse aún más si una mujer líder ha estado involucrada en más de una iglesia, y sobre todo si ha estado en diferentes partes del país donde la cultura de la comunidad a menudo influye en cómo se vive el género en diversos roles ministeriales.

A continuación, se presenta un bosquejo de lo que he descubierto como las prácticas culturales más comunes con respecto a las mujeres en el liderazgo.[10] Una vez más enfatizo, esto solo pretende ser una herramienta útil para que usted tenga un punto de partida para ofrecer claridad a su iglesia y a sus líderes. Puede que su cultura no encaje totalmente en una categoría. Use esto como una oportunidad para explorar los mensajes ambiguos que quizás ha estado enviando a las mujeres líderes en su iglesia y cómo podría aportar claridad que resultará en mayor capacidad de liderazgo para ellas y para su ministerio. Además, debo mencionar que este esquema simple, también disponible en forma de gráfico en mi sitio web,[11] no puede representar de una forma completa ni articular adecuadamente cada punto de vista o las muchas formas en que se manifiestan, pero espero haberlos representado a todos por igual.

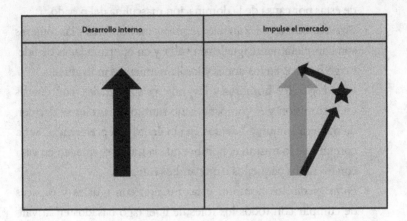

| Desarrollo interno | Impulse el mercado |

## Feminismo extremo / matriarcal

- *Punto de vista bíblico*: ignoran, distorsionan, o usan la Escritura fuera de contexto.
- *Creencias básicas sobre los roles de género*: las mujeres son superiores a los hombres, son más inteligentes y cariñosas, por tanto, deberían tener niveles más altos de liderazgo en el hogar, la iglesia, el trabajo y las comunidades o la política.
- *En el hogar*: las mujeres son fuertes (incluso agresivas) en su liderazgo en el hogar; los esposos tienden a ser pasivos.
- *En la iglesia*: aunque no hay muchos ejemplos disponibles, se supone que las mujeres en la iglesia deben funcionar de manera similar a como lo hacen en el hogar.
- *En el trabajo o en la comunidad local*: las mujeres son más capaces que los hombres para liderar en el trabajo o en las comunidades. Hay una fuerte convicción en mujeres que luchan por tener más y más altos niveles de liderazgo que los hombres.

## Igualitarios fuertes (también llamado feminismo evangélico)

- *Punto de vista bíblico*: la Escritura es igualitaria, con un sentido de defensa por los derechos de la mujer o las posiciones de liderazgo de estas por causa de la dominación masculina del pasado.

- *Creencias básicas sobre los roles de género*: los hombres y las mujeres son completamente iguales en valor y en oportunidades de liderazgo basadas en los dones y los llamamientos individuales.

- *En el hogar*: los hombres y las mujeres son iguales, con énfasis en la sumisión y el compañerismo mutuo. Los roles se deciden de manera conjunta basados en el talento y la preferencia. Sería común que lo mismo el hombre que la mujer se queden en casa con los niños pequeños o que ambos trabajen.

- *En la iglesia*: los hombres y las mujeres son iguales y capaces de cumplir con todos los roles de liderazgo basados en la validación de la comunidad de su talento y vocación. Se aceptan a las mujeres en el liderazgo, incluso como líder principal de una congregación.

- *En el trabajo o en la comunidad local*: los hombres y las mujeres son completamente iguales en el lugar de trabajo.

## Igualitarios ligeros

- *Punto de vista bíblico*: la Escritura es igualitaria.

- *Creencias básicas sobre los roles de género*: los hombres y las mujeres son compañeros iguales en el hogar, la iglesia y el trabajo.

- *En el hogar*: los roles se basan en el talento personal y la preferencia. Existe un alto sentido del trabajo en equipo y apoyo mutuo de forma equitativa en la vida del hogar, la paternidad y las oportunidades profesionales. Hay una toma de decisiones en conjunto, con énfasis en el compromiso. Sería común que un hombre prepare la cena todas las noches porque le gusta cocinar, y que una mujer pague las cuentas porque es buena con las finanzas.

- *En la iglesia*: todos los roles y los puestos de liderazgo están abiertos tanto para los hombres como para las mujeres por igual. Sin embargo, en la práctica, muchas iglesias tienen más hombres que mujeres en las funciones de liderazgo. Las mujeres lideran por sus propios méritos y no están obligadas a casarse con un pastor para tener altos niveles de influencia y autoridad, y esto incluye la enseñanza y la predicación.
- *En el trabajo o en la comunidad local*: los hombres y las mujeres son completamente iguales en el lugar de trabajo.

## Mezcla entre complementarios e igualitarios

- *Punto de vista bíblico*: la Escritura combina puntos de vista y prácticas igualitarias y complementarias.
- *Creencias básicas sobre los roles de género*: los hombres y las mujeres son iguales y tienen talentos propios que tienden a estar relacionados con el género, pero hay espacio para las diferencias. Es común que exista una preferencia por el liderazgo o la autoridad masculina.
- *En el hogar*: los roles son similares y por lo general se basan en el talento y la preferencia. Existe un alto sentido del trabajo en equipo, pero la mayoría de las mujeres deciden priorizar a los niños antes que la profesión, mientras que la mayoría de los hombres eligen ser el sostén de la familia. Se toman decisiones en conjunto, pero el esposo tomaría la decisión final si fuera necesario (lo cual es raro). Hay un sentido de complementariedad y de sumisión mutua.
- *En la iglesia*: tanto los hombres como las mujeres pueden desempeñar la mayoría de los roles basados en el talento y la efectividad, aunque los niveles más altos de liderazgo (pastores principales / ancianos) están reservados para los hombres, o al menos es lo

que se prefiere. Las mujeres pueden predicar, pero generalmente con una «cobertura» masculina. Las mujeres pueden liderar en algunos roles de liderazgo organizacional de alto nivel si están casadas con hombres en el más alto nivel de liderazgo pastoral. Aunque la mayoría de los líderes son hombres, algunas mujeres pueden tener el título de «pastora» o puede haber títulos neutrales al género para todos (por ejemplo: líder de ministerio).

• *En el trabajo o en la comunidad local*: los hombres y las mujeres son iguales en el lugar de trabajo y se les anima a perseguir el éxito profesional. Sin embargo, se alienta y se celebra a las mujeres cuando se quedan en casa con los niños pequeños y valoran la familia por encima de la profesión.

## Complementarios ligeros

• *Punto de vista bíblico*: la Escritura es jerárquica para el hogar y la iglesia donde existe «autoridad espiritual».

• *Creencias básicas sobre los roles de género*: los hombres y las mujeres tienen el mismo valor, pero diferentes roles primarios; hay más libertad en los roles secundarios. El hogar y la iglesia funcionan diferente al trabajo.

• *En el hogar*: algunos roles son claramente diferentes, mientras que otros pueden basarse en la habilidad o las preferencias. Las mujeres son las amas de casa y las principales cuidadoras de los niños; los hombres son el principal sostén de la familia y los líderes de ella. Se considera que el esposo es el líder y tiene el derecho a tener la última palabra en las decisiones, pero a menudo involucrará a su esposa en el proceso de toma de decisiones.

• *En la iglesia*: los roles de liderazgo formal y de alto nivel están reservados para los hombres, pero las mujeres pueden tener varios roles de liderazgo formales o informales que no implican «autoridad espiritual» sobre los hombres. Las mujeres pueden dirigir con libertad a otras mujeres o niños menores de dieciocho años y, en ocasiones, las mujeres pueden ser incluidas en el equipo de enseñanza o como oradoras invitadas con «cobertura» o aprobación de los pastores principales o los ancianos. Las esposas de los pastores tienden a estar más involucradas en el liderazgo junto o como extensiones de la autoridad de sus esposos. A menudo hay un fuerte ministerio de mujeres donde estas tienen libertad para dirigir.

- *En el trabajo o en la comunidad local*: existe una clara distinción entre los roles en el hogar y la iglesia y las oportunidades en el trabajo. Las mujeres son libres y a menudo ejercen profesiones de por vida, que incluyen roles de liderazgo, aunque la mayoría elige quedarse en casa con los niños pequeños.

## Complementarios fuertes

- *Punto de vista bíblico*: la Escritura es jerárquica.
- *Creencias básicas sobre los roles de género*: los hombres y las mujeres son iguales en valor, pero diferentes en sus roles. El hombre se considera la «cabeza» y la mujer la «ayuda idónea».
- *En el hogar*: la función principal del hombre es ofrecer liderazgo de servicio y ser el sostén de su esposa e hijos. La función principal de la mujer es ser sumisa al liderazgo de su esposo y manejar el hogar y los niños hasta que sean adultos. El esposo es quien toma las decisiones.
- *En la iglesia*: los hombres ocupan todos los roles de liderazgo y autoridad: ancianos, pastores, predicadores, diáconos y líderes de equipo; la única excepción son los ministerios de mujeres, pero incluso estos estarán bajo la dirección de un líder pastoral masculino. Las mujeres pueden ocupar roles de servicio en la iglesia, pero solo aquellos que no implican ningún tipo de liderazgo sobre los hombres. A las mujeres no se les permite enseñar en entornos ministeriales o en seminarios.
- *En el trabajo o en la comunidad local*: El enfoque principal de la

mujer es ser ama de casa y criar hijos. Aunque algunas pueden trabajar fuera del hogar siempre que sus responsabilidades familiares no se vean comprometidas, los roles de autoridad (como oficial de policía o algún cargo político) no son apropiados.

## Patriarcales

- *Punto de vista bíblico*: ignoran, distorsionan, o usan la Escritura fuera de contexto.
- *Creencias básicas sobre los roles de género*: los hombres son superiores a las mujeres y debe liderar en todas las áreas de la vida. Existen diferencias biológicas, psicológicas e intelectuales entre los géneros que hacen a cada uno adecuado para su rol.
- *En el hogar*: los roles se basan en el género, los hombres desempeñan los roles de liderazgo y las mujeres los roles de sumisión en todos los aspectos de la vida en el hogar. Por lo general, las mujeres usan faldas, no se maquillan y se dejan crecer el cabello; a menudo hay un control estricto de cómo utilizan su tiempo.
- *En la iglesia*: los hombres ocupan todos los puestos de liderazgo y autoridad. Los ministerios y las actividades a menudo se separan entre hombres y mujeres y niños. Si una mujer necesita ayuda en el hogar (por ejemplo, su esposo abusa de ella), debe acudir al liderazgo de la iglesia para buscar solución en lugar de a las autoridades, como la policía o un refugio para mujeres.
- *En el trabajo o en la comunidad local*: la mujer no debe trabajar si está casada, y especialmente si tiene hijos. Algunos pueden incluso cuestionar su necesidad de educación.

Pase tiempo con su equipo y otros líderes para hablar de su propia comprensión teológica y de las creencias de su iglesia. Compare esto con sus prácticas cotidianas. ¿Se ajustan? ¿Dónde están las discrepancias? ¿Alguien en su congregación podría ver la alineación, o es probable que haya confusión? ¿Qué tan bien su congregación y sus líderes voluntarios viven estas creencias?

Aunque esto puede abrir un diálogo incómodo, las mujeres líderes en su iglesia necesitan que usted ofrezca claridad y consistencia a estos temas. Si a usted le sucede como a la mayoría de las iglesias, el sesenta y un por ciento de su congregación es femenina[12] y es probable que se estén frenando. Usted tiene la oportunidad de darles la claridad que necesitan para liderar de lleno y con confianza, en beneficio de toda su iglesia.

*Modelo a seguir # 3*

3

# EXTRAIGA DEL MUNDO EMPRESARIAL

Me encantaba la pequeña iglesia donde crecí. Estaba llena de creyentes genuinos que conocían la Palabra de Dios, amaban a las personas de maneras muy prácticas y pasaban la mayor parte de su tiempo y energía disponibles como voluntarios, en especial para ayudar a las madres solteras, a los niños y a los jóvenes. Incluso nuestro pastor fundador tenía dos vocaciones y era dueño de una compañía eléctrica exitosa para mantener a su familia. No fue hasta que entré a la universidad que supe que a algunas personas se les *paga* para que trabajen en el ministerio y que existían las denominaciones. Yo solo creía que cuando alguien es salvo, su vida entera está dedicada a Jesús y a servir en el ministerio, sin esperar nada a cambio. (¿No sería maravilloso que cada creyente en nuestras iglesias viviera de esta manera?).

Puesto que le había dado mi vida al Señor y quería servirle de la mejor manera posible, planeé hacer lo que yo creía que toda mujer piadosa hace… casarme con un pastor y dirigir el programa infantil, y tener al menos cuatro hijos. Nadie nunca me dijo que debía hacer esto, ni conversé con nadie al respecto. Ni siquiera estoy segura de haberlo pensado de manera juiciosa. Era simplemente lo que había observado, y de alguna manera había absorbido estas conjeturas durante mis años de infancia y primera juventud. Y ya que pensaba que podía hacer ambas cosas bien, terminé una especialización en educación y me comprometí con un estudiante para pastor.

Pero algo no estaba bien. Estaba apenas aprendiendo cómo escuchar realmente al Espíritu Santo y discernir la dirección específica de Dios para mi vida. Para hacer la historia más breve, terminé la relación con el futuro pastor y decidí rendir por completo todas las esperanzas de casarme o de ser madre y, en vez de eso, convertirme en enfermera con planes de ir al extranjero como misionera médica. Aparentemente esa era la otra opción que creía estaba disponible: una vida de soltera, vivir en un país del tercer mundo, usar faldas todos los días, y asistir partos. Afortunadamente, Dios no cambia de opinión por nuestras conjeturas o normas culturales.

Ahora, admito que un pedacito de mí anhela marcar la diferencia como lo hacen los misioneros (quizás comience ese orfanato un día), pero el sendero que Dios me ha hecho recorrer es increíblemente diferente, y me han equipado mucho más para los roles de liderazgo que he tenido en el ministerio, de manera que no puedo negar que Él tenía un plan para mí solo que yo no lo podía ver en aquel momento.

Y no soy la única.

Cada una de las mujeres líderes de alto nivel que entrevistamos han trabajado en carreras no ministeriales, esto es el 95 % de las entrevistadas. Han tenido que dirigir proyectos, liderar personal e implementar iniciativas. Han recibido desarrollo de liderazgo formal e informal y han soportado los rigores del mundo empresarial. Incluso las mujeres que fueron al seminario comentaron sobre el increíble entrenamiento y las lecciones que aprendieron en el mundo empresarial que las equiparon para su actual liderazgo en el ministerio.

Aquí hay algunos de los roles profesionales que las mujeres de nuestra encuesta han desempeñado, y ahora usan esas habilidades para el reino:

Abogada
Gerente de ventas de distrito
Vicepresidenta de un hotel
Jefa de operaciones / jefa ejecutiva
Directora ejecutiva / presidenta
Ejecutiva de la industria petrolera
Agente de bienes raíces
Banquera
Gobierno / ejecutiva sin fines de lucro
Doctora / dentista
Dependiente de farmacia
Directora de recursos humanos
Directora de personal
Gerenta de tienda minorista
Dueña de pequeña empresa / empresaria
Ejecutiva de comercialización
Directora de comunicaciones
Artista profesional / músico
Fotógrafa
Entrenadora corporativa
Ingeniera (de todo tipo)
Ejecutiva de agrociencia
Ejecutiva de hospitalidad
Recaudadora de fondos profesional
Presidenta de junta directiva
Directora de atletismo
Gerenta de construcción

Diseñadora gráfica y de web
Editora publicista / editora / autora
Directora / maestra
Enfermera práctica / jefa
Jefa de la oficina del alguacil
Profesora universitaria / decana
Asesora energética
Agente de seguro
Tecnología de la información / ejecutiva tecnológica
Consejera / psicoterapeuta con licencia
Contadora pública autorizada / ejecutiva financiera
Oficial militar (todas las ramas)
Trabajadora social
Asesora de negocios
Electricista / gerente de instalaciones
Traductora / intérprete
Televisión / medios / películas
Fisioterapeuta / ocupacional
Planificadora de eventos corporativos
Ejecutiva de cuentas

¿No sería maravilloso usar algunos de estos potenciales probados en su ministerio?

En muchos casos, estas mujeres han tenido un deseo, e incluso un sentir claro de llamado, para servir al Señor en el ministerio. Pero la mayoría han tenido dificultades para encontrar un lugar en sus iglesias donde usar sus dones y capacidades, sobre todo, si estaban interesadas en trabajar a tiempo completo en el ministerio. O quizás algunas eran como yo, y se enfocaron en una carrera fuera de la iglesia con la suposición de que ser trabajadora voluntaria en la iglesia era lo más que podían hacer.

De cualquier modo, cuando hablo con mujeres líderes, muchas de ellas aún tienen un fuerte deseo de trabajar o liderar en el ministerio.

Nunca asuma que una mujer líder establecida y profesional no está interesada en trabajar con o para usted. A muchas líderes increíbles les encantaría la oportunidad de usar sus capacidades empresariales en el reino. Conozco muchas mujeres que han renunciado a carreras profesionales prominentes y bien pagadas para servir en el ministerio, y su impacto ha sido asombroso.

Antes de convertirse en directora de una iglesia multicéntrica, Kathy era la vicepresidenta ejecutiva del quinto banco más grande del país. Ella dirigía once mil empleados minoristas en dos mil quinientas localidades y estaba entre las principales veinticinco mujeres en el mundo bancario antes de que la vida diera un vuelco y Dios le entregara un rol en la iglesia.

Ella expresó: «En el banco estaba concentrada en movilizar mi equipo y desarrollar a nuestros banqueros más jóvenes. Tuve la oportunidad de hacer crecer a muchas personas y ayudarlas a desarrollarse. Aprendí a entrenar, lo cual ha sido muy útil. Así que ahora solo atiendo catorce localidades, y no tengo que tomar un avión todos los días. Y los pastores no me mienten. En comparación, ¡este trabajo en la iglesia es bastante fácil!».[1]

## LOS RETOS DE DESARROLLAR MUJERES LÍDERES

He trabajado en el área de desarrollo de liderazgo por más de veinticinco años, y como la mayoría de las personas, soy de las que propone el desarrollo de líderes «interno», sobre todo en contextos de iglesias locales. Este es un trabajo desafiante, pero es más difícil cuando se trata de desarrollar mujeres líderes.

En el mundo empresarial, está bien documentado que a las mujeres les resulta muy difícil avanzar en el liderazgo. A menudo reciben menos entrenamiento, tienen menos recursos, y se les paga menos que a sus homólogos masculinos. Aun cuando los roles en el primer nivel están divididos casi equitativamente entre hombres y mujeres, es un 18 % menos probable que a las mujeres las asciendan a gerente, y con cada nivel de liderazgo, la probabilidad de ser ascendidas es más remota, resultando en 81 % de hombres y solo 19 % de mujeres en el nivel más alto. Para las mujeres de color, el porcentaje es aún menor.[2]

Pero no siempre será así. A medida que las mujeres comiencen a desempeñar roles de liderazgo a través de una organización, los sistemas internos las acogerán más, involucrarán más al liderazgo femenino en los entrenamientos, y serán accedidos por mujeres líderes más jóvenes. Con el tiempo esto se convertirá en una cultura. Sin embargo, hasta que este tipo de cambio significativo ocurra, las iglesias necesitan tomar un enfoque de «ambos / y» para el desarrollo del liderazgo: desarrollo interno *e* impulso de lo que el mundo empresarial ya ha invertido y probado.

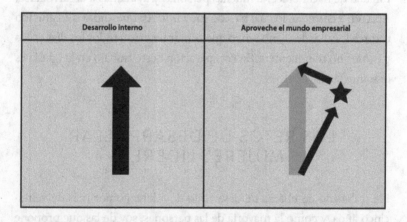

Una de las ventajas de la iglesia es que puede observar e interactuar con los líderes mucho antes de ofrecerles un trabajo. Alistarse como voluntario es el mejor proceso de entrevista de trabajo. Considérelo su sistema de clasificación para su lugar. Mire alrededor. ¿Quién dirige bien en el sentido espiritual? ¿Quién parece acoplar con su cultura? ¿Quién tiene éxito? ¿Quién está ayudando a las personas a crecer? ¿Quién está formando un equipo de manera natural? Esos son sus líderes.

Lograr mujeres líderes que ya se han probado a sí mismas en otras profesiones y en sus roles como voluntarias es oro y vale la pena ir en busca de ellas. Sin embargo, hay algunas excepciones. Aquí hay algunos consejos para escoger a las mujeres adecuadas para su equipo.

## ASÉGURESE DE QUE SOLO CONTRATA MUJERES LÍDERES *GRANDIOSAS*

Nada detiene más el impulso para el liderazgo femenino que contratar líderes de baja calidad, no probadas o ineficaces. Mencionamos este asunto muchas veces en nuestras conversaciones con mujeres líderes, y muchas habían experimentado ser frenadas en su propio avance dentro del liderazgo debido a alguna mujer líder con poca eficiencia que las antecedió. Esta es una consecuencia desafortunada de ser parte de una minoría. Si un hombre tiene un mal desempeño en su trabajo, eso no afecta nuestra visión de todos los hombres en el equipo. Pero no sucede lo mismo con las mujeres que tratan de adentrase en entornos dominados por hombres.

Existe una diferencia entre las mujeres que poseen las capacidades básicas y el talento para crecer y desempeñarse bien y aquellas que simplemente *quieren* dirigir. Solo porque una mujer *quiera* dirigir no significa que es una líder dotada. Asegúrese de probarla en entornos reales, busque el fruto real, lleve a cabo una entrevista completa y un proceso de escrutinio, y verifique todas las referencias de su trayectoria. Evite tomar a alguien que aún necesita mucho desarrollo de liderazgo personal y básico. Esa persona puede asistir a su sistema de desarrollo y crecer con el tiempo. Cuando usted crea espacio para las mujeres líderes, asegúrese de que ese espacio esté reservado para aquellas que ya demuestran una competencia de liderazgo básica. Usted está entresacando oro; no se confunda con una piedra brillante.

## ENTRÉGUELES A LAS MUJERES LÍDERES QUE CONTRATA TRABAJOS DE LIDERAZGO *REALES*

Andrea y su esposo se conocieron en la universidad y recibieron la misma educación ministerial, aunque ella tenía más experiencia de liderazgo en el ministerio producto de sus años de estudiante y de haber servido en el campo misionero. Cuando se graduaron, una iglesia los contrató. A él se le ofreció el rol de pastor de estudiantes de secundaria, y a ella de asistente administrativa.

Recuerdo sentirme frustrada en aquel rol administrativo porque yo quería servir en la reunión de los jóvenes los miércoles en la noche, pero a mí me conocían como la que tiene las llaves y sabe hacer las fotocopias. Me sentí tan frustrada que finalmente terminé dejando aquel puesto para tomar un empleo a tiempo completo en el centro de la ciudad, en una firma editorial, de manera que podía sentirme libre en el ministerio e ir y ministrar a los estudiantes. Allí estaba mi corazón.

Luego, me entregaron un rol similar en nuestra segunda iglesia. Nos contrataron, conocían nuestras habilidades y talentos, pero a mi esposo lo pusieron dentro del personal pastoral, y a mí me pidieron que fuera la asistente ejecutiva del pastor principal. El pastor vio más en mí y me dejó ayudar en cualquier ministerio que quisiera, como dirigir un estudio bíblico o tutorial a las mujeres del personal, pero aún tenía que hacer todo eso encima de lo otro, el trabajo no ministerial. Terminé renunciando a ese trabajo también y obteniendo otro rol en construcción por los mismos motivos. No fue hasta que tenía veintinueve años, un título de maestría, y dos niños pequeños que me dieron mi primer rol pastoral en el personal de una iglesia como pastora de misiones.[3]

Las mujeres líderes, sobre todo aquellas que usted recluta del mundo empresarial, necesitan «trabajos reales» con títulos reales. Las asistentes administrativas son increíblemente importantes en todo equipo (yo no podría sobrevivir sin la mía), pero sus dones y contribuciones son muy diferentes a las de un líder. Las capacidades administrativas no son iguales al don espiritual de la administración.

Las capacidades administrativas incluyen organizar, programar, computarizar, gestionar en detalle, planificar, y así sucesivamente. Por lo general, estas son capacidades útiles para apoyar a una persona o eventos y por lo general se desarrollan detrás de la escena. Por otro lado, el *don de la administración* se basa en la palabra griega *kubérnesis*, un término único para referirse a un capitán de buque. Literalmente significa «timonear» o «dirigir o gobernar», e implica guiar o dirigir a un grupo de personas hacia una meta.[4] Este don es similar al don de liderazgo, pero por lo general está más orientado hacia la organización, la estructuración y el cumplimiento de tareas para alcanzar un objetivo.

Como puede imaginar, colocar a alguien con don de liderazgo o administración en un rol de asistente administrativo será frustrante para esa persona e improductiva a largo plazo para usted. Resista la urgencia de «poner a alguien en el equipo» o de ayudarla a «conocer la cultura» desde un rol de asistente. Esto también se aplica para sus líderes en preparación. Más bien, cree un rol nuevo y único. Sería mejor contratar a una líder talentosa por un cuarto de tiempo o sobre la base de un contrato en un rol de liderazgo significativo que contratarla a tiempo completo en un puesto diseñado para estar de apoyo, detrás de la escena, un cargo administrativo por naturaleza. La única excepción sería si usted hace lo mismo con todos los líderes de alto nivel, incluyendo los hombres blancos profesionales de mediana edad, probándolos a todos en puestos de asistentes administrativos. ¡Conozco una iglesia que hace esto!

## PAGUÉLES A LAS MUJERES LÍDERES LO QUE ES JUSTO

La mayoría de los líderes del mundo empresarial que pasan a trabajar en el ministerio, renuncian de manera voluntaria a salario, beneficios y todo tipo de privilegios. Lo menos que podemos hacer es pagarles lo que es justo por sus años de experiencia, liderazgo, capacidad y conocimientos únicos. El salario que usted ofrece a las mujeres líderes tiene que ser equivalente al de los hombres que realizan el mismo tipo y nivel de trabajo. Aun cuando decida darles un título diferente (directora en vez de pastora), asegúrese de evaluar con justicia si su alcance en el liderazgo, nivel de responsabilidad, y cantidad de horas trabajadas cada semana es lo suficientemente inferior como para merecer una diferencia en el pago. Por solo estar «disponibles» a las llamadas telefónicas de emergencia algunas veces al año, o presidir bodas, por lo que muchos pastores reciben pago adicional, no es suficiente para garantizar una escala de pago diferente. Si usted tiene expectativas de que ella cuide espiritualmente de aquellos que están bajo su liderazgo, por ejemplo, mujeres o familias, entonces ella merece el mismo pago que recibe un pastor.

También es algo discriminatorio pagarle menos a una mujer porque no es el «sostén económico» de su hogar o solo basarse en su género. Conozco a una pastora ejecutiva que dona todo su cheque de pago a la iglesia porque su familia no lo necesita. Cuán diferente hubiera sido su empleo y el valor que ella experimenta de parte de sus líderes si hubiera sido reclutada a trabajar por menos salario porque su familia no necesitaba el dinero.

Fui reclutada a trabajar en mi primer rol en el ministerio después de servir como decana en una universidad. No tenía idea de que los pastores recibían beneficios tributarios u opciones de seguro diferentes al resto del personal. No fue hasta después de más de un año en mi trabajo cuando hice mi primer contrato de personal: un hombre que trabajaría para mí supervisando los equipos de fines de semana y eventos, que descubrí que él recibiría un beneficio tributario del ministerio y un seguro pagado para toda su familia. Me sentí bendecida de trabajar con líderes muy piadosos, que, una vez que les hablé del asunto, no tenían idea de mi discrepancia de beneficios y lo ajustaron de inmediato.

Al parecer, cuando el equipo de recursos humanos procesó mis documentos de empleo, de forma automática me colocaron en la categoría «de oficina» puesto que nunca antes habían contratado a una mujer para un rol de liderazgo. Y como yo era nueva en el ministerio, la única cosa que supe negociar cuando me contrataron fue mi salario anual y el tiempo libre. En su defensa, yo tenía un «título de mujer» confuso y no encajaba en ninguna categoría existente, pero estos son elementos a los que usted debe prestar especial atención cuando reclute a mujeres líderes del mundo empresarial.

Al final, toda inconsistencia será descubierta, y como uno de mis buenos amigos en el ministerio (un pastor ejecutivo) expresó: «Solo asegúrese de que puede pasar la "prueba de la cara roja". Si alguien descubre esta información», ¿se le pondrá la cara roja de vergüenza? Esta prueba es mejor hacerla en privado antes de tener que experimentarla en público.

## DÉ A LAS MUJERES LÍDERES TIEMPO EN LA PLATAFORMA

Lo que más comunica liderazgo y autoridad en la iglesia es estar en la plataforma durante un servicio de adoración. Ya sea porque la persona es líder de adoración, hace un anuncio sobre un evento próximo, o predica el sermón, la congregación reconoce de manera personal a los individuos que suben a la plataforma, y asumen que tienen algún tipo de posición o autoridad en la iglesia. En mi opinión, estar en la plataforma en la iglesia es el equivalente a tener la oficina de la esquina en una empresa. Quizás nadie sepa lo que usted hace o cuál es su cargo, pero la oficina dice todo lo que necesitan saber. Y eso se aplica también a pararse en la plataforma de la iglesia.

Independientemente de su visión sobre la mujer como predicadora, si usted quiere que la mujer sea capaz de dirigir bien en su iglesia, ella necesita tener oportunidades de estar al frente durante los servicios del fin de semana. Soy defensora de esto para todo líder: pastor universitario, coordinador de grupos pequeños, director del ministerio infantil, o incluso la persona que dirige el equipo de montaje y desmontaje. A la mujer le será más fácil dirigir si se lleva a la plataforma y se le reconoce su servicio. Ni siquiera tiene que decir algo. El pastor puede ser quien hable, pero sus responsabilidades de reclutamiento serán más fáciles ahora que todos en la congregación han visto su rostro, saben lo que dirige, y vieron al pastor reconocerla a ella y a su contribución. La próxima vez que vaya al centro estudiantil y necesite mover las sillas, todos los voluntarios saltaran a ayudarla porque ya saben que ella tiene autoridad para dirigir.

Jenni Catron, consejera de liderazgo y antigua directora ejecutiva de la iglesia, trabaja con líderes de la iglesia y tiene una visión única de algunas de las cuestiones sistémicas generalizadas que impiden que las mujeres lideren de forma efectiva:

Lo más evidente que observo es que a las mujeres les falta oportunidad para estar al frente. Y no me refiero solo a enseñar los domingos en la mañana. Me refiero a dirigir reuniones, hacer anuncios, o estar al frente para desarrollar su presentación o dones de enseñanza.

El talento inesperado que adquirí en mi experiencia corporativa fue que yo era parte del equipo de ventas y mercadeo. Con veinte años aprendí a dar una presentación de ventas a una habitación llena de hombres de cincuenta años expertos en ese campo. Esa habilidad de presentar y hablar en frente de las personas evidentemente se volvió un gran talento dentro de la iglesia porque sabemos que los líderes necesitan esa capacidad para dirigir bien los equipos y las reuniones.

En muchas iglesias, a las mujeres no se les da la oportunidad de estar al frente porque les falta la experiencia para hacerlo bien. He visto que esto sucede en algunas de nuestras iglesias más grandes. Cuando le pregunto al pastor al respecto, a menudo escucho: «En verdad me encantaría poner a las mujeres en esos puestos, pero no hay ninguna que considere que esté al nivel de poder enseñar y de defenderse».

Y aunque esto puede ser verdad, desafortunadamente hace que las mujeres se sientan más inseguras y con menos confianza ante cada oportunidad perdida. Esto comunica que sus líderes no creen en ellas cuando eligen a un hombre con más experiencia en su lugar.

Como consecuencia, lo que veo como sistemático es que las

mujeres tienen menos oportunidades de aprender esas capacidades, lo que significa que no pueden usarlas. Por tanto, los hombres dominan nuestras plataformas. No estoy abogando porque las mujeres prediquen cada domingo, pero pienso que cuando las mujeres están en la plataforma, eso realmente hace una gran diferencia, a veces de maneras que ni siquiera nos damos cuenta.

De hecho, la semana pasada hablé con una mujer que desempeña un rol como pastora ejecutiva donde sus líderes principales han sido intencionales en dejarla hacer diferentes cosas desde la plataforma, como dar los anuncios. Ella expresó que cada vez que hace esto, alguien se le acerca y le comenta lo que su presencia allí representa. Una mujer dijo: «Me gusta que estés al frente porque mi hija trajo a otra joven de octavo grado al grupo de jóvenes quien te vio en la plataforma junto a otra líder de adoración. La muchacha llegó a su casa y le dijo a su mamá que quería regresar a la iglesia porque quería hacer lo que ustedes hacen. Ahora toda su familia ha comenzado a asistir a nuestra iglesia porque esa jovencita vio mujeres al frente y sintió que eran modelos a seguir para ella».[5]

No nos damos cuenta de las consecuencias no intencionales de no hacer a las mujeres visibles en nuestras iglesias. Les falta la visibilidad porque les faltan las oportunidades, y les faltan las oportunidades porque no han desarrollado las capacidades necesarias. Es un ciclo ineluctable que tiene que cambiar.

## AYUDE A LAS MUJERES LÍDERES EN LA TRANSICIÓN AL MINISTERIO

Cuando nos «desarrollamos» en una profesión de cualquier tipo, hay ciertas costumbres, rituales y filtros que aprendemos de forma natural, y a través de los cuales vemos el mundo. Por ejemplo, mi primera profesión fue enfermería. El objetivo de un enfermero graduado es ayudar a los pacientes a mejorar. Evaluamos al paciente, lo tratamos y medimos cómo progresa. Cada acción que hacemos se basa en el paciente *individual* y en su progreso *individual*. Del mismo modo, mientras trabajo en el ministerio, una de las primeras cosas que considero es cómo nuestros programas y sistemas afectan a los *individuos* y al viaje de fe *individual* de cada persona.

Pero he trabajado con personas que crecieron profesionalmente en otras industrias y al principio buscan diferentes medidas de éxito. Por ejemplo, el personal de ventas y mercadeo no se preocupa tanto por lo individual. Se realizan ventas significativas cuando un número significativo de personas se ven impactadas, de manera que buscan cambios que impacten a *muchas* personas. Su orientación natural es centrarse en lograr que muchas personas crezcan un poco, mientras que mi orientación natural es lograr que pocas personas crezcan mucho. Ambas perspectivas son correctas y útiles, pero son enfoques muy diferentes.

Su ministerio también tiene prioridades y perspectivas que probablemente difieran de lo que un profesional en otra industria ha aprendido. Solo estar en una iglesia y ser voluntario en el ministerio no significa que comprende la cultura y las prioridades de su personal, las prácticas y las expectativas del liderazgo del ministerio. Es importante enseñar estos filtros y presuposiciones a toda persona que llegue al liderazgo proveniente del mundo empresarial.

También hay una diferencia cuando se tratan cuestiones espirituales. Mallory, un exejecutivo del mundo empresarial convertido en pastor ejecutivo, lo describió así: «En el mundo corporativo, el objetivo es ir cada vez más alto. Decisiones de mayor nivel. Mayor responsabilidad. Mayor influencia. Pero en el ministerio, cada paso tiene más peso. Es difícil aprender a separar el peso de su propia alma. El estrés es diferente. Simplemente usted no sabe lo que le está haciendo. He tenido que aprender que no es la velocidad, sino la "constancia" lo que importa».[6]

El cuidado del alma, la guerra espiritual, el equilibrio del fin de semana y las horas de la noche, los cambios en las amistades dentro de la congregación, la confidencialidad, las expectativas sobre su familia, la mayor atención a su apariencia y vestimenta (sí, eso es importante), menos contacto directo con los no creyentes y la interrogante: *¿cómo sé* *si estoy haciendo un buen trabajo?* son todos los problemas y desafíos que afectan, y que por lo general sorprenden a las mujeres líderes que entrevistamos. Tara Beth, comentó: «Sirvo en una iglesia increíblemente alentadora, pero mi apariencia es un tema constante de conversación. No pasa un domingo sin que alguien comente sobre mi cabello o mi atuendo».[7]

Si su cultura tiene una semana laboral de seis días, esto también puede ser una gran transición. Aunque la mayoría de los líderes de alto nivel trabajan más de cuarenta horas semanales en estos días, la necesidad de estar en la iglesia seis días a la semana, en todos los servicios, con tiempo libre limitado y con diferentes niveles de flexibilidad, coloca a muchas mujeres líderes en un camino rápido al agotamiento. «Simplemente no hay tiempo libre —expresó una mujer líder—. Con servicios cada fin de semana y una actividad tras otra durante todo el verano además de cada día feriado, es difícil recuperar el aliento. Al menos en el mundo de los negocios había temporadas de "alta" y de "baja"».[8]

Las mujeres tienden a ser menos estrictas con los límites que los hombres, sobre todo si son nuevas en un trabajo, por lo que pueden caer en la trampa de hacer más de lo que se les pide. Es fundamental aclarar las expectativas que usted tiene, ayúdelas a saber qué sería una «victoria» para ellas, y libérelas de sentirse obligadas a asistir a cada evento que tenga lugar en la iglesia.

Sin embargo, el mayor desafío tiende a ser atravesar el campo minado de varios niveles de aprobación y apoyo por parte de los líderes masculinos dentro del personal. Según un estudio de Barna sobre las mujeres líderes en la iglesia: «La mayoría de las mujeres declaran que los hombres en sus vidas apoyan totalmente su búsqueda de roles de liderazgo, incluidos sus pastores principales y sus esposos». Sin embargo, el 54 % de las mujeres líderes no se sienten respaldadas por *otros* hombres líderes en su iglesia.[9] Esto puede crear mucha tensión en los equipos cuando una mujer intenta dirigir iniciativas que afectan más allá de su departamento. Este «fuego amistoso» fue especialmente común para aquellas que eran las únicas mujeres en el equipo de liderazgo.

Además, es posible que usted deba entrenarla para que dirija bien cuando alguien en su equipo está decepcionado porque ahora tiene a una mujer por líder.

A medida que continúe añadiendo mujeres líderes al equipo, estos problemas irán disminuyendo. Como una pastora ejecutiva lo expresó: «Cuando se incorporó la segunda mujer en nuestro equipo de liderazgo, todo mejoró».[10] Tener más de una mujer a menudo ayuda a neutralizar las cuestiones de género y también ofrece una sensación de apoyo y asistencia cuando hay conflicto sobre prejuicios de este tipo.

Cualquier profesional que hace la transición al ministerio necesitará orientación, y las mujeres no son la excepción. Pero como hay menos modelos a seguir y dinámicas más difíciles, usted tendrá que ser más intencional para dar lugar a estas conversaciones, ofrecer asesoramiento y proporcionar recursos para ayudar a una mujer líder en la transición de una manera que la mantenga saludable y fructífera en la maratón del ministerio.

## APOYE A LOS ESPOSOS Y LAS FAMILIAS DE LAS MUJERES LÍDERES

El apoyo a las esposas de pastores y ministros es un tema de conversación constante en entornos del ministerio. No es raro recoger varias ofrendas para esposas en conferencias, retiros de personal, reuniones de ancianos o incluso dentro del programa y los presupuestos mensuales de una iglesia. Por cierto, asegúrese de informar a sus líderes del personal femenino que deben asistir a las reuniones del liderazgo y no a las reuniones de las esposas. ¡Esto puede ser muy confuso al principio! Pero ninguna de las iglesias representadas por las mujeres que entrevistamos habían desarrollado programas únicos o sistemas para apoyar a los esposos de las mujeres en el ministerio.

Ashley, una joven líder nueva en un rol pastoral dentro del ministerio estudiantil, lo describió así:

Creo que las iglesias que le piden a una mujer que ocupe un alto nivel en el liderazgo, especialmente con el título de «pastora», necesitan pensar en su familia de una manera diferente. La familia necesita ser tratada de una manera saludable, protegida y apoyada, y con espacio para ser una familia unida. Si mi esposo se sintiera olvidado o desapercibido, yo nunca sería capaz de llevar bien el ministerio. Puede ser especialmente difícil de manejar para usted cuando los líderes comunican que se preocupan por su familia cuando nunca se han acercado ni han tenido una conversación auténtica con su marido.[11]

Un hombre del personal suele ser más apto para abogar por su esposa si se siente desconectada, sola o incluso deprimida, pero para una mujer líder es una espada de doble filo. Ella no quiere que su esposo luzca necesitado o demasiado vulnerable, y aun así, él puede sentirse fuera de lugar cuando su esposa está bien conectada en la iglesia y él está sentado solo durante el servicio mientras ella está trabajando.

Una pastora ejecutiva se sintió emocionada cuando un anciano llamó a su esposo para invitarlo a almorzar. Desafortunadamente, en lugar de construir una relación con él, el anciano pasó todo el tiempo interrogando al esposo sobre su matrimonio y sobre la vida en el hogar. Ese no era en realidad el apoyo que su esposo o ella esperaban.

Sin embargo, en Life.Church, una de las iglesias más grandes de Estados Unidos, han adoptado un enfoque un poco diferente. En lugar de singularizar a las esposas de los pastores, simplemente tienen grupos pequeños, eventos especiales y reuniones para los «cónyuges del personal» y las «familias del personal». Jerry Hurley, el pastor ejecutivo de desarrollo de equipos, explicó cómo lo hacen:

Trabajamos duro para integrar a los cónyuges a nuestra organización. Le digo a nuestro equipo que, como regla general, deben darse cuenta de que estamos en una batalla espiritual. Nuestros cónyuges están lo suficiente cerca de la batalla como para resultar heridos, por lo que debemos asegurarnos de que estén lo suficientemente cerca de todas las grandes cosas de este ministerio como para mantenerse conectados y entusiasmados con él. Si todo lo que el cónyuge escucha es la queja o lo negativo, eso no será bueno para ellos.

Trabajamos muy duro para mantener a todos los cónyuges conectados, independientemente de su género. Tenemos grupos de Facebook. Invitamos a los cónyuges a nuestras reuniones del personal y las transmitimos en línea para los cónyuges que trabajan (hombre y mujer) o que no pueden asistir. Si tenemos una capacitación del personal sobre el indicador de Myers-Briggs o de inteligencia emocional, invitamos a los cónyuges para que puedan aprender estas cosas junto a su pareja. Si un miembro del personal, su cónyuge, o un hijo, necesita consejería, nosotros la pagamos. Una vez al año tenemos una «reunión familiar» donde todo el personal y los cónyuges se unen de todas nuestras ciudades durante tres días. Es un tiempo maravilloso juntos. En realidad, nuestra mentalidad e intención es mantenerlos a todos conectados y atendidos.[12]

Trabajar para mantener conectados a los esposos del ministerio no significa que usted debe salir de su camino para implementar programas y forzar conexiones con ellos. De hecho, muchas de las mujeres líderes con las que hablamos estaban agradecidas de que sus maridos no tuvieran que estar fuera noches extras por obligaciones conyugales. Lo más importante que puede hacer es simplemente tomarse el tiempo y el esfuerzo, como líder en su iglesia, para relacionarse de manera genuina y preocuparse por las familias bajo su cuidado espiritual. Pocos en la iglesia harán esto por alguien en un rol de liderazgo, y aún menos pensarán hacerlo por una mujer líder. Construir relaciones y pastorear a las familias de sus mujeres líderes no solo las ayudará a prosperar en su iglesia, sino que también las hará sentirse libres para dirigir a plenitud.

## Y, POR ÚLTIMO, NO COLOQUE A LAS MUJERES LÍDERES EN UN «PRECIPICIO DE CRISTAL»

Además del «techo de cristal», ha surgido una nueva investigación sobre el «precipicio de cristal». A principios y mediados de la primera década del 2000, una serie de informes de los medios denotaban que tener mujeres en la junta directiva o como directoras ejecutivas impactaba de forma negativa el rendimiento de la empresa. Cuando esto se investigó de manera más profunda, la conclusión fue que los medios se habían equivocado: lo cierto era todo lo contrario, y se reveló un nuevo fenómeno. Las compañías de bajo rendimiento que tenían mujeres como directoras ejecutivas estaban ya en declive cuando contrataron a las mujeres, y la mayoría de las veces, bajo el liderazgo de esas mujeres, las compañías dieron un vuelco. Aún más interesante, una vez que una empresa comenzaba a funcionar bien de nuevo, la mayoría de esas directoras ejecutivas eran reemplazadas por hombres. El «precipicio de cristal», entonces, es una metáfora que describe estas oportunidades de alto riesgo que a menudo se les dan a las mujeres.[13]

Este efecto del «precipicio de cristal» apareció en muchas de las entrevistas de las mujeres líderes de alto nivel. Aunque ninguna de ellas usó estas palabras o ni siquiera habían pensado en eso de esta manera, muchas tuvieron experiencias donde se les dio la oportunidad de liderar en circunstancias muy diferentes a las de los hombres de su equipo: un «giro» o escenario de crisis con mayor riesgo, una mayor probabilidad de fracaso, donde se requería trabajo y esfuerzo adicionales, y a menudo se sometieron a mayores niveles de crítica que en una asignación de liderazgo más común. La mayoría de las mujeres habían interpretado estas oportunidades como positivas: que sus líderes creían en ellas y en sus habilidades, tal vez incluso más que en las de los hombres, por haberles dado una situación tan problemática, y estaban orgullosas de haber estado a la altura de la ocasión.

El desafío es que a menudo esto coloca a las mujeres en un mayor riesgo de fracaso y la necesidad de soportar mayores niveles de estrés y de crítica. El agotamiento en este tipo de roles también tiende a ser mayor, dado que la mayoría de las mujeres no son compensadas por el tiempo extra, el esfuerzo y el trabajo. Aunque existen varias teorías para explicar esto, la más aceptada es que, debido a que las oportunidades que las mujeres tienen para liderar son más escasas, están más dispuestas a arriesgarse y hacer sacrificios personales por esta oportunidad. Las iglesias que pueden estar teniendo problemas para conseguir que un líder tome con éxito un área tan riesgosa, por lo general están dispuestas a dejar que una mujer líder lo intente si quiere. Por otro lado, los hombres líderes tienen opciones de quedarse u obtener otro trabajo en lugar de verse a sí mismos, y a sus carreras, al borde de un arriesgado precipicio.

A medida que incorpore mujeres a su personal en roles de liderazgo, asegúrese de acondicionarlas para tener éxito. Edúquese sobre el prejuicio natural y las tendencias que crean techos o precipicios de cristal. Hable sobre este concepto abiertamente y trabaje en equipo para asumir roles desafiantes y de alto riesgo, de manera que todos ganen (o pierdan) juntos.

Extraer del mundo empresarial para encontrar mujeres líderes de alto nivel no solo desarrolla su diversidad de género, sino que también le brinda importante experiencia y conjunto de habilidades a las que su equipo normalmente no tendría acceso. Muchas de las contribuciones únicas que he podido hacer en mis diversos roles ministeriales han provenido de la educación y las experiencias que tuve fuera de la iglesia, pero han beneficiado en gran medida nuestros ministerios. Esto incluye todo, desde producir espectáculos de teatro musical, comprender las evaluaciones de salud mental, hasta desarrollar políticas de recursos humano y programas de capacitación en liderazgo. No hay manera de expresar los tipos de trayectorias enriquecedoras y el entendimiento profesional que las mujeres en sus congregaciones tienen para ofrecer a su equipo de personal y a su iglesia.

Hay una razón por la cual Jesús nos instruye a orar por obreros para la cosecha. Todos necesitamos grandes líderes que se presenten y en quienes se pueda confiar que dirijan bien. Cuando triunfen, no será por nosotros. Será porque Dios ha estado trazando a mano su recorrido para este preciso momento. Que todos podamos encontrar oro.

Modelo a seguir # 4

# INTEGRE LA FORMACIÓN ESPIRITUAL Y EL DESARROLLO DEL LIDERAZGO

*No puede guiar a las personas a donde nunca ha ido. No puede impartir lo que no posee. No puede predicar con poder lo que no practica con integridad.*

—ROD ROGERS, PASTOR *DRIVEN STEWARDSHIP*[1]

*Integración* es una palabra poderosa. Denota armonía, cooperación, alineación, unidad y sinergia. Jesús amaba enseñar de manera integrada, en particular con Sus discípulos. Vivir juntos, viajar juntos, aprender juntos, ministrar juntos, debatir juntos, reír juntos, liderar juntos y luchar juntos fueron todas las formas en que Jesús levantó líderes espiritualmente fuertes, capaces de hacer avanzar Su misión.

Lo contrario de integración es separación. Denota desconexión, vacío, discordia, segregación, división, silo, desalineación y divorcio. Desafortunadamente, para la mayoría de las mujeres, su educación y desarrollo han sido más un proceso de «separación» que de «integración». Esto es cierto, sobre todo, para las mujeres líderes en la iglesia.

Una de las mujeres que entrevisté recuerda haber estado a la mitad de sus estudios en el seminario bíblico cuando se presentó a su primer día de clase de Predicación Expositiva, emocionada de combinar su amor por la Palabra de Dios con su éxito en el equipo de oratoria. Se sentó en la primera fila y el profesor le preguntó de inmediato: «¿Qué hace usted aquí? Esta es una clase solo para hombres. Usted solo puede cursar Preparación de Mensajes para mujeres».[2] Y esto ocurrió hace menos de veinticinco años.

Yo era adulta joven durante la época de los Promise Keepers [Prometedores] y las Women of Faith [Mujeres de fe]. Fue un tiempo poderoso en la iglesia cristiana estadounidense, ya que los hombres y las mujeres tenían hambre de volver a comprometer sus vidas con Cristo, y los muros simbólicos entre las comunidades eclesiásticas se estaban derrumbando. Sin embargo, para mí, siempre fue un poco confuso. Lideraba como voluntaria de alto nivel y escuchaba a todos estos hombres con los que servía regresar y contar historias de que se sentían inspirados para levantarse, que se reunían en el altar con otros miles de hombres sintiendo en sus vidas el llamado a marcar la diferencia, que aprendían cómo liderar con carácter e integridad, y que permanecían despiertos hasta altas horas de la noche con sus hermanos espirituales, orando, confesando sus pecados y rindiendo toda su vida al Señor. Sonaba asombroso.

Cuando asistí a mi primera conferencia de Women of Faith, fue genial, pero muy diferente a lo que los hombres habían descrito. Tuvimos fiestas de pijama por la noche, con mucho chocolate. Nuestras conversaciones en el hotel fueron sobre el cuidado de la piel. Escuché múltiples enseñanzas sobre cómo (aparentemente) es difícil para mí tomar buenas decisiones porque estoy abrumada por emociones confusas y profunda inseguridad. Salí con un recordatorio de que soy amada y de que tengo valor, así como con varias velas, un marco de fotos casero y un frasco de loción con olor agradable. El discípulo dentro en mí apreció el mensaje y disfrutó los dos días fuera para concentrarse en mi caminar con Cristo, pero la líder en mí anhelaba algo más.

El tema del discipulado solo para mujeres (también conocido como ministerio de mujeres) salió a relucir en casi todas las entrevistas. Siempre se reconoció que, para muchas mujeres, estos ambientes son exactamente lo que ellas necesitan y pueden ser muy efectivos. Pero estas mujeres líderes fuertes, por lo general se sentían bastante fuera de lugar, como inadaptadas. Podían apreciarlos, pero allí no se hablaba de los desafíos y problemas de carácter que ellas enfrentaban en lo personal. Sus conexiones y talentos tenían implicaciones en su desarrollo espiritual que en estos ambientes no se abordaban, y con frecuencia creaban una tensión adicional al tratar de responder la pregunta: ¿quién soy yo como mujer que sigue a Cristo si tengo el talento para liderar? Como Andrea, una pastora ejecutiva, declaró: «Liderar y seguir a Cristo son cosas interconectadas».[3]

Aunque no hicimos esta pregunta específica en la encuesta, muchas de las encuestadas expusieron sobre esta tensión en el cuadro de comentarios. Estas son algunas de las formas en que he escuchado que la describen:

- «Simplemente no soy una chica femenina».
- «Mi problema es con el orgullo más que con la inseguridad. Estoy intentando mantener la boca cerrada más que tratando de aprender a "hablar"».
- «Sin duda alguna, mis asperezas no fueron bien recibidas allí. No fue hasta que conocí a una mujer líder fuerte que supo cómo canalizar mi energía y perspectiva que comencé a encontrar mi camino».
- «Me sentía fuera de lugar por completo. Traté de ser como todas las demás mujeres, pero mis luchas eran muy diferentes. Cuando

hablaba sobre el estrés de tener que despedir a alguien, o los desafíos de trabajar y al mismo tiempo criar a mis hijos, me miraban con desconcierto o me juzgaban, nada de esto era útil».

- «La mayoría de las veces sentía que no encajaba. No me vestía de forma apropiada. No me importaban las cosas correctas. Estaba luchando con las cosas equivocadas».
- «En verdad quería aprender a usar mis dones para servir al Señor. Cuando me ofrecía como voluntaria, siempre me asignaban una tarea compartida».
- «Me siento más cómoda hablando con hombres sobre liderazgo que hablando con mujeres sobre el último «no sé qué» en las redes sociales».
- «A menudo me preocupa que soy demasiado para estas otras mujeres. No estoy segura de si es intimidación, porque ciertamente no me siento intimidante. Solo sé que no puedo ser yo a plenitud».[4]

Muchas de estas mujeres líderes de alto nivel al final tuvieron que encontrar otros lugares donde crecer espiritualmente, a menudo fuera de su iglesia, y luego descubrir cómo integrar las cosas que aprendieron para liderar en el trabajo o en el ministerio. A menudo, esto lo tuvieron que hacer por sí solas, o tal vez con algunos amigos, por lo general distantes geográficamente, que «las entendieron» y pudieron percibir lo que Dios les estaba enseñando y pidiéndoles. Es una forma muy aislada de crecer como líder y seguidor de Jesús, pero la mayoría sintió que no tenían otra opción.

Esta integración de crecimiento espiritual y desarrollo del liderazgo ocurre de forma mucho más natural para los hombres líderes. Es uno de los beneficios de ser parte de la «mayoría». La cultura misma apoya el desarrollo espiritual y del liderazgo de los hombres basado en las relaciones, sobre todo para aquellos interesados en dedicarse a la carrera del ministerio.

El desafío es que, desde una perspectiva en la que las mujeres no lideran, los ministerios de mujeres a menudo pierden los componentes básicos del desarrollo del liderazgo, incluso dentro de sus estructuras como voluntarias. Por lo general, las mujeres son ubicadas en roles de liderazgo cuando están casadas con un pastor, tienen más tiempo para ser voluntarias o «necesitan sentirse parte de algo», en lugar de basarse en sus dones o habilidades.

Además, ha sido mi experiencia que los pastores hombres que supervisan los ministerios de mujeres dedican muy poco tiempo o energía a liderar y a hacer a estos equipos responsables por los resultados. No es que a estos pastores no les importe, sino que son reacios en extremo a involucrarse. Un pastor con el que trabajé me lo describió como un «terreno minado» porque la mayoría de las mujeres del equipo de liderazgo estaban casadas con sus jefes. Hacía todo lo posible por darles lo que pedían y no enfrentaba ningún problema porque simplemente no valía la pena.

Una vez, mientras trabajaba en el personal de una iglesia, nos invitaron a un taller nacional para determinar hacia dónde se dirigiría el futuro del ministerio de mujeres. Asistí junto con la líder de nuestro ministerio de mujeres, quien también era la esposa del pastor principal, y con el pastor que supervisaba todas nuestras clases y grupos de discipulado de adultos. De las cuarenta y cinco personas en la habitación, él era el único hombre. No lo podía creer. Las mujeres representan el 61 % de las congregaciones protestantes,[5] y ningún otro hombre en esas iglesias se sentía responsable de saber hacia dónde se dirigía en el futuro el ministerio primario de discipulado de estas mujeres. Qué oportunidad perdida, y esto señala la falta de atención que muchos de estos ministerios de mujeres han recibido por parte de sus hombres líderes en la iglesia, quienes, por cierto, controlan los recursos financieros y la posibilidad de capacitar líderes.

Jill, entrenadora de liderazgo y pastora ejecutiva jubilada, enfatizó la necesidad de que las iglesias inviertan recursos en el desarrollo espiritual de las mujeres líderes:

Cuando los hombres son exitosos en los negocios y tienen una base espiritual sólida, prosperan fácilmente en el ministerio. Muchas mujeres no han tenido la oportunidad de liderar, por lo que comienzan en un nivel diferente. Incluso con un don espiritual de liderazgo, les toma más tiempo pasar a una posición de liderazgo. Tanto una base espiritual sólida *como* un fundamento de liderazgo sólido son vitales para liderar bien en el ministerio. Sé de muchas iglesias que ponen a las personas en el liderazgo del ministerio mucho antes de que estén preparadas espiritualmente y nunca resulta bien para nadie.[6]

Estos ministerios basados en el género han sufrido muchos ajustes durante las últimas dos o tres décadas, sobre todo con el surgimiento de los grupos pequeños mixtos, así como muchas otras nuevas filosofías de planificación de ministerios. No recomiendo ir en una dirección u otra, y ciertamente hay una parte importante del discipulado que ocurre en las relaciones de género (Tito 2.4). Pero lo que defiendo es la integración del desarrollo del liderazgo en sus ambientes de discipulado, al mismo tiempo que se presta especial atención a aquellos grupos que son solo de mujeres o mixtos para asegurarse de que obtengan los mismos recursos y responsabilidad que usted le da a sus otros ministerios.

Mi función más reciente en el personal de una iglesia estuvo vinculado al desarrollo de un programa de capacitación de liderazgo para preparar hombres y mujeres para ofrecerse como voluntarios y para los roles dentro del personal en nuestras iglesias y dentro de la comunidad. Sin dudas, el aspecto más poderoso del programa fue la *integración* del desarrollo espiritual y del liderazgo. Muchos de estos líderes estaban estancados en su crecimiento porque habían creado «compartimentos» en sus vidas. En un lugar estudiaron la Escritura y hablaron sobre cosas espirituales, y en otro estudiaron liderazgo y trabajaron como líderes. Cuando los ayudamos a unificar estos dos conceptos en un solo camino hacia el desarrollo del liderazgo espiritual, las luces se encendieron y los puntos comenzaron a conectarse.

En su libro *The Making of a Leader* [La creación de un líder], el doctor J. Robert Clinton afirma: «Dios desarrolla un líder durante toda la vida. Ese desarrollo es una función del uso de eventos y personas para imprimir lecciones de liderazgo en un líder (procesamiento), tiempo y respuesta del líder. El procesamiento es fundamental para la teoría. Todos los líderes pueden señalar incidentes críticos en sus vidas donde Dios les enseñó algo muy importante».[7]

Las mujeres líderes que entrevisté para este proyecto expusieron muchos momentos cruciales en sus trayectorias de desarrollo espiritual y del liderazgo cuando la integración de su fe y dones creó una sinergia única que las catapultó en su caminar con el Señor y su habilidad para ser usadas por Él de manera fructífera. A continuación, se presentan los temas o los tópicos más comunes que sería bueno considerar su integración intencional en sus iniciativas de crecimiento espiritual y desarrollo del liderazgo.

## DEFINICIÓN DE LIDERAZGO

«¿Qué es exactamente el liderazgo?» era una pregunta recurrente en la trayectoria de muchos de los participantes de nuestra encuesta, sobre todo, cuando aún se encontraban en la etapa «emergente» de su desarrollo. Las siguientes son algunas definiciones y perspectivas sobre el liderazgo que considero útiles al entrenar a los líderes emergentes:

- *El liderazgo no es un título o posición.* Es la capacidad de influir en alguien para el cambio. Cada discípulo está llamado a liderar espiritualmente a los perdidos al compartir su fe, guiarlos a Cristo y enseñarles a obedecer todo lo que Jesús enseñó (la gran comisión, Mateo 28). El primer paso de liderazgo para todo seguidor de Jesús es discipular a otra persona.
- *El liderazgo es un don espiritual que Dios mismo da para edificar Su iglesia.* Se cree que los dones espirituales son tanto dones naturales que se manifiestan desde temprano en la vida de alguien

como el resultado de la salvación y la morada del Espíritu Santo. Todos estamos dotados de diferentes maneras, y todos los dones son importantes para que el cuerpo funcione. Además del don de liderazgo, las culturas de la iglesia a veces adscriben atributos de liderazgo a los dones de enseñanza, administración, pastoreo y apostolado. Por el bien de esta conversación, todos estos dones espirituales tienen aspectos de liderazgo que usted podría estar tratando de desarrollar y de liberar.

- *El liderazgo puede ser un conjunto de habilidades aprendidas.* Incluso sin un don específico, las capacidades y las habilidades de liderazgo se pueden aprender y refinar con el tiempo. Estos líderes no están necesariamente dotados de manera natural como líderes fuertes, pero han aprendido las habilidades e incluso el arte del liderazgo a través de las oportunidades de crecimiento y desarrollo. En algunos casos, los líderes que han aprendido a serlo pueden eclipsar a los líderes naturalmente dotados solo porque su conjunto de habilidades y carácter han madurado con el tiempo.

Uno de los mayores desafíos, único para las mujeres líderes, es sentirse «cómodas» en su liderazgo. La mayoría se siente atrapada en lo que se conoce como un «callejón sin salida», como si fueran «demasiado» o «muy poco» pero nunca lo correcto.[8] A menudo ellas se preguntan o incluso se preocupan por cómo ser fuertes como líderes y al mismo tiempo ser genuinas en sus relaciones. De hecho, hay una investigación asombrosa en el mundo empresarial que muestra que cuanto más exitoso es un hombre, más «agradable» es.[9] Pero se cumple exactamente lo contrario en la mujer. Cuanto más alto sea el liderazgo de una mujer en una organización, menos «agradable» se vuelve. A menudo esto deja a las mujeres líderes en una disyuntiva difícil: *¿Quiero ser querida o respetada?* Desafortunadamente, pocas mujeres líderes experimentan tener ambas cualidades, al menos al mismo tiempo. Cuando las mujeres se están desarrollando como líderes, esto en realidad puede influir en su confianza y capacidad para lograr todo su potencial de liderazgo.

Trabajar en las implicaciones espirituales de no ser «querida» como parte de su llamado es un paso importante de su desarrollo.

Un famoso proyecto de investigación presentó un estudio de caso de la Escuela de Negocios Harvard sobre una exitosa mujer emprendedora e inversionista riesgosa de la vida real (Heidi Roizen) para evaluar las percepciones de los estudiantes sobre los hombres y las mujeres en el lugar de trabajo. La mitad de los estudiantes leyeron el estudio de caso a prueba con el nombre de Heidi «tal cual». Pero para la otra mitad, el primer nombre fue cambiado de Heidi a Howard. Todo lo demás permaneció igual. Al final, los estudiantes calificaron a Heidi y a Howard como igual de competentes en base a sus currículums idénticos, sin embargo, a Howard lo calificaron como un colega más atractivo. Heidi fue vista como egoísta y no como «el tipo de persona que a alguien le gustaría contratar o para quien le gustaría trabajar», simplemente porque era mujer.[10]

El experimento demostró que cuando un hombre tiene éxito, tanto el resto de los hombres como las mujeres lo quieren más. Pero cuando una mujer tiene éxito, tanto los hombres como las demás mujeres la quieren menos. Esto puede ser aún más difícil en un entorno eclesiástico, donde las relaciones y las conexiones femeninas son increíblemente influyentes en la capacidad de hacer avanzar el ministerio.

Como puede imaginar, integrar este debate y estos diferentes aspectos del talento de una mujer es una parte importante de su desarrollo, así como desafiar a las mujeres líderes a incrementar su deseo de retroalimentación y autoconciencia. No todas las limitaciones en su liderazgo se deben a cuestiones de género o prejuicios, pero ¿cómo pueden discernir la diferencia? Ayudarlas a descubrir la distinción entre sus propias responsabilidades de liderazgo personal y lo que podría ser un problema más sistémico es fundamental para enseñarles cómo ser líderes saludables y seguras y cómo ser efectivas en el ministerio.

## IDENTIFICACIÓN DE DONES Y OPORTUNIDADES DE SERVICIO

Cuando llegamos al punto de comprender el talento de las mujeres y cómo eso podría ser una contribución en un entorno ministerial, hubo cuatro experiencias distinguibles que facultaron a estas mujeres líderes.

1. El aprendizaje sobre el concepto de los diferentes dones, y sobre todo sentir la libertad de no tener que ser bueno en todo.

2. La identificación de sus dones individuales; por lo general poder nombrar los dos o tres dones principales y cómo se complementan, así como sus inconvenientes.

3. La afirmación o la confirmación de esos dones por parte de los líderes dentro de la comunidad de su iglesia. Aunque preferible, no tenía que ser un líder formal, solo alguien a quien consideraran más maduro en su transitar de fe.

4. La conexión de su don con alguna necesidad en la iglesia que resultó de ayuda a las personas o sirvió de manera fructífera. Servir en el «lugar incorrecto» a menudo resultó un revés para las mujeres con claro entendimiento y en avance hacia su llamado con confianza.

Muchas de estas líderes se habían beneficiado de que su iglesia ofreciera algún tipo de evaluación de dones espirituales y luego utilizara esto para ayudarlas a conectarse con un rol voluntario en el «lugar adecuado». Estas evaluaciones pueden ser extremadamente clarificadoras para las mujeres, sobre todo si tienen ideas preconcebidas sobre los dones que deberían o no tener en función de su género.

Becca, una pastora ejecutiva, recientemente tuvo una conversación con una de sus estudiantes del ministerio universitario de su iglesia, donde las mujeres han sido facultadas en muchos niveles de liderazgo. Esta joven explicó que acababa de hacer una evaluación de dones espirituales en clase y preguntó: «¿Está bien que tenga resultados en liderazgo?».[11] Incluso con muchos ejemplos fuertes a su alrededor, ella todavía sentía que podría haber un error o que *ella* era un error.

Por otro lado, también fue una experiencia común para estas líderes descubrir que los «dones femeninos» tradicionales, como la hospitalidad, la misericordia, la ayuda y el pastoreo, a menudo estaban al final de su lista. Para muchas, esto creó otro tipo de crisis de identidad:

- «¿No soy una buena mujer?».
- «¿Puedo ser piadosa si no me gusta cocinar o entretener?».
- «¿Qué significa esto para mi capacidad de ser esposa o madre?».
- «¿Dios cometió un error?».

La forma en que manejaron estas preguntas, y la manera en que sus iglesias y sus líderes las apoyaron para redefinir sus propias expectativas de sí mismas, desempeñó un papel importante en cómo estas mujeres reevaluaron su identidad en Cristo, el llamado en sus vidas y la formación de una visión sobre cómo Dios podría querer usarlas al servicio de los demás. Judy, una pastora ejecutiva, expresó: «Fue muy liberador cuando me di cuenta de que no prefería trabajar con hombres que con mujeres; solo prefiero trabajar con *líderes*. Es por eso que relacionarse con otras mujeres líderes fuertes, aunque a veces son difíciles de encontrar, es tan vital para mí».[12]

También vale la pena señalar que, en nuestra encuesta, más del 60 % de las mujeres que lideran los ministerios hoy, fueron percibidas y afirmadas como líderes antes de los diecinueve años. Ayudar a los líderes jóvenes, tanto hombres como mujeres, a identificar sus dones desde temprana edad solo aumenta su capacidad de integrar esos dones en su formación espiritual, con la esperanza de crear una base sólida para toda una vida de ministerio.

Estas evaluaciones son una gran puerta de entrada a la idea de conocer sus dones y cómo usarlos en el ministerio; sin embargo, el debate no debería detenerse allí. El desarrollo es un proceso de toda la vida, y por lo general, Dios tiene más para nosotros de lo que podemos ver, así que es vital establecer formas de desarrollo continuo y nuevas oportunidades de servicio. Como embajadora y exsuperintendente general de la Iglesia Wesleyana, Jo Anne Lyon, afirmó: «Si nos apoyamos en nuestro "don", es fácil enfatizarlo demasiado y entonces no aprovechar la oportunidad porque no está "en mi hoja de papel". Pero si usted *avanza* en él, verá que Dios realmente le ha dado más de lo que ha percibido».[13]

## IDENTIDAD EN CRISTO

Las mujeres líderes que entrevisté describieron un tiempo que fue crucial en sus vidas. Por lo general, se trataba de una especie de crisis de liderazgo y fe en la que su seguridad en Cristo y su capacidad para ser eficaces con los demás se vieron significativamente desafiadas o arrebatadas. Dios usó cada una de estas circunstancias únicas y diseñadas de manera personal para enseñarle a cada líder lecciones importantes sobre su identidad en Cristo, su llamado como líder y el amor incondicional de su Padre celestial.

Muchas incluso reconocieron que las limitaciones impuestas debido a su género en realidad fueron herramientas que Dios usó para refinar su carácter y acercarlas a Él. «Mi trayectoria como mujer líder en la iglesia me ha desafiado a purificar mis motivaciones», expresó una participante en la encuesta. «Tuve que aceptar como justas las cosas pasadas, que ignoraran mis «derechos», mi necesidad de reconocimiento o crédito y, a veces, tuve que encontrar mis propios lugares para el ministerio cuando la iglesia local no me apoyaba».[14]

Muchas mujeres líderes debatieron el papel positivo que el asesoramiento profesional, la sanidad interna y el trabajo sobre los problemas de sus familias de origen ha tenido para su crecimiento y capacidad como líderes, sobre todo en entornos espirituales. Varias también hablaron de cómo la forma de ver la vida de una mujer puede ser mucho más negativa y condenatoria que la de un hombre. «Nosotras las mujeres tendemos a ser muy duras con nosotras mismas e inventamos muchas historias sobre lo que en realidad está sucediendo —dijo Amy, consejera y exdirectora ejecutiva de la iglesia—. Creo que tenemos muchas ideas en nuestras mentes que constantemente acarrean vergüenza y negatividad. Quizás los hombres se sorprenderían de cuántos pensamientos negativos pasan por la mente de una mujer en un día determinado».[15]

Aunque cada trayectoria y lección fue única, en general surgieron siete categorías de «identidad en Cristo» que pueden ser útiles a medida que usted desarrolle las mujeres líderes en su congregación:

1. Tengo dificultades para abrazar a plenitud la aceptación incondicional de Dios sin sentir la necesidad de mantener un cierto nivel de desempeño o resultado para «ganar o mantener Su amor». La mayoría de las mujeres sentían el temor de perder el amor o la aprobación de Dios.

2. Necesito la aprobación de las personas con respecto a mí y a mi liderazgo.

3. Encuentro seguridad al tener control sobre ciertas cosas o personas.

4. Me siento mal conmigo misma por mis errores pasados, mi apariencia física o las cosas que me hicieron.

5. Culpo a otros o uso excusas para defender mi mal comportamiento.

6. Encuentro mi significado al ser necesitada.

7. Evito la autenticidad debido a la presión de «representar a Cristo o mi iglesia» con la apariencia de perfección o de «tenerlo todo».

Otra faceta común de los problemas de identidad para las mujeres de alto rendimiento se conoce como el «síndrome del impostor», en el que las personas altamente competentes tienen dificultades para interiorizar sus logros y, en cambio, tienen un miedo persistente y subyacente de ser «atrapadas» o «expuestas» como un fraude.[16] A menudo sienten que no se merecen el éxito que han logrado y con frecuencia subvaloran sus logros como suerte, coincidencia o resultado de que otros les dan más crédito del que merecen.

Este puede ser un problema de identidad aún más profundo para las mujeres en las culturas de la iglesia que enfatizan demasiado el desinterés, difieren el crédito a los demás o espiritualizan el liderazgo efectivo. Es fundamental para el desarrollo espiritual de las mujeres líderes ayudarlas a aprender y practicar la diferencia entre minimizarse o vivir con miedo y tener una identidad completa y saludable que le dé a Dios la gloria mientras celebran sus increíbles logros.

Amber Smart, miembro del equipo de lanzamiento de YouVersion y directora de análisis en Life.Church compartió:

Creo que mi mayor desafío es que cada vez que haga algo, hacerlo «de lleno». Hacerlo con todas mis fuerzas. Hubo un tiempo, especialmente cuando lanzamos YouVersion, cuando todo era una locura y perdí el equilibrio entre la vida laboral y personal. Miro hacia atrás ahora y me siento triste de que hay ciertos años de la vida de mis hijos en los que en verdad no recuerdo mucho. He tenido que aprender que tengo una debilidad y es la adicción al trabajo, y en el fondo es como si sintiera que, si yo trabajo más *duro* o fuera *la que más trabajara*, o trabajara «en exceso», entonces las personas a mi alrededor tendrán que quererme, o incluso amarme, porque se los he demostrado. Ahora me doy cuenta de lo disfuncional que es eso. Pero no fue hasta que experimenté algunas cosas extremadamente dolorosas en mi vida personal que tuve que detenerme y darme cuenta de que estaba pagando las consecuencias de ese ritmo fuera del trabajo. Y Dios en verdad me guio y me ayudó a ver que «esto no es bueno».

Antes, veía todo igual. No importaba si se trataba de un informe de gastos con una fecha límite difícil de cumplir o un deseo de realizar algún proyecto que no tenía fecha límite. Todo era urgente para mí. Todo era apremiante. Todo era importante. Vivía en la tiranía de lo inminente.

Tuve que aprender a estar bien con las pelotas cayendo a mi

alrededor. Y tuve que aprender que hay pelotas hechas de cristal y hay pelotas hechas de goma. Si es de goma, está bien dejarla caer porque nada va a suceder. Hasta que al fin aprendí a preguntarme: «Bien, ¿qué tipo de pelota es esta?». Pude, por alguna extraña razón, continuar el proceso de pensamiento de decir: «Si dejo caer esta pelota de goma, todo estará bien. No es el fin del mundo».

Tuve que aprender que todos vamos a fallar en algún momento, y usted tiene que asimilar la lección cada vez que falle y mejorar. Todo esto es solo una trayectoria en la que todos estamos. Nadie sabe lo que está haciendo. Creo que cuando uno es más joven, simplemente asume que todos saben lo que están haciendo y que uno es el único que no lo sabe. Pero a medida que envejecemos, nos damos cuenta: «No. Todos somos como niños pequeños. Ninguno de nosotros sabemos lo que hacemos. Todos estamos tratando de descifrarlo». Así que concédase gracia, dele gracia a otras personas y luego busque constantemente conocerse a sí mismo y cómo Dios lo creó.[17]

## INTELIGENCIA EMOCIONAL

La inteligencia emocional (IE) es la capacidad de reconocer, comprender y manejar nuestras propias emociones y luego ser conscientes de cómo nuestras emociones impactan a otras personas, fundamentalmente cuando experimentamos estrés.[18] Cuando se trata de la capacidad de liderazgo, la IE ha sido ampliamente reconocida como tan importante, si no más, que las habilidades tradicionales del CI (coeficiente intelectual).

Las emociones son un tema importante para las mujeres en el liderazgo. Fue un tema recurrente en cada entrevista, a veces se describe como un activo y parte de la singularidad que las mujeres aportan, y en otras ocasiones se describe como una tendencia que, si no se controla, puede impedir que las mujeres progresen en el liderazgo.

Debbie, directora ejecutiva, expresó:

Creo que a veces las mujeres han tenido que mantener la parte sentimental de ellas mismas fuera de la ecuación, que es parte de lo que nos hace mujeres. Incluso como «pensadoras» [en un perfil de personalidad], traemos esa feminidad a la ecuación, y es muy valiosa para una organización que se supone está basada en el amor de Dios. Pero tenemos que ayudar a nuestras mujeres líderes a que descubran cuál es el lugar de sus emociones, porque hay un lugar para ellas, pero sin permitirles que abrumen su comportamiento.

No puedo expresar la cantidad de veces que han venido mujeres a mi oficina y me han dicho: «Hirieron mis sentimientos sobre algo determinado». Y yo pienso: *De acuerdo... pero, en primer lugar, en el béisbol no se llora.* Porque si le lloras a un hombre, lo deshaces. Es posible que le den lo que usted quiere en el momento, pero no podrán mirarle y escuchar lo que tiene que decir. Ellos no están tratando de herir sus sentimientos cuando no están de acuerdo con usted. Y si llora, o si se intimida, o si se apaga, pensarán que es un defecto de carácter o de liderazgo. Ahora, sabemos que no, pero eso es lo que ese tipo de comportamiento en una mujer provoca en la mayoría de los hombres.

He tenido esa conversación muchas veces con muchas mujeres jóvenes porque no creo que ellas sepan eso de los hombres de forma instintiva. Esos son los tipos de cosas que hacen que la trayectoria sea diferente entre los géneros. Los hombres no vienen a mi oficina llorando. No tengo que decirles «en el béisbol no se llora» porque ya saben jugar ese juego.[19]

Tanto las mujeres como los hombres que entrevisté hablaron con frecuencia sobre cómo la pasión en un hombre, sobre todo en torno a los asuntos de liderazgo cargados de emociones, se percibe como fuerte, útil y positiva. Pero esa misma pasión en una mujer puede dar la impresión de furiosa, agresiva, obstinada y negativa. Del mismo modo, se piensa que los hombres que dan instrucciones y expectativas claras son buenos líderes, mientras que las mujeres que hacen lo mismo a menudo se consideran mandonas.

Aprender a tomar conciencia de las emociones y cómo estas afectan a las personas que nos rodean requiere un autoexamen difícil, así como una comunicación honesta y clara por parte de los demás. La autoconciencia es crítica para el IE y el liderazgo, pero es imposible de lograr sin una retroalimentación honesta y empática. Todos tenemos puntos ciegos, pero si no hay relaciones cercanas y confiables de las cuales preguntar y recibir comentarios honestos, esos puntos ciegos pueden quedar sin control y sin desarrollo durante años.

Otra experiencia común para las mujeres en un ambiente dominado por los hombres se conoce como la «personalización», donde ellas asumen el sentimiento de responsabilidad personal por cosas que no están bajo su control o que no son su culpa.[20] Por ejemplo:

- «No pude hacer que me escucharan o que tomaran en serio mi idea».
- «Es mi culpa porque dejé que me intimidara para que me hiciera cargo del proyecto».
- «Mi equipo no alcanzó la meta a tiempo. Estuve despierta toda la noche sintiéndome terrible».

Esta dinámica funciona de forma directa contra la independencia emocional, la autoconfianza, la expresión emocional, la tolerancia al estrés y la flexibilidad, que son todas cualidades de una inteligencia emocional saludable.[21] La incorporación de estos atributos en sus programas de liderazgo y desarrollo espiritual ayudará a formar líderes saludables emocional y espiritualmente en el contexto de la retroalimentación madura y productiva en tiempo real.

## RELACIONES Y COMUNIDAD BÍBLICA

Todas nuestras habilidades de liderazgo son solo teoría hasta que tienen la oportunidad de ser probadas, demostradas y refinadas cuando se usan con personas reales en el contexto de una comunidad real. Aquí es donde el río encuentra su cauce, y es un proceso crítico en el desarrollo de un líder espiritual. El doctor Henry Cloud, afirmó: «Para ser verdaderamente bíblico y verdaderamente efectivo, el proceso de crecimiento debe incluir al Cuerpo de Cristo».[22]

La mayoría de los líderes entrevistados hablaron sobre las personas increíbles que creyeron en ellos, les dieron oportunidades mucho antes de que probablemente estuvieran listos, e hicieron espacio para los errores y el aprendizaje como un aspecto positivo del liderazgo. En los casos en que la comunidad del equipo, e incluso toda la iglesia, también tenían esta misma «mentalidad de aprendizaje», las experiencias fueron aún mejores.

Pero iniciar y mantener relaciones saludables es una habilidad que la mayoría de los líderes deben desarrollar con el tiempo y en el contexto de una comunidad amorosa y solidaria. Y a menudo es difícil. Los malentendidos, los desacuerdos, los sentimientos heridos, las inseguridades, las luchas de poder, las conclusiones precipitadas y nuestra naturaleza de pecado tiende a sacar lo mejor de nosotros. Aprender a comunicarse, resolver los conflictos, escuchar bien, sentir empatía y cuidar genuinamente a los demás son claves para participar y liderar en comunidades saludables. «Las personas no crecen donde son plantadas; crecen donde son amadas», expresa el autor Bob Goff.[23]

Por ejemplo, cuando se trata de patrones de comunicación, los hombres y las mujeres, ya sea por naturaleza o por educación, hablan de manera diferente y, sin tomarse el tiempo para comprender las diferencias, pueden malinterpretarse fácilmente. Cuando escuchan a otra persona, las mujeres tienden a dar muchas señales de que están prestando atención y «siguiendo» lo que se les dice. Las señales incluyen el contacto visual atento, sonreír, asentir de manera continua y las afirmaciones verbales cortas como «ajá», «sí» y «lo entendí». Por otro lado, los hombres, tienden a dar señales mínimas mientras escuchan. Pueden detener el contacto visual para mirar hacia otro lado y concentrarse en lo que la persona dice. Raramente asienten o dan afirmación verbal.

Como podrá imaginarse, esto puede crear muchos malentendidos. Cuando un hombre está explicando algo y una mujer asiente con la cabeza y ofrece un «sí», el hombre automáticamente lo tomará como un acuerdo, cuando, en realidad, ella solo está comunicando que comprende lo que está diciendo; su respuesta no significa necesariamente que ella está de acuerdo con él. Él podría seguir adelante después de terminar de hablar y nunca preguntarle o confirmar su opinión, porque para él, ella ya le ha dicho claramente que está de acuerdo; y todo el tiempo ella se estará preguntado por qué no tuvo la oportunidad de expresar sus criterios sobre el tema.

Por otro lado, cuando una mujer está hablando, por lo general malinterpretará la falta de contacto visual y las expresiones faciales estoicas de un hombre como un mensaje de que no le importa lo que está diciendo o que no está escuchando. Esto a menudo hará que ella hable más o sienta la necesidad de fortalecer su caso con aún más detalles e información. O podría retroceder y no dar su punto de vista completo porque cree que él no está siguiendo lo que ella está expresando. Ninguna de estas situaciones permite que los pensamientos de cada líder se expresen y evalúen por completo.[24] La directora ejecutiva, Debbie, declaró: «Las mujeres tardan un tiempo en aprender cómo comunicarse de manera que no haga que los hombres se cierren. Entonces, si los hombres realmente quieren lo mejor de las mujeres que Dios ha puesto en el liderazgo, entonces tienen que escuchar».[25]

Otra experiencia común, especialmente entre líderes, es interrumpirse los unos a los otros en reuniones y debates. Esto sucede tanto con hombres como con mujeres, pero por razones muy diferentes. Los hombres tienden a interrumpir para ganar control sobre el diálogo o para cambiar la conversación en una dirección específica. Por el contario, las mujeres tienden a interrumpir para crear conexión y confirmar el entendimiento. Una mujer podría irrumpir con una experiencia similar que afirma el punto o hace saber que entiende su perspectiva y que puede identificarse con ella. Ser conscientes de estas tendencias, así como establecer buenas prácticas de comunicación conjunta, son importantes para crear una comunidad de apoyo y ayuda en la cual formar líderes.[26]

La comunicación, junto con los otros temas clave de las relaciones y la vida comunitaria, como la resolución de conflictos, la autenticidad, la responsabilidad y la expresión del amor cristiano entre sí, son aspectos del discipulado y el liderazgo que deben expresarse y crecer dentro de una comunidad de fe sana y diversa. Como Peter Scazzero escribió: «El liderazgo espiritual maduro se forja en el crisol de las conversaciones difíciles, la presión de las relaciones conflictivas, el dolor de los reveses y las noches oscuras del alma».[27]

Además, la mayoría de las mujeres líderes que entrevisté hablaron sobre una importante epifanía personal y espiritual: la comprensión de que no pueden hacerlo todo, por lo que tuvieron que elegir dónde invertir de manera intencional su tiempo y energía, y luego dejar ir el resto sin importar a quién decepcione.

Esto es más fácil para algunas que para otras, y las circunstancias juegan un papel importante en la facilidad con que se aprende esta lección. Pero aquellas que tuvieron líderes que también las *pastorearon* a través de este momento decisivo en el ámbito espiritual y de liderazgo, salieron más fuertes y más comprometidas que antes con el ministerio y su liderazgo. «Mis líderes me salvaron de mí misma», dijo Kem Meyer, exdirectora del ministerio.[28]

Integrar el crecimiento espiritual y el desarrollo del liderazgo es un componente crítico del desarrollo de mujeres líderes saludables, fuertes y capaces dentro de su iglesia. Una mujer no puede liderar con un alma sana si no ayudamos a integrar su relación con Cristo con los dones y el llamado que Él le ha dado. «No sea que», en palabras de Parker Palmer, «el acto de liderazgo haga más daño que bien».[29] El doctor Henry Cloud escribió: «El crecimiento espiritual debería incidir en los problemas de las relaciones, los problemas emocionales y todos los demás problemas de la vida. No existe tal cosa como nuestra "vida espiritual" y luego nuestra "vida real". Todo es una misma cosa».[30]

*Modelo a seguir # 5*

# SEA «OTRO»

No estaba realmente segura de qué había salido mal. Quizás fue por trabajar hasta muy tarde la noche anterior en el hospital. Tal vez no ensayé como normalmente lo hago. O posiblemente, a pesar de mis buenas intenciones de servir, ofrecerme también como voluntaria para colocar las sillas ese domingo en la mañana antes de la presentación era más de lo que mi cerebro podía manejar.

Pero allí estaba. En el escenario. Sola.

Lo que parecía como mil personas tenían sus ojos fijos en mí. Ese silencio familiar pero incómodo llenó el santuario convertido en teatro. Esto ocurrió en la época en que los dramas en la iglesia eran algo nuevo, y mi mente se había quedado totalmente en blanco. Había actuado en monólogos como este para la iglesia y en otros eventos docenas de veces. Conocía mi bloque y a mi audiencia, pero al parecer no me sabía mi texto.

Di marcha atrás y comencé de nuevo.

¡No!

El mismo lugar. La misma palabra... nada.

Lo intenté de nuevo. Esta vez no era un silencio incómodo, sino que hubo un cambio embarazoso, un murmullo suave, sonrisas llenas de lástima. Quería morir, o al menos escapar.

Pero esa tercera vez fue fascinante. Mi cerebro se desbloqueó. Estoy segura de que fue porque todas las personas en aquel lugar estaban orando por mí, incluso aquellos que nunca antes había orado. El resto de la presentación salió de mí con una combinación de alivio y frustración. Estaba agradecida, porque estoy bastante segura de que los actores no tienen una cuarta oportunidad. En ese punto, es mejor solo salirse de la luz del proyector, caminar hacia la parte oscura del escenario y poco a poco alejarse para no ser visto de nuevo. «Oh, bueno —me dije a mí misma—, al menos las personas saben que no hay que ser perfectos para ser parte de esta iglesia».

No obstante, en mi corazón no estaba tan convencida. Los errores no son algo fácil para mí. Me gusta hacer las cosas bien. Bien, seamos honestos. *Amo* hacer las cosas de *forma impresionante*. Y cualquier cosa por debajo de ese estándar puede traducirse fácilmente en mi mente como «fracaso», sobre todo a principios de mis veinte años.

Probablemente todavía estuviera estancada en ese modo de pensar si no fuera por personas como Bob.

Bob era el dueño de un pequeño negocio, quien también se había ofrecido como voluntario en nuestra iglesia para ser productor de los fines de semana y director técnico. Él fue quien me escogió para el monólogo, y fue la primera persona que salí a buscar después del servicio.

Como siempre, Bob estaba en el escenario con sus audífonos puestos, dirigiendo el empacamiento y agradeciendo a los voluntarios por su servicio. En cuanto comencé a subir las escaleras laterales, él me vio con el rabillo del ojo. Todo lo demás se detuvo. Se volteó para mirarme; sonrió con esa gran sonrisa comprensiva; y me rodeó con sus brazos en el abrazo paternal más grande posible.

«Muchacha —dijo mientras continuaba sonriendo y sacudía su

cabeza de un lado a otro—, estoy *tan orgulloso* de ti. Eso nos pasa a todos, y tú hiciste *exactamente* lo que debías hacer. Una forma de seguir».

Si alguna vez ha recibido el regalo de un momento redentor como este, sabe cómo se siente. Aún hay decepción. Aún hay vergüenza. Aún hay arrepentimiento. Pero de alguna manera usted sabe que va a estar bien. Y aún tiene la pequeña esperanza de que un día mirará atrás y podrá reírse de lo que sucedió, tal vez incluso apreciar las lecciones que aprendió.

Así fue como me sentí en aquel momento y como lo analizamos después. Cuando terminé de hablar con Bob, ya tenía mi cabeza en alto y me sentía bien conmigo misma de nuevo. Como el doctor Henry Cloud explica en su libro *El poder del otro*, aquello tuvo poco que ver conmigo y tampoco fue un tipo de «fuerza interna» que había desarrollado como joven adulta. Tuvo todo que ver con Bob, la relación que él había establecido conmigo antes de aquel día fatal, y el apoyo y el amor que me dio durante aquel suceso y después. Bob y yo continuamos produciendo muchos más servicios increíbles en la iglesia, e incluso habló en mi boda.

El doctor Cloud lo explicó de esta manera:

La sabiduría y la competencia sí importan. Necesitamos nuevas habilidades, conocimiento y talentos... Pero... pregúntele a muchas personas sobre sus mayores logros y retos vencidos, y encontrará una cosa en común: siempre hubo alguien del otro lado que lo hizo posible.

Tanto sus mejores como sus peores etapas no dependieron simplemente del ciclo del mercado o del negocio, ni siquiera de sus propias capacidades. Sus mejores y sus peores etapas también dependieron de *quiénes* estaban con usted durante ese período. Para bien o para mal. No dependió solo de usted. Dependió de aquellos que desempeñaron una importante función en quién usted se estaba convirtiendo y cómo le estaba yendo.[1]

Él continuó explicando que la neurociencia ha demostrado lo que muchas personas han estado experimentando: que la *relación* hace la diferencia. Ese es el factor curativo no solo en si un concejero tiene éxito con un cliente, sino que también es el factor catalizador en un socio comercial, un cónyuge, un mentor, un pastor o un maestro. Es el tipo y la calidad de la conexión interpersonal lo que permite que nuestras mentes crezcan, se expandan, se fortalezcan y al final logren alcanzar nuestras metas. Las relaciones literalmente reconectan nuestros cerebros para bien o para mal. En relaciones sanas, solidarias y positivas, nuestros cerebros desarrollan nuevas capacidades y nuevas formas de pensar, y somos capaces de alcanzar mejores niveles de rendimiento. Pero para rendir mejor, usted tiene que *mejorar*. Y eso, basado en la neurociencia, *solo* puede suceder en el contexto de relaciones verdaderamente conectadas.[2]

Aunque algunas de las mujeres líderes de alto nivel que entrevisté mencionaron un libro o un programa de capacitación que les ayudó en el camino, todas hablaron sobre las relaciones esenciales en su trayectoria de desarrollo que tuvieron el mayor impacto, ya fuera en su mundo empresarial o en el trabajo del ministerio. Tanto los hombres como las mujeres líderes se habían interesado personalmente en ellos, en su desarrollo y sus logros. Estas mujeres se sentían como si tuvieran un campeón: alguien que creyó en ellas y vio lo que eran capaces de hacer, a menudo antes de que ellas pudieran reconocerlo por sí mismas. También hablaron sobre el valor de esa amistad incluso después de que ya no trabajaban juntos. A veces todavía llaman a estas personas, años después, para tener conexión, recibir consejo y apoyo. Es la *relación* la que produce la mayor diferencia.

Sherry Surratt, directora ejecutiva de Orange Ministries, exdirectora ejecutiva de MOPS[3] y expastora ejecutiva de la Iglesia Seacoast, describió dos de las relaciones de liderazgo principales que influyeron en su desarrollo como líder:

Cuando estaba en Seacoast, trabajé directamente para Mac Lake, a quien ahora, por supuesto, todos quieren escuchar hablar sobre el desarrollo del liderazgo. Pero él, a menudo, tenía conversaciones conmigo sobre lo que motiva a las personas y lo que no. ¿Cómo modelo un buen liderazgo? ¿Cómo puedo ayudar a otra persona a modelar un buen liderazgo?

Aprendí no solo a estudiar mi propio liderazgo, sino también a estudiar el liderazgo de otras personas y aprender al verlos e imitarlos. Me ayudó a pensar en eso y me habló de mi propio desarrollo e ideas sobre el liderazgo.

Otra persona de la que aprendí mucho fue Greg Ligon en Leadership Network, y fue en el contexto de desarrollar algo nuevo. Estábamos tomando los principios que ya conocíamos, pero desarrollando una experiencia y una estrategia completamente diferentes. Recuerdo que Greg me desafió cuando estábamos creando formas completamente nuevas de facilitación y diferentes ejercicios. Tenía momentos en los que pensaba: *¡Esto es demasiado para mí! No puedo hacerlo. Esto es extremadamente grande para mí.* Y recuerdo que me dijo en numerosas ocasiones: «¿Por qué no vas a lograrlo?», lo cual es algo increíble de decir a una joven líder porque después me lo diría a mí misma. *¿Por qué no puedo hacer eso? ¿Por qué creo que no puedo lograrlo? ¡Por supuesto que puedo hacer eso!* Fue simplemente un gran generador de confianza. Greg me enseñó el poder de probar cosas y no evaluar su éxito solo basado en si funcionan o no; él realmente me enseñó cuál es la base de la innovación, y todavía uso todo eso. Estoy muy agradecida por estos dos líderes increíbles en mi vida, y cuando nos juntamos, todavía disfrutamos ponernos al día.[4]

En conversaciones con mujeres líderes, surgieron tres tipos principales de relaciones que desempeñaron los roles más importantes en el desarrollo de mujeres líderes:

- mentores masculinos
- patrocinadores masculinos

- entrenadoras femeninas

Aunque los roles de mentor, patrocinador y entrenador pueden ser similares y usarse indistintamente, sobre todo en entornos con menos personal, tienen diferencias distintivas e importantes que todos los líderes necesitan. Porque las mujeres y otras minorías tienden a perder estas oportunidades de desarrollo más relacionales y orgánicas, si usted es un hombre líder de la iglesia, es crucial que se pregunte: «¿Dónde podría estar perdiendo oportunidades de desarrollar mujeres de estas maneras?» o «¿estoy ofreciendo esto a los hombres que dirijo, pero no a las mujeres?».

## MENTORES MASCULINOS

Las relaciones de mentoría suelen ser voluntarias de ambas partes y suceden cuando los líderes más avanzados en su liderazgo, carrera o vida se toman el tiempo para aconsejar, guiar y apoyar a alguien que se beneficiará de su experiencia. Aunque el término *mentor* a menudo se usa en la iglesia para referirse a la mentoría espiritual, en este caso, lo uso para referirme al desarrollo profesional y del liderazgo, aunque también puede tocar aspectos del desarrollo personal y espiritual, ya que están interconectados. Una mujer líder expresó: «Lo más importante que la iglesia hizo para desarrollarme como líder fue… colocarme en posiciones que me pusieron bajo presión como líder y al mismo tiempo guiarme a través de todo ese proceso. Nunca me dejaron sola en mis principales tiempos de crecimiento.[5]

La mentoría se enfoca en aconsejar al individuo y ayudar a esa persona a crecer y desarrollarse a través del modelado, el cobijo, la exposición, la retroalimentación, los recursos y las conversaciones orientadas al desarrollo. La investigación del Centro para la Innovación del Talento (CTI, por sus siglas en inglés) muestra que la mayoría de las mujeres (85 %) y los profesionales multiculturales (81 %) necesitan ayuda extra para aprender las «reglas no escritas» de una organización porque la mayoría de ellas se «obtienen» en conversaciones informales en lugar de ser aprendidas a través de la capacitación formal.[6] Los mentores cierran esa brecha al ayudar a revelar «el negocio detrás del negocio», cómo hacer las cosas y las trampas que se deben evitar, además de ofrecer comentarios honestos de manera solidaria.

Un participante de la encuesta declaró:

Aprecio que mi iglesia se arriesgó conmigo. Mi iglesia no tiene otras mujeres líderes en la función en la que estoy, y decir que ha sido una lucha es un eufemismo. Sin embargo, mi mentor y jefe creyó en mí y me ha ayudado a superar las dificultades al ser completamente honesto, incluso cuando la verdad dolía. Diría que lo más útil que mi mentor hizo por mí como líder en crecimiento, y que sigue haciendo, es ser honesto. Y mi iglesia me ha dado la gracia de probar cosas, fracasar y luego volver a intentarlo.[7]

En la mayoría de las organizaciones, la mentoría es una conexión orgánica que crece y se desarrolla a través de la afinidad y la facilidad de las relaciones. Es obvio que, si la mayoría de los líderes principales son hombres, sus conexiones más naturales y orgánicas probablemente serán con otros hombres. Estas conexiones orgánicas se denominan «redes informales» y con frecuencia tienen más poder dentro de una organización que incluso las líneas formales de autoridad y recursos financieros.[8] A menudo es difícil para las mujeres tener acceso a estas redes informales. Un participante de la encuesta señaló la realidad para muchas mujeres que intentan avanzar en sus habilidades de liderazgo:

Desafortunadamente, la conclusión es esta: los hombres son mentores de los hombres. Por lo tanto, eligen hombres para hacerlos avanzar en el camino del liderazgo. Como ellos son los líderes, continúan colocando a hombres en roles de liderazgo tradicionales. Las mujeres son mentoras de las mujeres, así que las empujan hacia la maternidad, el ministerio de mujeres u otras áreas de servicio que las mujeres tradicionalmente realizan. Con este modelo, el estado de las cosas nunca cambiará.[9]

Pero los hombres en roles de liderazgo de alto nivel pueden tener un gran impacto en el desarrollo de mujeres líderes cuando eligen invitar a las mujeres a estas redes informales, construir relaciones de mentoría y ayudarlas a estar más conectadas con otros líderes de organizaciones.[10] La revista *Harvard Business Review*, señaló: «De investigaciones anteriores, ya sabemos que estos "campeones masculinos" realmente creen en la imparcialidad, la equidad de género y el desarrollo del talento en sus organizaciones, y que las mujeres líderes los identifican fácilmente por el papel fundamental que desempeñan en el avance de las carreras de las mujeres».[11]

Otro concepto clave para recordar al instruir a las mujeres es el «33 % perdido». A medida que los líderes avanzan dentro de una organización, sus oportunidades futuras comienzan a depender más de la capacidad percibida para liderar la organización, y no solo para liderar a las personas. Hay tres categorías principales de liderazgo: 1) su experiencia personal, 2) sacar lo mejor de los demás y 3) perspicacia comercial, estratégica y financiera. Para las mujeres, ese último tercio (o el 33 %) a menudo está muy poco desarrollado.

En su investigación sobre este tema, Susan Colantuono descubrió que la mayoría de los mentores masculinos creían que conocer el lado estratégico y financiero del negocio era un hecho. Sin embargo, casi ninguna de las mujeres en sus organizaciones sabía que esto era un factor crucial para avanzar. Según la experiencia de Colantuono, los proyectos de talento y los sistemas de rendimiento en las organizaciones se centran tres a uno en los dos primeros elementos y casi nada en el último. Uno de sus clientes masculinos confesó: «Tenía dos recomendados: un hombre y una mujer. Ayudé a la mujer a generar confianza y al hombre a aprender el negocio… ¡No me daba cuenta de que los estaba tratando de manera diferente!».[12]

Cuando era nueva en mi rol de directora ejecutiva supervisando todos nuestros lugares multicéntricos, asistí a mi primera reunión de construcción para un proyecto de instalación que estábamos a punto de comenzar en nuestro campus más grande. Recuerdo estar sentada en la sala con arquitectos, jefes de construcción, ingenieros, urbanistas y varios otros profesionales hombres. Mi pastor fundador se acercó a mí y me presentó los planos para que todos comenzaran a trabajar. Hizo algunas preguntas al grupo y luego se sentó, se inclinó hacia mí y comenzó a explicarme lo que estaba sucediendo.

«Esta es la reunión más importante de cualquier proyecto —susurró mientras apuntaba hacia la habitación—. Debes hacer que los diseñadores y los constructores se comuniquen entre sí antes de comenzar a construir. Puede tomar algún tiempo que se pongan de acuerdo, pero hay que lograrlo porque no lo harán por sí solos». Nos sentamos allí, principalmente observando, durante más de dos horas. Él interrumpía las conversaciones de ellos de vez en cuando, pero su presencia exigía una resolución, y este grupo de hombres sabía claramente que no se irían hasta que hubiera un consenso sobre el plan.

Estaré eternamente agradecida por la mentoría extra que me dio ese día. Me abrió los ojos a un lado del liderazgo en el ministerio que no había experimentado antes, pero que sería fundamental para dirigir el lanzamiento de futuros lugares. Pero lo más importante, me comunicó que me veía dirigiendo este tipo de reuniones algún día. Pude comenzar a verme a mí misma liderando en nuevas áreas que nunca antes había considerado.

Otras capacidades que son importantes que los líderes emergentes aprendan en el ministerio incluyen la planificación estratégica, la recaudación de fondos, las finanzas o los presupuestos, la proyección de visión, las relaciones comunitarias, la formación de equipos de voluntarios, la instrucción bíblica, la precisión teológica y la oratoria o la predicación. En mi experiencia, cada iglesia tiene un conjunto ligeramente diferente de habilidades que califican como «un hecho», así que asegúrese de mirar de cerca cuáles son sus expectativas de capacidades reales para los líderes en ascenso y asegúrese de explicarle esto a las mujeres y ayudarlas a dominar esas habilidades.

## PATROCINADORES MASCULINOS

El patrocinio es un componente recientemente nombrado dentro del desarrollo profesional, y se ha creado conciencia sobre el tema a medida que se realizan más investigaciones sobre las ventajas que los hombres tienen a través de las redes informales.

Si la mentoría se trata de consejos, el patrocinio se trata de acción. Un patrocinador ayuda a abrir las puertas de una organización, aboga por las oportunidades, conecta a la persona con líderes influyentes dentro y fuera de la organización, y brinda cobertura para cuando esa persona enfrenta un obstáculo o comete un error. Las minorías, las mujeres y las personas de color, necesitan más patrocinio, en cada punto de transición profesional, del primer nivel al de gerente, de gerente a director, y así sucesivamente. Los patrocinadores a menudo pueden ser personas con una relación a largo plazo que dura el transcurso de una carrera y ayuda en todos los niveles de la trayectoria de liderazgo. «Los mentores *dan*, mientras que los patrocinadores *invierten*... Su función principal es desarrollarlo a usted como líder».[13]

Hay tres formas principales en que los patrocinadores ayudan en el avance de su organización: aumentos salariales, tareas de alto perfil y promociones. Solicitar un aumento y negociar salarios siempre son tareas atemorizantes, y es cuatro veces menos probable que las mujeres soliciten un aumento, a pesar de que ganan un promedio de veintidós por ciento menos que los hombres con sus mismas funciones de trabajo.[14] Sin embargo, con un patrocinador que los anime, casi la mitad de los hombres y el treinta y ocho por ciento de las mujeres harán la solicitud, y por lo general obtienen el aumento según la investigación del Centro para la Innovación del Talento.[15] Lo mismo ocurre con la

SEA «OTRO»

solicitud de ser asignado a un equipo de alta visibilidad o a un proyecto estratégico, que ha demostrado ser crucial en el avance del liderazgo.

El patrocinio, como la mentoría, puede iniciarse desde cualquier lado de la relación, pero encontrar la persona adecuada es clave. Cuando se encuentra una buena pareja, tanto el patrocinador como el recomendado muestran un aumento en la satisfacción laboral y la tasa de avance profesional. Los empleados minoritarios que tienen un patrocinador presentan un 65 % más de probabilidades que sus colegas no patrocinados de estar satisfechos con su tasa de avance.[16]

Jerry Hurley es miembro del equipo de liderazgo direccional en Life.Church y es responsable del desarrollo de equipo y el desarrollo cultural. Durante nuestra entrevista, describió la participación de mujeres líderes de alta capacidad como una «ventaja competitiva» que aprendió por primera vez mientras trabajaba en recursos humanos corporativos en Target. «Siempre me he rodeado de mujeres líderes de alta capacidad... Vi un valor que quizás otros aún no veían. De manera intencional creé un ambiente saludable y seguro, donde se podría usar más energía en el liderazgo y en los resultados. Creo que desde el principio me di cuenta de que las mujeres líderes pueden tener la misma capacidad que cualquier líder masculino, y quise aprovechar eso».[17]

Life.Church ha estado trabajando en sus iniciativas de diversidad a través de su línea de liderazgo durante los últimos veinte años y ahora tiene siete mujeres en su equipo de liderazgo dentro de los dieciséis líderes de campus y del equipo central. Eso representa un 44 % de mujeres en prácticamente su más alto nivel de liderazgo.

Muchos líderes de la iglesia, como algo natural, aman patrocinar líderes jóvenes y puede que ni siquiera se den cuenta de que ya lo están haciendo. Sin embargo, es mucho menos probable que las mujeres sean patrocinadas por un líder de alto nivel, generalmente debido a la falta de mujeres en los niveles más altos de liderazgo, así como a la falta de hombres que patrocinen de manera regular a las mujeres líderes. Debido a que tienden a ser menos los patrocinadores de mujeres dentro la organización, la mujer líder recibe menos oportunidades estratégicas

89

y mucha menos exposición, lo que refuerza el ciclo de menos mujeres patrocinadas por líderes de nivel superior.

Busque mujeres líderes que sean responsables y productivas y agréguelas a su lista de recomendados. Aprenda sobre ellas y hacia dónde esperan avanzar, y trabaje dentro de sus redes para darles exposición y nuevas oportunidades para liderar y conocer personas. Ponga sus nombres en el sombrero y abogue por sus promociones. En organizaciones más grandes, incluso puede ayudar a desarrollar un programa o proceso de patrocinio más formal que sirva en todos los niveles bajo su liderazgo. Como expresó la doctora Carolyn Gordon, profesora adjunta en el Seminario Teológico Fuller: «La igualdad de género solo ocurre cuando las personas están dispuestas a hacer más que simplemente hablar sobre ello. En el siglo veintiuno, tenemos que pasar de la conversación a la acción».[18]

## ENTRENADORAS FEMENINAS

Todas las mujeres líderes que entrevisté recordaban al menos una o dos líderes femeninas a las que admiraban y de quienes recibieron entrenamiento y consejo fundamental. Muchas lecciones de liderazgo no tienen nada que ver con el género de una persona, pero hay entre un 10 y 15 % de la trayectoria de una mujer líder que es exclusivamente femenino, incluido el tránsito en un entorno de trabajo dominado por hombres y el equilibrio de todos los roles y las responsabilidades que las mujeres tienen en sus diferentes etapas de la vida.

Bill Willits, director ejecutivo de Ministry Environments en la Northpoint Community Church, explicó:

> No veo ninguna fortaleza de liderazgo particular basada en el género porque gran parte de esto tiene que ver con la conexión personal y los dones, así que no creo que el liderazgo sea un problema de género. Tenemos algunos hombres líderes realmente fuertes, y tenemos

algunas mujeres líderes realmente fuertes… La única diferencia que he visto es que algunas de nuestras mujeres líderes tienen dificultades para «desconectarse» debido a las múltiples funciones que suelen desempeñar.

A veces recibo correos electrónicos a las diez y media de la noche. Si empiezo a ver que estoy recibiendo demasiados, digo: «Oye, solo quiero asegurarme de que puedas "desconectarte", ¿de acuerdo?» Porque lo que hacen, y lo entiendo, desde las cuatro y media hasta las ocho en punto, se trata de la familia. Y luego se vuelen a conectar con el trabajo si no lograron terminar algo. O tal vez tuvieron una cita médica con uno de sus hijos, por lo que entonces, a esa hora, se están poniendo al día. Lo entendemos. No es a eso a lo que me refiero. Estoy hablando de si alguien no ha establecido límites apropiados o correctos.

Creo que nosotros, como líderes de la iglesia, debemos asegurarnos de colocar esos límites. Que estamos haciendo las preguntas correctas para que todos estemos en este juego a largo plazo, no a corto plazo. Y asegurarse de que las mujeres no se sobrecarguen porque es más difícil, muchas veces debido a la cantidad de funciones que realizan.[19]

Esas «múltiples funciones» se conocen como el «doble turno»: mujeres que trabajan a tiempo completo para sus empleadores y luego llegan a casa para trabajar otro «turno» para sus familias.[20] Aunque las mujeres han ingresado a la fuerza laboral en números récord, sus responsabilidades en el hogar han permanecido similares a las de las amas de casa a tiempo completo de hace treinta años. La noticia alentadora es que los hombres de hoy realizan más tareas domésticas, trabajo doméstico y tienen más responsabilidades como padres que cualquier otra generación anterior. Casi todos los entrevistados comentaron sobre el apoyo práctico que sus esposos y otras personas en sus sistemas de apoyo les han brindado. ¡Y más de una comentó que deseaba tener una ama de casa!

Sin embargo, debido a que las mujeres líderes son responsables del 75 % de su vida hogareña, hay mucho en qué pensar y trabajar en términos de cómo priorizar, administrar, externalizar, liberar y pedir ayuda.[21] Además, muchas mujeres llevan la carga adicional del «trabajo mental» de la vida en el hogar durante la jornada laboral: ¿quién recoge a los niños? ¿Cuáles son nuestros planes para el fin de semana? ¿Tengo que realizar compras en el supermercado de camino a casa? Una entrenadora que ha «estado en esa situación, y ha hecho eso» está en la mejor posición para ayudar.

A veces las presiones con las que una mujer necesita ayuda son muy simples y prácticas, pero, no obstante, son reales. ¿Qué tan bueno sería ducharse y estar lista para el día en solo quince minutos? ¿O simplemente ponerse el mismo pantalón de ayer con otra camisa a cuadros y con botones? ¿O salir a correr sola a las 5:00 a. m. a oscuras por mi vecindario, y tal vez usar audífonos y escuchar música en lugar de estar completamente alerta ante un posible peligro? ¿O tomar un Uber a casa después de un vuelo tardío sin preocuparse por mi seguridad? ¿O subirse a un ascensor o entrar en una habitación de hotel vacía sin tener que comprobar si hay algo cuestionable?

Judy, una pastora ejecutiva, explicó algunas de las preocupaciones de seguridad con las que tiene que lidiar:

> Cuando se trata de la seguridad personal como mujer, no puedes dejar de estar alerta… nunca se detiene. ¿Estoy sola? ¿Alguien me sigue? Si estoy de acuerdo en reunirme con ellos en el evento, ¿terminaré sola en un estacionamiento? Y es importante. Paso mucho tiempo hablando con mi hija en edad universitaria sobre dónde corre, cómo llega a clase y cómo mantenerse al tanto de su entorno en todo momento.[22]

Dependiendo de su cultura o contexto, una mujer también puede sentirse obligada a gastar tanto tiempo, dinero y energía en su apariencia física como lo hace en cualquier otra cosa debido al estado y respeto que esto conlleva. Una pastora ejecutiva, que normalmente no se preocupa mucho por sus zapatos, usa tacones de manera intencional en las conferencias para poder mirar a los ojos de los hombres con más facilidad y, por lo tanto, entablar una mejor conversación. Otra mujer líder habló sobre la presión de tener ropa a la moda y arreglarse las uñas con frecuencia, lo que termina tomando bastante de su presupuesto personal. Pero si quiere que le den tiempo en el escenario durante los servicios de fin de semana, tiene que tener la «apariencia» adecuada. Ninguna de estas cosas es abrumadora en sí misma, pero sí aumentan la presión colectiva que las mujeres sienten y que manejan constantemente.

También hay altas presiones en cuanto a las relaciones para las mujeres en el liderazgo de la iglesia. Las mujeres no solo desarrollarán y mantendrán relaciones con los supervisores y los colegas, y darán informes directos, sino que por lo general existe la expectativa de que también tendrán relaciones sólidas, o al menos «cálidas», con todas las mujeres del equipo, independientemente de su nivel de liderazgo. Una directora ejecutiva declaró: «Aprendí desde el principio que necesitaba llegar temprano a las reuniones para establecer conexiones con las secretarias. Si me tardaba y pasaba apresuradamente por delante de ellas hacia la reunión de nuestro director, luego, siempre escuchaba comentarios sobre eso por parte de alguna de ellas. No recuerdo que hayan tenido esta expectativa de ninguno de los hombres del equipo».

Además, la mayoría de las iglesias también tienen la expectativa de que las mujeres líderes entablarán relaciones con las esposas de sus empleados masculinos, que incluye hacerse amigas, discipular, asesorar, desarrollarlas como líderes y «compartir la vida juntas». Esto rara vez ocurre con los hombres líderes en la iglesia o en cualquier otra profesión. Las mujeres líderes también tienden a tener que cargar la responsabilidad de estar disponibles y construir relaciones dentro del ministerio de mujeres, independientemente de si esto está o no dentro de su supervisión directa.

Desafortunadamente, muchas mujeres líderes son reacias a buscar ayuda y apoyo porque no quieren parecer «necesitadas», no son conscientes de los beneficios que podrían recibir de una relación de entrenamiento o carecen de los recursos para encontrar o pagar por el entrenamiento. Además, a menudo es difícil para una mujer en el ministerio encontrar mujeres líderes de calidad disponibles que comprendan a cabalidad las habilidades y los desafíos del liderazgo en el contexto de un entorno ministerial. Y luego, por supuesto, quiere encontrar a alguien que realmente le guste, respete y de quien quiera aprender; puede parecer como buscar una aguja en un pajar.

Como iglesia, apoyar a sus mujeres líderes en todos los niveles de la organización con tiempo y presupuesto para recibir entrenamiento de liderazgo es una forma maravillosa y relativamente económica de invertir en su desarrollo individual, y abordar las barreras que quizás ni siquiera sepan están limitando su crecimiento, progreso y satisfacción laboral. También puede traer mujeres oradoras y entrenadoras para que los miembros de su equipo de liderazgo las conozcan, tanto hombres como mujeres, a las voces y perspectivas femeninas, así como a la diversidad de modelos como algo de alto valor.

Ser y proporcionar calidad a «otros» en forma de mentores, patrocinadores masculinos y entrenadoras femeninas les brindará a sus mujeres líderes las conexiones de apoyo y las relaciones auténticas que necesitan para aprender, crecer y convertirse en las líderes capaces que su iglesia necesita y las líderes fructíferas que Dios las ha llamado a ser. Que todos aprendamos a ser y a tener muchos «Bobs».

*Modelo a seguir # 6*

# CREE UN ENTORNO
# DE SEGURIDAD

En mi opinión, uno de los mayores desafíos al desarrollar mujeres líderes en nuestras iglesias es que la mayoría de los «otros» en nuestros equipos de liderazgo son hombres y, en el contexto de este debate, las patrocinadas son mujeres. Un mentor masculino que invierte en el crecimiento de una mujer líder no se enfrenta a una tarea fácil en el mundo de la iglesia. Además de las diferencias básicas de género, las tensiones relacionales y potencialmente románticas son reales y un gran problema. Todos hemos sido afectados por las desgarradoras noticias de que una iglesia atraviesa una crisis de liderazgo debido a una relación inapropiada. Cada vez que sucede es agobiante para la iglesia, las personas involucradas en lo personal y la reputación de la iglesia en la comunidad, además de que esto tiene un impacto de por vida en sus jóvenes y nuevos creyentes.

Se estima que más de un tercio de las mujeres han sido acosadas o abusadas sexualmente en el centro de trabajo.[1] En nuestra encuesta de mujeres líderes que actualmente desempeñan funciones en el ministerio, más del 15 % confesó que había experimentado acercamientos o tratos inapropiados por parte de algún hombre con autoridad sobre ellas. Estas son solo algunas de sus experiencias:

- «Fue la experiencia más difícil de mi vida actual. Sin embargo, Dios me ayudó».
- «Intimidación, desprestigio, gritos e insultos fueron algunos de los abusos emocionales y verbales que recibí».
- «Al final se descubrió que el pastor principal de la primera iglesia con la que trabajé tenía una aventura con la líder de adoración. A menudo me sentía incómoda con la forma íntima en que me hablaba. Era ingenua y me sentía confundida por su atención».
- «Como mujer soltera, me trataban como algo a qué temer, como si yo estuviera buscando un hombre a toda costa. Me gustaría casarme y tener una familia, pero ese no es el objetivo central en mi vida. Muchos de mis colegas hombres no lo veían así y me trataban consecuentemente. Me temían en lugar de verme como alguien con las mismas capacidades y útil en el ministerio».
- «El pastor principal hizo un comentario inapropiado sobre mis senos. No tenía a dónde acudir para denunciarlo.
- «He tenido hombres líderes en autoridad sobre mí que se han sentido atraídos por mí. Estaba en un grupo juvenil y ambos eran líderes juveniles asistentes en sus veinte años. Yo era joven y realmente me gustaban un poco porque pensaba que eran hombres piadosos. Así que caí en la trampa dos veces. Nunca llegué al punto de tener intimidad con ellos, pero me enviaban mensajes de texto todo el tiempo e intentaban pasar tiempo conmigo fuera del grupo de jóvenes. Mi corazón quedó destrozado cuando la relación con el primer chico no funcionó, y él me culpó por todo. Terminé con el segundo chico, y él me dio las gracias por

hacerlo. Sabía que no estaba bien, pero aun así continuó con el juego. Ninguno de estos jóvenes hizo algo inapropiado para los estándares de las relaciones fuera de la iglesia. Creo que realmente les gustaba. Simplemente sobrepasaron sus límites. Hicieron que todo fuera muy confuso y, para ser honesta, provocaron en mí un deseo de dejar esa iglesia».

- «Me desprestigió, me menospreció, se burló de mis ideas y me traicionó. Incluso dijo que solo tenía que "aceptarlo"».
- «Me llamaban "niña" y otros líderes me trataban de forma paternalista en entornos grupales. Me dejaban fuera de las conversaciones del ministerio y de teología. Hacían comentarios groseros sobre mi vestuario, edad, cabello, ternura, etc.».
- «Me quitaron de un puesto debido a los celos y a una supuesta relación con un hombre en el liderazgo, lo cual no era cierto. El hombre permaneció en su cargo.
- «Literalmente me han dicho que "suba al escenario y luzca bonita para todos"».[2]

Es desgarrador leer estas historias. Estas son nuestras hermanas en Cristo, quienes, debido a que confiaban en sus líderes y querían proteger su iglesia, a menudo bajaron la guardia, cubrieron comportamientos inapropiados, cargaron la culpa o se quedaron en silencio. Desde el menosprecio hasta el acoso sexual total y el asalto, ninguno de estos comportamientos es aceptable en la familia de Dios.

Sin embargo, este miedo no es solo en las iglesias. Con el aumento significativo de los escándalos sexuales y los cargos por acoso, los hombres líderes en las industrias de todo el mundo están reconsiderando sus prácticas profesionales, y algunos están limitando de forma intencional sus reuniones personales con mujeres.[3] Los movimientos #MeToo y #ChurchToo han recorrido un largo camino para crear conciencia, dar voz a las víctimas y responsabilizar a quienes tienen autoridad por conductas inapropiadas, poco éticas, ilegales y desagradables.

Una de las cosas que más aprecio de estar involucrada en el

ministerio de la iglesia es que, como cristianos, *sabemos* que esto está mal. Aprovecharse de las mujeres, abusar de la autoridad en el liderazgo y relacionarse de forma íntima, tanto física como emocionalmente fuera del matrimonio, está en contra de la ordenanza de Dios sobre cómo vivir y no tiene ningún lugar en la vida del líder cristiano. Nuestro trabajo como líderes de la iglesia es todo lo contrario: debemos proteger, defender y brindar libertad. Y debemos exponer rápidamente a cualquier líder que viole esos estándares.

Sin embargo, también sé que es muy difícil combinar de forma adecuada nuestro llamado a la pureza personal, nuestro llamado como líderes a desarrollar a otros y la realidad de que todos somos personas pecaminosas que vivimos en un mundo corrompido. ¿Cómo un pastor puede honrar a Dios al orientar y desarrollar mujeres líderes y al mismo tiempo honrar a Dios al protegerse a sí mismo, su matrimonio y su ministerio de tentaciones generales, carnales y muy reales?

Esta es una pregunta muy difícil. Para ser honesta, sé que no tengo toda la respuesta, ni siquiera una perspectiva general. Pero evitar el tema, o no tratar al menos de ayudar a catalizar nuestro debate colectivo sería un perjuicio para las mujeres talentosas de nuestras iglesias y los líderes proactivos que tratan de hacer un mejor trabajo al atravesar estos campos minados.

Me siento agradecida y con humildad puedo decir que nunca he tenido un líder espiritual que me haya tratado deliberadamente de forma inapropiada, ni que haya intentado acosarme sexualmente, ni siquiera que me haya hecho sentir miedo, preocupación o incomodidad. No es que no haya habido algunos momentos incómodos en el camino, pero en general he trabajado con caballeros y me he sentido física, emocional y espiritualmente segura. Creo que le debo mucho de esto a las ahora controvertidas «reglas de Billy Graham».

Las reglas de Billy Graham no comenzaron con ese nombre, ni tenían nada que ver con las mujeres que trabajan en el liderazgo de la iglesia. En su origen, formaban parte del «Manifiesto de Modesto», que Billy Graham describió en su autobiografía, *Just As I Am*[4] [Tal como soy].

En 1948, Billy Graham y su equipo estaban en las etapas iniciales de su ministerio evangelístico y se quedaron en Modesto, California, durante dos semanas de reuniones de avivamiento en toda la ciudad. Habían estado hablando como equipo sobre la mala reputación del evangelismo a gran escala, en especial cuando era descrito en los medios de comunicación. Mientras discutían algunas de las críticas, tuvieron que admitir que algunos de los evangelistas de la época eran culpables de estos comportamientos impíos. Billy les pidió a los miembros del equipo que se tomaran la siguiente hora para ir a sus habitaciones y hacer una lluvia de ideas sobre todas las cosas que veían hacer a sus colegas que desacreditaban sus ministerios. Cuando se volvieron a reunir, descubrieron que sus listas eran casi idénticas. Combinaron sus pensamientos y preocupaciones, y desarrollaron cuatro compromisos que hicieron los unos con los otros para evitar caer en estas trampas denigrantes.

1. *Dinero*: el equipo acordó no presionar a las personas para que dieran apoyo financiero a través de «ofrendas de amor» que de alguna manera los tentarían a manipular emocional o espiritualmente a las personas para obtener fondos, y acordaron tener una alta responsabilidad para con todas las finanzas. En la medida de lo posible, los comités locales recaudarían toda su financiación antes de sus reuniones y nunca harían súplicas emocionales por donaciones.

2. *Peligros de inmoralidad sexual*: este tema fue de particular importancia debido a su extenso programa de viajes en un momento en que había poca comunicación posible con sus esposas y familias. Hubo varios casos de evangelistas que habían caído en la inmoralidad, así que ellos no querían dar siquiera la apariencia de compromiso o sospecha ante *los medios de comunicación* mientras viajaban. Todos acordaron no viajar, encontrarse o comer a solas con una mujer que no fuera su esposa, para que los medios no tuvieran ninguna oportunidad de suponer lo peor.

3. *Respaldar la iglesia local*: los evangelistas tenían la tendencia a

llevar a cabo su ministerio aparte de las iglesias locales e incluso criticar a sus líderes. Billy Graham y su equipo descubrieron que esto no es bíblico y crearon toda su estrategia para involucrar y apoyar a las iglesias locales en asociaciones en pro del evangelio.

4. *Publicidad*: el equipo de Billy Graham había visto a muchos evangelistas exagerar con respecto a la cantidad de personas que asistían a sus reuniones y a la cantidad de personas que respondían al llamado, en un esfuerzo por ganar más publicidad. Desafortunadamente, esto los desacreditó con la prensa, quienes también estaban en los eventos. Entonces, este equipo decidió que serían meticulosos en sus informes y esfuerzos de publicidad.

Me encanta esta lista. Para ser sincera, desearía que más pastores hubieran adoptado los cuatro puntos, no solo el número dos. Es sorprendente el legado que uno deja cuando la integridad en todos los aspectos de la vida y en el liderazgo ocupa el primer lugar en nuestra lista de prioridades. *Integridad* es la palabra que usaría para describir a mis pastores cuando trabajaba en la Iglesia Christ Fellowship, y como empleada y miembro de la iglesia, esa integridad era palpable.

Nuestros pastores principales a menudo enseñaban en las reuniones del personal sobre la importancia de la pureza y la búsqueda de la santidad a nivel individual. Con frecuencia les enfatizaban a nuestro equipo y líderes voluntarios que nuestro rápido crecimiento y «éxito» ministerial no se basaba en nosotros, sino simplemente en la elección de Dios de poner Su mano de gracia sobre nosotros, y que cualquiera de nosotros tenía el poder de violar esa confianza y, por lo tanto, detener lo que Dios estaba haciendo en nuestra región.

Mi supervisor directo en la Iglesia Christ Fellowship era el pastor Todd Mullins. En ese entonces, Todd era el pastor de adoración y pastor ejecutivo de nuestra iglesia en rápido crecimiento. Uno de mis primeros recuerdos de su integridad confiable fue cuando, como nuevo miembro de la iglesia, me ofrecí como productora para nuestra primera grabación de adoración en vivo.

Varios de nosotros nos habíamos reunido en el centro comercial para hacer compras para la producción, y Todd fue porque era el único que tenía tarjeta de crédito de la iglesia. Mientras caminábamos por el centro comercial, cada vez que pasábamos por la tienda de Victoria's Secret, él miraba hacia abajo. Al principio no me daba cuenta, pero después que sucedió dos o tres veces esa tarde, comencé a entender que, de forma intencional, él apartaba la vista de las modelos semidesnudas en las vidrieras. No decía nada, no hizo gran alboroto al respecto, y ni siquiera lo hacía para impresionarnos. Lo vi hacerlo en un momento en que caminaba solo cuando no sabía que alguien lo estaba mirando. Era parte de su compromiso personal con la pureza. Y ese compromiso personal se manifestó en cientos de formas de honrar a Dios en mi relación laboral con él.

Tuvimos una excelente relación de trabajo que implicó conexión, amistad, química, desacuerdo, resolución de problemas, momentos de celebración, puntos bajos de frustración y mucho trabajo arduo. Sin embargo, en lo personal, ni una sola vez me hizo sentir incómoda, ni cruzó un límite inapropiado en conversaciones o acciones, o hizo me preguntara a mí misma si eso sería un problema. No creo que exista una manera de describir adecuadamente el don de liderazgo que es sentirse seguro con su líder. Él no dijo que estaba a salvo; su compromiso personal con el Señor y su búsqueda de la santidad diaria, de manera natural me dieron el don de la libertad para trabajar y liderar sin preocupación.

Debido a que nuestra iglesia estaba tan comprometida con la integridad y la pureza personal, implementamos muchos de los componentes estándares de las reglas de Billy Graham: una ventana de cristal en cada puerta de oficina, no viajar solos con alguien del sexo opuesto y salvaguardas en nuestras computadoras. Sin embargo, creo que el problema con las reglas de Billy Graham es que, en el contexto de todo lo que hacemos en el ministerio hoy día, no abarcan lo *suficiente* o de la *manera* correcta. Aquí está el por qué.

# VIVIMOS EN UNA ÉPOCA DIFERENTE

He servido durante los últimos veinte años bajo esta regla y, como dije antes, aprecio mucho sus límites y protecciones. Sin embargo, ya no vivimos en 1948. Creo que el Manifiesto de Modesto fue un paso increíble de fidelidad y madurez y fue exactamente lo que se necesitaba en ese momento, para ese ministerio y en esa época. Pero vivimos en un momento muy diferente.

Las últimas iglesias con las que he consultado que perdieron a un líder de alto nivel debido a la inmoralidad sexual aplicaban todas las Reglas típicas de Billy Graham. No obstante, estos líderes construyeron relaciones inapropiadas a través de mensajes de texto, llamadas a teléfonos móviles o uso de cuentas de correo electrónico personales que estaban ocultas a la iglesia y a sus cónyuges. Cuando el corazón quiere vagar, encontrará un camino. Y en el mundo actual saturado de tecnología, no es difícil comenzar y mantener una doble vida, a veces durante meses o incluso años.

Además, en 1948 casi todas las personas se casaban muy jóvenes, por lo que las pautas tendían a depender de la responsabilidad de dar cuentas a un cónyuge. No ofrece mucha orientación o sabiduría a los líderes solteros, lo cual es mucho más común en la actualidad.

# VIVIMOS EN UNA CULTURA DIFERENTE

Atrás quedaron los días en que la reunión de hombres con hombres y mujeres con mujeres era irreprochable. Cuando estaba en la universidad, era asistente residente en el dormitorio de las muchachas de primer año. A mitad de aquel año, supe que una de las chicas de mi piso era lesbiana y que sentía algo por mí. En nuestra típica mentalidad de iglesia, un dormitorio lleno de chicas parece completamente «seguro». Pero vivimos en una cultura donde el término LGBTQ es común ahora. Un pastor principal que viaja con un joven seminarista ya no está «fuera de sospecha», sobre todo si viajan los dos solos, comen juntos y comparten una misma habitación. En la cultura de hoy, lo consideraría bastante sospechoso. Es hora de pensar en estos límites de manera diferente.

## MUCHAS PERSONAS NO ENTIENDEN LOS NIVELES APROPIADOS DE INTIMIDAD RELACIONAL

Cuanto más posmoderna se vuelve nuestra sociedad y más inestables las familias en las que nos criamos, más confundidos estamos sobre las relaciones saludables, sobre todo en torno al tema de la intimidad.

He visto varios marcos realmente buenos para enseñar sobre niveles de relaciones, pero mi favorito proviene del libro de Joseph Myers: *The Search to Belong* [La búsqueda de la pertenencia], donde describe cuatro niveles de relaciones. No solo describe las características de cada uno de estos tipos de relaciones, sino que sugiere los límites del espacio físico que deben coincidir con el nivel de conexión emocional.

Necesitamos los cuatro tipos de relaciones, pero en diferentes cantidades. Cuanto menos conectada esté la relación, mayor cantidad necesitamos. Cuanto más conectado e íntimo, menos. Desafortunadamente, a menudo en el ministerio de la iglesia tendemos a enfocarnos en la intimidad y minimizar la necesidad de más conexiones sociales. Esto hace que nuestros líderes y nuestra congregación violen estos niveles saludables de intimidad y sigan un camino pecaminoso. Aquí hay un breve resumen del concepto de Myers y de cómo podemos aplicar esto al desarrollo de mujeres líderes en nuestras iglesias:

1. *Espacio público: doce pies de distancia (casi cuatro metros)*. Estas son las relaciones más comunes que tenemos y están llenas de un sentido de conexión y unión, aunque puede que no nos conozcamos bien. Nuestras conversaciones a menudo se centran en

temas básicos y «seguros», y nos damos mucho espacio para ser nosotros mismos. Es posible que nos demos la mano de vez en cuando, pero en su mayor parte, estas son personas que vemos y con las que hablamos, pero no entramos con frecuencia a los espacios personales de ellos. Nuestros compañeros miembros de la iglesia son un ejemplo de relaciones públicas.

2. *Espacio social: de doce a cuatro pies de distancia (entre uno y cuatro metros).* Estas son relaciones de tipo «vecino». Conocemos a estas personas, sabemos cosas de sus vidas, y estamos conectados, pero aún podemos decidir qué partes de nosotros revelamos, cómo las revelamos y cuánto queremos dar a conocer. Las relaciones sociales a menudo son subvaloradas en las iglesias porque puede parecer que se quedan solo en la «superficie» y que no llegan a ser suficientemente serias desde el punto de vista espiritual. Sin embargo, las relaciones sociales son increíblemente importantes para la salud emocional y constituyen una gran parte de nuestra red de apoyo. Al igual que un buen vecino, esta es la persona con la que usted se siente en confianza para pedirle un favor y se alegrará cuando pueda devolvérselo. Estos son nuestros amigos. Nos paramos o nos sentamos lo suficiente cerca para tener conversaciones personales, o podríamos darles un abrazo ocasional en la iglesia. La mayoría de las relaciones deberían quedarse en este nivel y proporcionar una vida de momentos recíprocamente agradables, apoyo solidario y recuerdos especiales.

3. *Espacio personal: de cuatro pies a dieciocho pulgadas de distancia (entre medio a un metro).* Estos son nuestros amigos cercanos, personas a las que consideraríamos «familia». Estos son a menudo los tipos de relaciones que las iglesias definen como «comunidad» o «vivir juntos». Me gusta la descripción de «derechos al refrigerador», el tipo de relaciones donde podemos entrar a las casas de estas personas y tomar algo de beber del refrigerador sin que nadie sienta que es algo extraño. El desafío con estas relaciones personales es

que gran parte del lenguaje de nuestra iglesia describe este tipo de relaciones como «íntimas», «vulnerables» y «transparentes».

Aunque existe un nivel de vulnerabilidad en las amistades de confianza, la exposición total debe reservarse solo para las relaciones verdaderamente íntimas. No poder desarrollar o mantener amistades en el espacio social con frecuencia es un signo de mala salud emocional o relacional. Esto puede implicar no saber cómo mantener niveles apropiados de conversación cercana o incitar de forma inapropiada a niveles de intimidad en las amistades del espacio social.

A menudo se ejerce presión para que los miembros del personal de la iglesia tengan este tipo de conexión personal si trabajan juntos. Sienten que deben «hacer la vida juntos» o «querer salir juntos» para ser compañeros productivos. Creo que esto crea una presión innecesaria en los equipos y las relaciones, y hace que nuestra dinámica de trabajo «se sienta afectada», a pesar de que estamos siendo muy efectivos para nuestras iglesias. Esta expectativa también repercute en contra de la creación de relaciones de trabajo saludables entre hombres y mujeres, ya que esto ejerce, de forma natural, una presión innecesaria al conectarse cuando también tratamos de proteger la pureza.

4. *Espacio íntimo: de dieciocho a cero pulgadas (entre medio metro y nada).* Estas son nuestras relaciones íntimas más profundas y cercanas. Muy pocas relaciones son íntimas en el transcurso de nuestras vidas. Estos son los espacios en los que estamos «desnudos» y, sin embargo, «no nos avergonzamos». El matrimonio es una de esas relaciones. La relación de una madre y un bebé es otra. No se trata solo de desnudez física, sino emocional, informativa y espacial.

En una situación médica, puede haber exposición física, pero no hay ninguna vergüenza porque no involucra sexualidad u otros aspectos de intimidad, como la intimidad emocional compartida. La suposición en muchas de nuestras comunidades cristianas es que la intimidad es el objetivo y que las relaciones deben avanzar continuamente hacia una mayor intimidad. Pero eso no es saludable. Muy pocas relaciones deberían llegar a este punto. Y una relación íntima designada, como el matrimonio, no debe privarse de la intimidad total. Las relaciones íntimas también son exclusivas de uno a uno, mientras que los tipos anteriores de relaciones pueden incluir a otros para que participen. Cuando pasamos demasiado tiempo fomentando relaciones de uno a uno en lugares donde no deberíamos, naturalmente creamos niveles de intimidad que no se pueden compartir con todos en nuestros equipos.[5]

Como puede ver, hay muchas oportunidades para las relaciones saludables entre hombres y mujeres en nuestros equipos en los espacios públicos, sociales y personales. La clave es no solo enseñar a nuestros líderes sobre las pautas de cuándo podemos estar a solas con otra persona, las cuales, en mi opinión, no son lo suficientemente concretas en nuestra era de tecnología, sino ir *más allá* al enseñar también sobre los niveles de intimidad emocional, espiritual y física y cómo garantizar que todos tengan la cantidad apropiada de relaciones en las categorías correctas. Cuando estamos fuera de balance, como tener demasiadas relaciones íntimas o insuficientes relaciones sociales, terminamos tratando de llenar nuestras necesidades con una relación incorrecta, nuestro juicio se ve nublado por nuestras necesidades insatisfechas, y caminamos por senderos en los que nunca imaginamos que nos encontraríamos.

Cuando hablamos de hombres líderes que invierten de manera intencional en el desarrollo de mujeres líderes, veo el patrocinio como una relación pública (a tres metros de distancia), la mentoría como una relación social (de tres a un metro de distancia) y el entrenamiento como una relación personal (de medio a un metro de distancia), razón por la cual creo que lo mejor es que las mujeres líderes reciban entrenamiento de parte de una mujer líder ministerial con experiencia. A menudo hay aspectos de la vida personal, la familia, las relaciones y el crecimiento espiritual que requieren este tipo de conexión más estrecha. La clave es que los hombres líderes se aseguren de que los miembros de su equipo tengan todos estos tipos de relaciones con alguien y que cada uno reciba el mismo desarrollo. Por ejemplo, un hombre líder de ministerio puede ser muy intencional y aún apropiado en sus esfuerzos de desarrollo de liderazgo si hace tres cosas:

- orienta a todo su equipo por igual al desarrollar a sus líderes de maneras que se apliquen tanto para hombres como para mujeres;
- patrocina intencionalmente líderes en toda su organización, con el objetivo de que el 50 % de ellos sean mujeres u otras minorías; y
- usa su presupuesto para pagar entrenamiento adicional para cada uno de los miembros de su equipo.

Esfuerzos como estos proporcionan un desarrollo completo para todos en su equipo, alientan la inversión en otros líderes prometedores en toda la iglesia y minimizan la discriminación o los prejuicios involuntarios.

La doctora Karen Longman es profesora y directora de programas de educación superior en la Universidad Azusa Pacific, así como miembro principal del Consejo de Colegios y Universidades Cristianas (CCCU, por sus siglas en inglés), donde ha coordinado Institutos de Desarrollo de Liderazgo para líderes emergentes dentro del CCCU desde 1998. Durante mucho tiempo ha sido defensora del desarrollo de relaciones sólidas de mentoría con hombres y mujeres. «Las relaciones no se estigmatizan si tienes muchas —explica—, así que aliméntalas en grande».[6]

Muchos han olvidado que el discipulado y el liderazgo no son lo mismo. Sé que puede ser confuso cuando trabajamos en el ministerio de la iglesia, pero he descubierto que, si no hacemos distinción entre ambas cosas, al menos en algunos niveles, puede llevar a los miembros de nuestro equipo a aplicar los tipos de conexiones incorrectos en las situaciones inadecuadas.

En las relaciones de discipulado, todos somos iguales. Hay una verdadera comunidad. Todos somos pecadores, y nadie es mejor que nadie. Todos somos iguales al pie de la cruz. Estamos llamados a amarnos unos a otros, servirnos unos a otros, soportar las cargas de los demás, estar en paz unos con otros, y decirnos la verdad unos a otros, junto con otros noventa y cinco mandatos «unos a otros». Me encanta el «unos a otros». Resuena con su sentido de comunidad y unidad en Cristo.

Sin embargo, el liderazgo es muy diferente. Aunque seguimos siendo llamados a amar y servir como líderes, hay un cambio en autoridad y poder. Nunca se puede estar realmente en una relación de igual cuando una persona tiene más poder que la otra. En mi opinión, esta es la razón por la cual algunos de los hombres acusados en el movimiento #MeToo se sorprenden por la respuesta a sus acciones; olvidaron que automáticamente tenían más poder que las personas de las que abusaron. El «consentimiento mutuo» pleno no es posible cuando hay autoridad implícita. No importa si usted se aprovecha de ello abiertamente o no; el poder sigue siendo parte de la relación.

La crianza de los hijos es una dinámica similar. Mi hijo y yo podemos tener una relación muy cercana y amorosa, pero al final del día, yo sigo siendo el padre y controlo sus recursos y potencial, y puedo incluso decidir manipular sus emociones y comprensión de cómo funciona el mundo. Nunca tendremos una conexión totalmente igual. Depende de mí, como padre, administrar eso y asumir la responsabilidad de sus implicaciones.

Cuando un líder tiene autoridad por medio de una posición como líder espiritual o como empleador, esa autoridad siempre será parte de la relación. Intentar «cambiar» a una conexión de discipulado no solo es inapropiado, sino imposible. En mi opinión, esta es una de las razones principales por las que Dios describe los requisitos para el liderazgo en la Biblia. Uno debe ser capaz de manejar bien la autoridad en las relaciones para liderar de manera saludable en la iglesia.

Cuando tenía un poco más de veinte años, era enfermera registrada y trabajaba en una unidad psiquiátrica cerrada en el hospital de veteranos. Los límites son increíblemente importantes en la atención médica, sobre todo en este tipo de entorno. Con frecuencia utilizábamos un concepto llamado «uso terapéutico de uno mismo».[7] Es la capacidad profesional de un proveedor de atención médica para establecer y mantener una relación de confianza que facilite resultados positivos en el paciente. La relación se basa en cinco componentes: confianza, respeto, empatía, intimidad profesional y uso correcto del poder inherente en la función del proveedor de atención médica. Para lograr la confianza, el respeto y la empatía, en particular, una enfermera u otro proveedor de atención médica debe ser capaz y estar dispuesto a conectarse en la relación y a estar emocionalmente vulnerable de manera apropiada. Pero el objetivo no es que la enfermera sienta una conexión. Más bien, el objetivo es que la enfermera utilice sus propias experiencias de vida y habilidades de relación interpersonal de una manera *auténtica* pero *emocionalmente neutral* que facilite la sanidad del paciente y mantenga la objetividad profesional de la enfermera.

En mi experiencia, a pocos líderes ministeriales se les ha enseñado este tipo de límites profesionales. Para crear un ambiente de confianza, abierto y relacional, ellos entran en una relación de tipo discipulado con el creyente o subordinado en el que los límites apropiados se violan, o al menos, se malinterpretan fácilmente. Conocer las diferencias entre quién estoy llamado a ser como *discípulo* y cómo necesito servir a otros como *líder* es un elemento clave para fomentar relaciones saludables, apropiadas y que honren a Dios.

¿Qué debemos hacer?

Como dije antes, en verdad no tengo todas las respuestas, pero hace poco pasé un tiempo en un debate sobre este tema con un grupo de pastores principales. Aquí están las sugerencias que les di para comenzar a adentrarse en este tema y crear mejores prácticas profesionales que no solo protejan a los líderes y sus iglesias, sino que creen espacios saludables para desarrollar líderes de todo tipo. Espero que también les sean útiles a usted.

# 1. SIEMPRE LLEVE DOS

Un concepto de desarrollo de liderazgo que me encanta es «lleve siempre a alguien con usted». Básicamente nos desafía a todos a ir desarrollando a alguien a medida que avanzamos en nuestro liderazgo. Si se dirige al hospital para visitar a alguien, no pierda la oportunidad. Lleve a un líder más joven con usted, háblele en el camino, explique cómo usted se prepara para este tipo de ministerio, deje que lo vea servir a la familia y luego hágale preguntas a esa persona en el camino de regreso a la oficina. Este tipo de mentoría es muy poderosa. Además, el tiempo personal invertido comunica todo tipo de valor a un líder prometedor.

Pero creo que deberíamos expandir esta práctica a «siempre lleve dos». Dos hombres, dos mujeres, o un hombre y una mujer más usted suman tres, y hay seguridad en grupos de tres o más. Al tomar *dos* líderes, duplica al instante sus esfuerzos de desarrollo y al mismo tiempo crea un entorno seguro. Quita la intimidad y la conexión exclusiva de uno a uno. No solo ayuda a conectar a los líderes jóvenes con usted de manera personal, sino que también construye relaciones entre dos personas que tienen muchas más probabilidades de estar disponibles y mantener una relación mutua durante toda su vida. Además, elimina cualquier presión que pueda parecer inapropiada o que sugiera que puede estar mostrando favoritismo basado en el género.

Si tuviéramos que reproducir la película de nuestra cultura dentro de veinte años, ¿qué prácticas de liderazgo debería implementar *ahora* para asegurarse de ser equitativo con todos y crear escenarios seguros y responsables para usted? Duplicar su impacto puede lograr eso. Lleve dos personas a almorzar. Siempre lleve dos personas adicionales a las conferencias. Reúnase con dos personas a tomar café. Esto no significa que no pueda tener conversaciones individuales de uno a uno. Estas son las conversaciones que pueden realizarse fácilmente en su oficina con los límites apropiados ya establecidos. Pero mientras viaja o aprovecha las oportunidades de desarrollo únicas de «llevar a alguien con usted», reemplace las conexiones privadas, individuales e íntimas con «lleve dos». Su liderazgo personal y su iglesia se fortalecerán por ello.

## 2. ENSEÑE CON FRECUENCIA SOBRE LA PUREZA PERSONAL Y EL AUTOLIDERAZGO

El liderazgo, y el liderazgo ministerial en específico, tiende a estar tan orientado hacia los demás que olvidamos que todo se basa en nuestro propio caminar con el Señor, nuestro carácter personal e integridad. Todos debemos recordar esto regularmente. Enseñe sobre los niveles de intimidad. Hable en sus equipos sobre cómo mantener un corazón puro y desafíe con frecuencia las motivaciones en el ministerio. Entrene a sus líderes sobre cómo obra la tentación, lo que Dios dice que haga al respecto y qué pasos espera que tomen como líderes cuando esto suceda. ¿Cómo deberían traerlo a la luz cuando todavía está en la fase de tentación y antes de que se convierta en pecado? ¿Cómo funciona esto cuando su trabajo está relacionado con su comportamiento? ¿Cómo puede crear una cultura saludable donde estos problemas se resuelvan de manera proactiva antes de que estallen en una crisis? Nuestros pecados nos encontrarán. ¿Cómo puede equipar a sus líderes para evitar que eso suceda?

## 3. ESTABLEZCA LÍMITES CLAROS Y ENTRENE SOBRE LAS MEJORES PRÁCTICAS PROFESIONALES

Creo que algunas de las prácticas de las reglas de Billy Graham son muy útiles, no porque eviten problemas, sino porque crean conciencia y mantienen vivo el debate dentro de nuestros equipos. Es como tener un oficial de policía uniformado presente en su ministerio de niños durante los servicios de adoración. Esa persona probablemente no va a detectar una violación de seguridad importante o un ataque violento, pero si alguien está buscando un blanco fácil y ve al oficial, no irá a su iglesia. También crea conciencia sobre los problemas de seguridad para toda la congregación y nos impide asumir que solo porque estamos en el edificio de la iglesia, no tenemos que estar al tanto de nuestro alrededor.

Del mismo modo, prácticas como tener ventanas de cristal en todas las oficinas, programa de bloqueo de pornografía en las computadoras de la iglesia y no encontrarse con alguien en un ambiente íntimo, como una cena privada, un paseo por la playa, largas conversaciones en un automóvil estacionado, son todas formas de crear conciencia y ayudar a los líderes a implementar prácticas personales inteligentes y sabias. Si tiene un depredador en su equipo, estas pautas ciertamente no lo detendrán. Pero disuadirá a alguien que está buscando una oportunidad fácil y con suerte protegerá a cualquiera que se encuentre con un momento de debilidad. También le recuerda a todo el equipo que, si alguien está comportándose de una forma poco saludable o está violando sus pautas con regularidad, es su trabajo confrontar a la persona y plantear el problema al encargado en su equipo de personal.

Debería ser una práctica estándar en las iglesias, al igual que en cualquier otra industria, ofrecer capacitación regular al personal y los líderes sobre la conciencia de la diversidad y el acoso sexual. Es fundamental que comencemos a hablar sobre estos temas de manera más abierta y clara, y a definir los estándares profesionales que queremos seguir.

## 4. SEA INTELIGENTE CON EL ALCOHOL Y LA SALUD MENTAL

Si vamos a reconsiderar nuestras prácticas, debemos ser realistas sobre las cosas que pueden perjudicar nuestro juicio. El alcohol, algunas medicinas, el uso de drogas, la falta de sueño, el estrés y los problemas de salud mental y emocional nos pueden «preparar» para tomar malas decisiones que normalmente no tomaríamos. Se ha demostrado que incluso una pequeña cantidad de alcohol (una copa de vino) afecta la toma de decisiones, incrementa el comportamiento imprudente y debilita la capacidad de la memoria.[8]

Varias iglesias que conozco han redactado un «pacto de liderazgo» que eleva la expectativa sobre los comportamientos y los estándares que esperan de las personas a las que les han otorgado puestos de liderazgo, incluso como voluntarios. Es importante explicar que muchas de estas cosas no son necesariamente problemas de pecado, sino que son sabias dado el contexto y la misión de su iglesia.

Cuando se trata de beber alcohol, acepté este tipo de compromiso en lo personal para una variedad de trabajos o roles como voluntaria, pero todos tenían pautas ligeramente diferentes. En un caso, trabajé y viví en una universidad cristiana en la que no se permitía el alcohol dentro del lugar. Luego trabajé en una iglesia en la que acordamos beber solo en la privacidad de nuestros hogares, pero no en público. He sido parte de una iglesia en la que la cultura alentó a limitar el alcohol a una sola copa, y una iglesia que nos pidió que no bebiéramos en absoluto, en ninguna situación. Cada petición tenía lógica y sabiduría, lo cual aprecié, respeté y en lo que participé con gusto. Estoy agradecida por la sabiduría que mis líderes me transmitieron, en especial cuando recuerdo mis primeros años de liderazgo. Enseñar a sus líderes a ser inteligentes con respecto a las libertades que tienen, y por qué es importante crear los límites que usted pide, los equipará para poder concentrarse en el trabajo más grande de edificar el reino de Dios.

## 5. DESAFÍE SUS SUPOSICIONES

Una de las partes más frustrantes de estas «reglas» es que muchas de ellas, al menos en el mundo de hoy, simplemente no tienen sentido.

Según algunas de las prácticas con las que viví, podía reunirme con un hombre en mi oficina con una pequeña ventana rectangular durante varias horas sin ser molestada, pero no podía encontrarme en una concurrida cafetería donde todos podían vernos y escuchar nuestra conversación. No podía viajar en automóvil con un hombre hacia el aeropuerto para un vuelo temprano en la mañana, pero podíamos quedarnos en el mismo hotel donde teníamos una tarifa de conferencia con descuento. Había temor en torno a mis relaciones de liderazgo con hombres con los que trabajaba y me reunía solo una o dos veces al mes durante una hora, pero sus asistentes administrativas tenían acceso pleno a sus horarios personales, hablaban con ellos por teléfono varias veces durante el día, y estaban estrechamente relacionadas con gran parte de sus vidas personales.

Una vez más, creo que muchas de estas prácticas son útiles para crear conciencia, pero al menos tenemos que reconocer que a veces se contradicen, y a menudo no tienen mucho sentido y en realidad no brindan la protección que decimos que ofrecen.

Y dado que las mujeres tendemos a sufrir las peores consecuencias con respecto a estas pautas, creo que debemos hacer un mejor trabajo para reelaborarlas, enseñarlas y responsabilizarnos mutuamente. Tome tiempo para analizar en verdad las pautas que le da a su equipo, piense en las suposiciones implícitas que puede haber adoptado y asegúrese de que las pautas en realidad estén produciendo el resultado que usted desea. Asegúrese de preguntarse usted mismo y a sus mujeres líderes cuáles podrían ser las consecuencias involuntarias y cómo pueden hacer un mejor trabajo al crear un ambiente de liderazgo seguro e inclusivo para todos.

Una de las principales voces de la comunidad cristiana en repensar cómo manejamos las interacciones entre hombres y mujeres es John Ortberg, un conocido autor y pastor principal. Durante más de treinta años, John ha estado aprendiendo a crear entornos de equipo en los que las mujeres líderes también pueden prosperar. Así es como me explicó su perspectiva:

A veces, por supuesto, las iglesias o las organizaciones pueden tener una teología que prohíbe que las mujeres lideren o impide que las mujeres líderes prosperen. Recuerdo que hace muchos años escuché a una mujer decir: «¡Ayuda, soy una líder atrapada en el cuerpo de una mujer!». En ocasiones puede haber apertura teológica y organizativa, pero se crean sistemas que excluyen a las mujeres. Al final, los hombres tienen actividades recreativas en las que excluyen a las mujeres, o pueden tener estilos, humor o [formas de] relacionarse, o lugares a los que van que se vuelven, intencionalmente o no, exclusivos.

Además, en un intento equivocado de querer mantener los límites sexuales de manera clara y honrada, los líderes pueden entrar en una «estrategia de aislamiento». A veces escuchará en organizaciones cristianas líderes masculinos que incluso podrían enorgullecerse de decir: «Nunca estoy solo con una mujer. Nunca estaría en un auto solo con una mujer. Nunca me reuniría a solas con una mujer». Y, por supuesto, la gran dificultad con esto es que nunca intentan comprender lo que se necesitará para intentar instruir, desarrollar, alentar y dar vida a las mujeres líderes, así como a los hombres líderes.

En la época de Jesús, los fariseos a menudo adoptaban lo que podría llamarse una «estrategia de aislamiento» para evitar el pecado sexual con una mujer; no hablaban con las mujeres, ni las tocaban, ni siquiera las miraban. No creo que una «estrategia de aislamiento» sea una buena manera de evitar el pecado sexual, y es una forma terrible de ayudar a desarrollar una cultura donde las mujeres y los hombres puedan servir y liderar juntos.

En nuestra iglesia, hablaremos sobre tres formas concretas para tratar de mantener la integridad en nuestro comportamiento sexual.

- *La prueba de hermanos:* si estoy con alguien del sexo opuesto, ¿me comporto con él / ella como lo haría con mi hermano(a)?
- *La prueba de pantalla:* cuando estoy con alguien del sexo opuesto que no es mi cónyuge, ¿hago o digo cosas de las que

me avergonzaría si las pusiera en una pantalla para que toda nuestra congregación las vea?

- *La prueba secreta:* ¿tengo secretos con esta persona del sexo opuesto que mi cónyuge desconoce?

También me ha resultado útil pedir comentarios a las personas que forman parte del personal, en especial a las mujeres que sirven en la iglesia donde trabajo, para que podamos comprender mejor cómo nuestra cultura podría ayudar u obstaculizar el florecimiento de las mujeres en el liderazgo.[9]

Enfrentar estas tensiones de conexión en las relaciones y de límites apropiados es un desafío para todos en el liderazgo. Sin embargo, vale la pena. Como lo expresó una participante de la encuesta: «Hasta ahora, en la trayectoria de liderazgo de mi iglesia, fue un hombre quien me abrió la puerta, fueron hombres los que creyeron en mí y me elevaron a una posición de liderazgo. Estoy realmente agradecida por ellos, porque vieron algo en mí antes de que yo misma lo creyera».[10]

## CREE AMBIENTES DE TRABAJO SEGUROS

Crear un ambiente de trabajo seguro, libre de acoso o de comportamientos predatorios por parte de cualquier persona es imprescindible para el desarrollo de líderes tanto masculinos como femeninos que sean piadosos, saludables y confiables. Implantar políticas claras, crear conciencia, ofrecer capacitación y establecer una cultura de «puertas abiertas» con instrucciones precisas sobre a quién dirigirse si alguien fomenta un ambiente hostil, o incluso incómodo, es fundamental para abordar estos problemas tan reales. Oro para que ninguna de nuestras iglesias tenga que atravesar estos caminos difíciles, pero crear conciencia y hablar abiertamente sobre qué hacer si les sucede a sus líderes equipará y capacitará a sus mujeres y hombres líderes para saber que son valorados y que su iglesia es un lugar seguro donde dirigir y trabajar.

Junto con los límites en las relaciones que deben establecerse para una mentoría, un patrocinio y un entrenamiento efectivos, cuando se trata de empleados asalariados, existen responsabilidades legales y éticas adicionales si no creamos un ambiente de trabajo razonablemente seguro, libre de abusos de poder o de autoridad espiritual, de acoso, insultos, amenazas, intimidación, ridículo, asaltos, burlas y entornos ofensivos. Tenga en cuenta que este tipo de abusos no solo provienen de un supervisor directo, sino que pueden provenir de un líder en otra área o incluso de un voluntario o miembro de la iglesia. Según la Comisión para la Igualdad de Oportunidades en el Empleo de Estados Unidos:

La prevención es la mejor herramienta para eliminar el acoso en el lugar de trabajo. Se alienta a los empleadores a tomar las medidas adecuadas para prevenir y corregir el acoso ilícito. Deben comunicar claramente a los empleados que no se tolerará la conducta de hostigamiento no deseada. Pueden hacerlo al establecer un proceso efectivo de quejas o agravios, brindar capacitación contra el acoso a sus gerentes y empleados, y tomar medidas inmediatas y apropiadas cuando un empleado se queja. Los empleadores deben esforzarse por crear un entorno en el que los empleados se sientan libres de plantear sus inquietudes y confíen en que esas inquietudes serán abordadas.[11]

El último punto es fundamental y, a menudo, poco desarrollado en las iglesias. Si alguien experimenta un comportamiento inapropiado, debe haber una persona clara y un proceso bien conocido de cómo se manejan las quejas y las acusaciones, *sin importar quién sea el acusado*. Eso significa que debe haber responsabilidad y seguimiento exhaustivo para todos, desde un miembro de la iglesia hasta el pastor principal y los ancianos. Crear un proceso para manejar este tipo de problemas ante una acusación permite que la iglesia dirija bien y con integridad, a pesar de la fealdad de este tipo de situaciones.

Al reconsiderar nuestras prácticas, políticas y procedimientos para adaptarse a la cultura actual, podemos crear entornos seguros que capaciten a las mujeres, defiendan a los inocentes y protejan la iglesia.

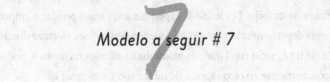

*Modelo a seguir # 7*

# MEJORE LAS PRÁCTICAS
# DE SU GENTE

«Le digo que no estaba al tanto en aquel momento —explicó Kem Meyer, exdirectora de comunicaciones y consejera de la iglesia—. Era tan ingenua. Ahora miro hacia atrás y recuerdo cuando trabajaba en la iglesia, pasaron *años* antes de que me diera cuenta de que es un entorno dominado por hombres. Recuerdo que las personas me preguntaban al respecto y yo pensaba: *¿De qué están hablando? Yo solo bajo la cabeza y hago mis cosas.* Una vez más lo digo, simplemente no estaba pensando en eso. Ahora en retrospectiva es que analizo: "Oh, Dios mío, 'está' dominado por los hombres"».

Kem continuó:

Pero creo que cuanto más alto ascendí en el liderazgo, más pude *ver* las conjeturas sistemáticas sobre género. Pude verlas y comencé a escuchar más sobre ellas, aun cuando no las había experimentado yo misma necesariamente. Con el tiempo, a medida que ascendía en el liderazgo, comencé a sentirlas. Fue realmente muy sutil; nada era manifiesto. No fui acosada, pero comenzó a impedir mi capacidad para hacer mi trabajo. No lo había experimentado antes porque siempre tenía departamentos o proyectos independientes para ejecutar donde tenía un espacio en el que, si enfrentaba obstáculos en un área, podía concentrarme en otro aspecto de mi trabajo y progresar allí.

Desde hace unos años, he estado en una posición de mayor madurez y reflexión, y cada vez más personas me desafían a mí y mi responsabilidad. «¿No lo entiende? Estás en un lugar al que muchas mujeres no pueden llegar. ¿Puede por favor hablar sobre estos temas?». Pensé: *No, no voy a hablar sobre estos temas solo porque soy mujer.* Pero su constante impulso me obligó a reflexionar y a prestar más atención. Me hizo darme cuenta de los obstáculos que habían sido quitados para mí. Hubo personas que transitaron antes que yo, y no podría hacer lo que hago ahora si no se hubieran arriesgado por mí en aquel entonces. *Por eso* estoy aquí.

Ahora sé que es mi turno arriesgarme por otros porque de lo contrario estoy perpetuando un patrón que no quiero perpetuar.[1]

Kem no fue la única entrevistada que confesó «no darse cuenta» de que a menudo era una de las pocas (o la única) mujeres en la junta de liderazgo, o que tenía oportunidades y beneficios que no estaban disponibles para todas las mujeres. De hecho, muchas de nuestras mujeres líderes hablaron sobre cómo les tomó mucho tiempo darse cuenta de que, efectivamente, podría haber algún tipo de prejuicio a su alrededor. ¿Por qué es esto?

Por un lado, nuestros cerebros están hechos para notar patrones, hacer generalizaciones y crear categorías. Es lo que nos ayuda a transitar por nuestro mundo complejo y dar sentido a toda la información que nos llega en un día determinado. Nos hace eficientes, inteligentes y decisivos. Pero también puede predisponernos para generalizar en exceso, incluso cuando creemos que estamos haciendo lo bueno o lo correcto. Esto se conoce como prejuicio inconsciente o implícito, y se muestra en situaciones de la vida real todo el tiempo.

De hecho, «los experimentos de campo demuestran que la discriminación en el mundo real continúa y está muy extendida. Los solicitantes blancos reciben aproximadamente un 50 % más de respuestas positivas que los solicitantes negros con los mismos currículums; los profesores universitarios responden en un 26 % más de probabilidades al correo electrónico de un estudiante cuando el apellido es Brad en lugar de Lamar; y los médicos recomiendan menos analgésicos a los pacientes negros que a los pacientes blancos con la misma lesión».[2] Obviamente, ningún médico quiere submedicar a una persona lesionada, pero puede hacerlo sin darse cuenta.

Es difícil admitir que tenemos prejuicios cuando podemos estar tan ciegos ante ellos. Esto es cierto sobre todo para nosotros como cristianos cuando el amor incondicional y la misericordia de Jesús son fundamentales para nuestra experiencia y sistema de creencias. Los prejuicios y la discriminación parecen ir en contra de todo aquello por lo que vivimos. Sin embargo, mientras analizamos la historia, no es difícil encontrar ejemplos de creyentes bien intencionados que pensaron que estaban actuando de manera justa e imparcial cuando en realidad no lo estaban.

La esclavitud es una práctica que viene a nuestra mente. Las guerras santas son otro ejemplo. De hecho, existe una correlación directa entre cuán fuertemente creemos que no tenemos ningún prejuicio y la cantidad de pensamientos y comportamientos sesgados que exhibimos en realidad.[3] Parece contradictorio, pero cuanto más seguros estamos de que somos imparciales, más probabilidades hay de que seamos prejuiciosos. No estamos dispuestos a aprender sobre nuestros puntos ciegos y a hacer cambios en nuestro modo de pensar y de comportarnos. Sin embargo, la clave es permanecer abiertos, curiosos, humildes y realistas. El prejuicio es algo con lo que todos hemos sido criados, y algo que todos debemos evaluar constantemente en nuestros propios corazones y en la influencia que ejercemos.

Existe un temor, en especial para las mujeres cristianas, de ser etiquetadas como «feministas». En muchos círculos cristianos, la palabra *feminista* tiende a reflejar imágenes de proaborto, provocación, odio a la familia, mujeres enojadas que creen que Dios es mujer, que los hombres no valen para nada y que la Biblia está llena de errores.[4] Incluso recuerdo haber leído un artículo en *Christianity Today* [Cristianismo hoy] hace varios años donde la palabra *feminista* era considerada «un amala palabra».[5]

Naturalmente, como mujeres líderes en la iglesia, la mayoría de nosotras no hemos estado tan ansiosas por defender el papel o el desarrollo de la mujer, ni siquiera el nuestro, por temor a llevarlo demasiado lejos. Y para ser sincera, la mayoría de nosotras estamos agradecidas por la oportunidad de servir y ser parte del ministerio. Este enfoque de «no influencia» ha sido lo que nos ha permitido ser confiables en nuestro liderazgo. Cambiar las cosas y «defender nuestro género» puede invocar el temor de ser malentendidas o desechadas, perder nuestra influencia o incluso ser quitadas o puestas a un lado del liderazgo en el ministerio. Desafortunadamente, este temor también ha creado un ciclo en el que las mujeres líderes en realidad están ayudando a propagar los mismos sistemas y prácticas que nos detienen.

Para comenzar a hablar sobre nuestras tendencias heredadas hacia el prejuicio, definir lo que en verdad creemos sobre el rol de las mujeres en nuestra iglesia y enfrentar cualquier cosa que hayamos hecho mal en el pasado y que queramos cambiar para el futuro, se requiere valentía, humildad, apertura, perseverancia, fuerza y fe. Seamos hombres o mujeres, jóvenes o viejos, todos tendremos que apoyarnos en nuestra relación con el Señor, profundizar en nuestros sistemas de creencias y comportamientos aprendidos, y estar abiertos a «reconocer» nuestros errores en el pasado. Afortunadamente, nuestro Dios es un maestro en revelar nuestros errores y darnos un camino indulgente hacia una nueva forma de vivir y de amarnos unos a otros.

Aunque existe la tendencia al prejuicio en todos los niveles de las organizaciones voluntarias, sin duda el tema número uno que salió a relucir en mis entrevistas y en nuestras respuestas a la encuesta se centró en el trato justo e igualitario de los empleados asalariados. En todo, desde las prácticas de reclutamiento hasta los beneficios de jubilación, asegurarse de que las mujeres líderes reciban un trato igual y ético por el trabajo que realizan fue un tema importante, no solo para las mujeres, sino como una declaración sobre cómo las iglesias funcionan como empleadoras dentro de nuestras comunidades.

El beneficio de analizar en detalle nuestras prácticas de recursos humanos y cómo tratamos realmente a los empleados radica en que no tenemos que depender solo de nuestra propia conciencia o de la capacidad de los demás para comunicar con claridad sus experiencias subjetivas. Gran parte de lo que podemos observar para evaluar nuestros prejuicios inconscientes y responsabilizarnos está en blanco y negro. Afrontar la realidad de cómo reclutamos y contratamos, pagamos y apoyamos, y desarrollamos y evaluamos a nuestros trabajadores, tanto hombres como mujeres, puede darnos una visión única de los puntos ciegos de nuestra cultura y de nuestros propios prejuicios inconscientes. También es el comienzo de lograr y medir el progreso. Como expresó Max de Pree en su libro *Leadership is an Art* [El liderazgo es un arte]: «El trabajo número uno de un líder es definir la realidad».[6]

## A IGUAL TRABAJO IGUAL SALARIO

- «A los hombres se les pagaba más porque eran responsables de sostener a una familia y las mujeres del personal no eran el "único sostén económico de su familia"».
- «Durante años, a las mujeres se les pagaba mucho menos que a los hombres del personal que tenían menos experiencia, menos responsabilidad y menos nivel educacional. Mucho depende del pastor principal y de su parcialidad en el asunto».
- «Me dieron un trabajo después de que un colega fuera ascendido

del puesto, y cuando asumí el mismo rol y las mismas responsabilidades laborales, no me dieron el mismo título ni el aumento en la compensación que tenía aquel hombre cuando ocupaba ese puesto de trabajo. Si bien estaba agradecida por el puesto y también por la oportunidad de desarrollar mis talentos, también me sentí frustrada por no recibir el mismo título y la compensación por el trabajo disponible. Además, cuando más tarde tuve que buscar un nuevo trabajo fuera de la organización, ante los posibles empleadores mi título y salario anteriores no reconocían en realidad la experiencia que había adquirido. Me obligó a competir en una categoría diferente en el mercado laboral que no correspondía con mi experiencia».

- «Varias veces me han asignado funciones o deberes de supervisión sin el título o el sueldo de un supervisor».
- «Me pagan a medio tiempo por hacer un trabajo que dos hombres hacen a tiempo completo en un campus diferente. Como mujer, no se espera que desee una compensación por mi trabajo, se espera que esté feliz de servir».
- «El pago rara vez es equitativo. Sé que hay hombres en el personal que hacen lo mismo o menos que yo y ganan más. Desafortunadamente, en el mundo de la iglesia este es un tema delicado. Nadie va al ministerio por dinero, ni quiero que eso sea un problema. Elijo confiar en Dios que todo saldrá bien al final. Sin embargo, con total transparencia, el estándar de doble pago a veces me frustra».[7]

Estos son solo algunos de los cientos de comentarios e historias de mujeres que reciben menos salario y beneficios que los hombres del equipo que realizan un trabajo similar y que tienen responsabilidades equivalentes; en muchos casos tienen exactamente el mismo contenido de trabajo.

En Estados Unidos, las mujeres ganan aproximadamente ochenta centavos por cada dólar que los hombres reciben por el mismo trabajo.

Esa diferencia del 20 % suma más de diez mil dólares al año en ganancias medias. Esto significa que la mujer promedio perderá $ 418.000 en una carrera de cuarenta años en comparación con sus colegas masculinos, y la diferencia a menudo es mayor en trabajos mejor remunerados.

Esta disparidad con frecuencia aumenta aún más porque los beneficios adicionales, como los aumentos y las contribuciones de jubilación, a menudo se basan en un porcentaje del salario. Una pequeña discrepancia al principio de la carrera puede ser realmente significativa durante toda la vida. Se estima que la mujer promedio tendrá que permanecer dentro de la fuerza laboral diez años más que un hombre para ganar la misma cantidad. Y esto ni siquiera considera el tiempo libre o las restricciones hechas en las elecciones de carrera para priorizar la licencia de maternidad o la crianza de los hijos.

Las mujeres hispanas ganan aún menos: solo cincuenta y cuatro centavos por cada dólar que reciben los hombres. Esto significa que una mujer latina perderá más de un millón de dólares durante toda su carrera, haciendo el mismo trabajo, simplemente por su condición de minoría étnica y de género.[8]

No hablamos de roles de administración, de apoyo o de oficina contra roles educacionales, profesionales o de liderazgo. Hablamos de la discrepancia salarial por el *mismo trabajo*. Me sorprendió saber que, en los roles de secretario, que están dominados por mujeres, los hombres ganan un promedio de 14 % más que las mujeres.[9]

Incluso en las iglesias donde existen fuertes diferencias de roles basadas en el género, la mayoría de las personas estarían de acuerdo en que, si un hombre y una mujer realizan el mismo trabajo, deberían recibir el mismo salario y beneficios. Sin embargo, en el trabajo de la iglesia, esto a veces puede pasarse por alto, desestimarse o incluso ser un «remanente» involuntario de las prácticas de contratación de una época anterior. Según un estudio, incluso cuando se presentaron datos claros de salario desigual por igual trabajo, solo el 61 % de los hombres blancos reconocieron que esto era injusto.[10] En otra investigación enfocada en el liderazgo de la iglesia, las pastoras casadas y que son madres ganaban significativamente menos que sus homólogos masculinos en el mismo rol: solo setenta y dos centavos por cada dólar que reciben los hombres.[11] Se asume que estas mujeres no pueden desempeñarse tan bien debido a sus responsabilidades en el hogar, a pesar de que los hombres también están casados y tienen hijos. A veces, nuestros prejuicios inconscientes pueden crear razones para justificar todo tipo de decisiones.

Una de las justificaciones más frecuentes que he escuchado sobre por qué las iglesias les pagan más a los hombres que a las mujeres es porque tienen familias que mantener (es decir, son el «sostén de la familia»). Incluso he visto que les pagan más a los hombres con mayor número de hijos, simplemente por el tamaño de sus familias, no porque tengan más responsabilidades o se desempeñen mejor.

Aunque esto puede parecer generoso y útil en el momento, a largo plazo en realidad puede limitar la capacidad de su iglesia para contratar y despedir en función del rendimiento, y limita su capacidad de recompensar a las personas de manera justa y equitativa. Y hace que surja la pregunta: cuando la esposa de alguien comienza a trabajar o sus hijos crecen y se van de la casa, ¿baja su salario? Por lo general no. También es injusto para las personas solteras, a las que a menudo se les pide que trabajen más o acepten menos salario porque «no tienen una familia a la cual atender». Este tipo de inconsistencias evidentes por lo general terminan destruyendo la confianza y disminuyendo la productividad del equipo, en especial si no hay oportunidad para debatir abiertamente los problemas.

También hay consecuencias no deseadas de las estructuras dominadas por los hombres, y esto se manifiesta mucho a través de los beneficios intangibles. Los miembros de la iglesia amorosos y agradecidos son increíbles al dar con generosidad no solo a su iglesia, sino también a los pastores y sus familias directamente. Solo en mi pequeño mundo, sé que mis colegas masculinos reciben vacaciones familiares totalmente gratis, cuidado continuo del césped de sus casas, retiros matrimoniales fuera del estado, experiencias de aventura al aire libre entre padres e hijos, cuidado infantil semanal, comidas, automóviles, pisos de madera en todas sus casas, remodelaciones de cocina, vestuario profesional y personal, zapatos de diseño, libros y pago de matrículas universitarias. También he visto pastores que participan en viajes misioneros o están con sus hijos durante los campamentos de la iglesia sin tener que pagar o sacar vacaciones, mientras que las mujeres tienen que hacer ambas cosas.

Permítanme aclarar que estoy encantada de que los hombres y sus familias sean bendecidos de estas muchas maneras. Cuando usted lleva la carga de las necesidades de las personas día tras día, este tipo de recompensas contribuyen en gran medida a animar a un líder y a su familia. Pero la consecuencia involuntaria es que estas «añadiduras» rara vez se extienden a la mujer líder o su familia. El resultado es que las mujeres en el equipo ministerial no solo reciben menos ingresos y beneficios, sino que también tienen muchas menos, o ninguna, de las ventajas del ministerio, y se están perdiendo una de las muchas bendiciones de servir y liderar en una comunidad de fe.

Si bien el liderazgo de la iglesia no puede influir directamente en las elecciones de las congregaciones que muestran preferencia por los hombres del personal, deben ser conscientes de cómo estas inconsistencias afectan a las mujeres líderes y considerar cómo podrían modelar un apoyo y una apreciación equitativos, así como utilizar su influencia para asegurarse de que todos en su personal sean reconocidos y apreciados por la familia de su iglesia.

Hemos mencionado con anterioridad los beneficios tributarios que reciben los empleados que tienen «licencia para el ministerio». En el pasado, he visto hombres en roles evidentemente no pastorales que tienen acceso a este beneficio solo porque son hombres que trabajan en la iglesia. Un gerente de instalaciones por lo general no cumple con los requisitos para obtener una licencia de ministro, sin embargo, este beneficio a menudo se usa para aumentar el paquete de reclutamiento de un empleado masculino, en especial si viene del mundo empresarial. Al mismo tiempo, muchas mujeres en roles ministeriales sí cumplen con los requisitos y, no obstante, no reciben la licencia o el beneficio tributario. Eliminar esta inconsistencia contribuirá en gran medida a restablecer la confianza con su equipo y la integridad en sus sistemas organizacionales y gobierno. Además, sus mujeres líderes recibirán una merecida ayuda financiera que no le cuesta nada a la iglesia.

Hace poco comencé a ver que varias iglesias avanzan en la equidad al ofrecer la licencia a mujeres, incluso sin el título oficial de «pastora» ni las responsabilidades de la enseñanza los fines de semana, ya que muchas mujeres líderes ministeriales claramente cumplen con los requisitos.

## TÍTULOS PRECISOS

Otro tema recurrente en nuestras entrevistas y encuestas fue los títulos de trabajo otorgados a los hombres y a las mujeres del personal. De nuestras encuestadas, el 42 % había recibido títulos que no coincidían con sus homólogos masculinos, o no describían con precisión su contenido de trabajo.[12]

Casi todas comentaron que, en lo personal, los títulos no eran su principal prioridad. Pero cuando se trata de liderar de manera efectiva, los títulos tienen influencia y comunican la función de uno en el equipo y dentro de la organización. Estos son factores críticos para liderar con éxito, sobre todo con voluntarios que no están en la oficina todos los días. Cuando se les preguntó cuán importante es que las mujeres líderes en las iglesias tengan títulos precisos, más de mil participantes en la encuesta lo calificaron con un ochenta y tres de cien.[13]

A muchas mujeres se les dieron dos títulos: uno para usar dentro de la iglesia que no representaría ningún problema y otro para usar fuera de la iglesia para describir mejor su función. Sé que en lo personal he tenido varios títulos ambiguos y un tanto desconcertantes en mis tarjetas de presentación que he llamado cariñosamente «títulos femeninos». Por lo general, se puede decir que el trabajo es importante, pero no hay forma de averiguar por qué.

La diferencia más común está en el uso del título «pastor». Como puede suponer, con frecuencia esto está interrelacionado a diferentes puntos de vista teológicos. Sin embargo, muchas iglesias aún no han definido con precisión su posición con respecto a las mujeres en el liderazgo, por lo que los diferentes títulos son confusos y a menudo se interpretan como devaluaciones de las mujeres. Muchas iglesias han adoptado la práctica de llamar a los hombres líderes «pastores» y a las mujeres líderes «directoras». En la mayoría de los casos, las funciones son básicamente las mismas, aunque los pastores pueden ser llamados para ciertos roles de autoridad espiritual y las directoras no. Presidir bodas y funerales, realizar deberes pastorales de estar disponibles a cualquier hora y predicar o enseñar la Palabra de Dios en los servicios formales de adoración, son ejemplos de actividades a menudo reservadas para aquellos con el título de pastor.

Otras iglesias han decidido nombrar a todos sus líderes organizacionales (hombres y mujeres) «directores» mientras reservan el título de pastor para aquellos que han cursado el seminario y han sido ordenados. Esto ofrece el beneficio adicional de permitir que las personas asuman el rol de liderazgo organizacional mientras crecen en el rol de autoridad espiritual, si así lo deciden. También ayuda a comunicar que ser pastor es más que «ser un hombre del personal» y, en cambio, se trata de capacitación, llamado confirmado, don y fruto. Después de todo, hay muchos hombres en las iglesias y en su personal que no están calificados para ser pastores.

Por otro lado, hay cientos de ejemplos de mujeres que en esencia están liderando equipos, proyectos y, en algunos casos, departamentos ministeriales completos, pero han recibido títulos que no coinciden con el nivel de autoridad o responsabilidad que tienen. Coordinadora, asistente, miembro del equipo ejecutivo, asistente especial, campeona, especialista y desarrolladora son varios títulos otorgados a mujeres líderes. Aunque estos son títulos en su mayoría razonables, no articulan su nivel de liderazgo o la autoridad que tienen para tomar decisiones. Por supuesto, cada persona en lo individual está bajo la autoridad de otra persona, pero las mujeres a menudo cumplen una doble función:

necesitan liderar bien, pero también comunicar excesivamente la decisión o preferencia de otra persona, incluso si eso les ha sido delegado por completo.

Por ejemplo, supongamos que Kayla es responsable de todos los equipos de bienvenida de los fines de semana en su gran campus. Ella supervisa la logística de todos los servicios de fin de semana y los eventos especiales, incluidos los cinco equipos de voluntarios formados por más de cien personas encargadas de saludar, acomodar, ayudar en la celebración de la comunión, en el estacionamiento y en la mesa de información. Si el título de Kayla es «asistente», esos cien voluntarios probablemente responderán sus correos electrónicos y acudirán a ella si quieren concertar una cita con el pastor para el cual ella trabaja. Si su título es «coordinadora», la mayoría de esas cien personas acudirían a ella con preguntas sobre su horario como voluntario o si necesitaran una nueva etiqueta de identificación. Pero si el título de Kayla es «directora» o «gerenta», esos voluntarios saben que también pueden acudir a ella cuando enfrenten un problema en el equipo, cuando tengan una idea sobre cómo mejorar el flujo de personas después de los servicios y para presentar a un voluntario recién reclutado. Y si su título es «pastora», entonces también saben que pueden acudir a ella para recibir guía espiritual y oración, para obtener ayuda con un problema familiar para el cual la iglesia podría tener un recurso, y para actualizarla sobre cómo resultó el pequeño grupo que iniciaron la semana anterior.

Al otorgar a todos los líderes, hombres y mujeres, títulos que comuniquen las expectativas que usted tiene y lo que ofrecen a aquellos a quienes dirigen, no solo los hace más efectivos en su ministerio, sino que le quita una carga al resto del equipo pastoral porque, como todos sabemos, ¡esos cien voluntarios terminarán hablando con alguien!

Una encuestada compartió su historia:

> Fui contratada como coordinadora, a pesar de que tenía una maestría de un seminario y había enseñado a estudiantes de posgrado durante dos años. La mayoría de mis compañeros de trabajo fueron

contratados como pastores, aunque gran parte de ellos no había asistido al seminario. Cuando intenté ascender a un puesto de directora (la única opción disponible para las mujeres), me lo negaron. Fue frustrante. Me resultaba difícil vivir de mi salario, y se suponía que, si eras mujer, vivías con tus padres o estabas casada. Yo no tenía ni lo uno ni lo otro. A menudo me llamaban administradora o asistente de mi jefe, a pesar de que creaba contenido y enseñaba en retiros. Trabajar allí parecía una batalla constante, y muy pocas personas estaban dispuestas a tener una conversación abierta sobre las condiciones para las mujeres.[14]

Otra comentó:

Cuando me contrataron en mi iglesia fue «por horas», lo cual parecía genial porque yo trabajaba toneladas de horas, pero me hacía sentir como si fuera solo un empleo. Mi rol era con los ministerios estudiantiles, y hacía mucho más que cosas administrativas, inclusive escribía sermones para que el pastor de jóvenes los predicara, e incluso una vez prediqué yo misma. Aconsejaba a las alumnas y organizaba eventos juveniles por mi cuenta. Tenía un título y ya tenía algunos años de experiencia en el trabajo profesional con adolescentes. Finalmente, mi designación cambió a empleada asalariada y se mantuvo así. Este pequeño cambio, por alguna razón, marcó una gran diferencia en cómo veía mi posición en la iglesia. Realmente le añadió valor y profesionalizó la descripción de mi trabajo.

## BENEFICIOS QUE BENEFICIAN A LAS MUJERES

A medida que las compañías y las iglesias han decidido tomar en serio la igualdad de género y comunicarles a las mujeres que su deseo no es solo que se unan al equipo, sino que permanezcan en él, han descubierto algunos beneficios productivos que apoyan a las mujeres en las etapas de la vida que son únicas para ellas.

## BENEFICIOS FAMILIARES

Tener hijos es una de las etapas más desafiantes para una mujer líder. No solo hay que descifrar todo el mundo de los bebés, sino que tratar de decidir qué significa esto para el ministerio, el liderazgo a largo plazo y el desarrollo profesional puede ser confuso y abrumador.

- ¿Sigo trabajando?
- ¿Me quedo en casa?
- ¿Hay opción de trabajo a medio tiempo?
- ¿Podré volver y liderar?
- ¿Puedo darme el lujo de no trabajar?

Ofrecer pago o beneficios razonables para la licencia de maternidad y brindar arreglos de trabajo creativos, en especial durante los primeros años de la infancia y los veranos, puede brindarles a las mujeres líderes de su equipo un camino para triunfar tanto en el hogar como en la iglesia. De hecho, 54 % de las participantes de nuestra encuesta cree que trabajar en una iglesia ayuda a las mujeres líderes que también son madres. Esto es muy diferente del mundo empresarial, donde los desafíos y los prejuicios contra ser madre son lo suficientemente comunes como para tener su propio término: la «penalidad a la maternidad».[16]

En lo personal, creo que las iglesias están en una posición maravillosa para ofrecer de forma competitiva roles de liderazgo productivos, familiares y profesionales para las mujeres, ya que la vida familiar y la crianza de los hijos son fundamentales para nuestro sistema de creencias y valores. ¿No sería excelente si las iglesias pudieran marcar una pauta en esto?

Dado que muchas mujeres que trabajan en iglesias lo hacen a medio tiempo, es importante tener en cuenta los beneficios familiares, a pesar de no tener un estatus de tiempo completo. El trabajo a medio tiempo también es una forma maravillosa de mantener a una mujer líder comprometida y conectada con el equipo y que continúe aprendiendo y contribuyendo con su ministerio mientras sus hijos son pequeños. En unos años, podrá volver a niveles más altos de liderazgo con más rapidez y tener éxito. Esto puede ser un factor de cambio para que usted desarrolle su reserva de liderazgo a largo plazo.

Una participante de la encuesta explicó su lucha con el trabajo y la crianza de los hijos:

> Solo pastoreo a medio tiempo. Esto se debe, primeramente, a los recursos financieros de la iglesia. Pero, en segundo lugar, soy madre y eso está primero. Como mujer, tiene que estar de acuerdo con el hecho de que las mujeres pasan por diferentes etapas en la vida. Hay una parte de mí que lo odia porque quiero más oportunidades en el ministerio, pero mi familia es lo primero. Los niños no estarán en el hogar para siempre, y necesito confiar en Dios para que Él sea quien me apresure y me abra las puertas cuando tenga más tiempo disponible.[17]

Además, permitir que se use el tiempo de enfermedad para atender a los miembros de la familia y los niños enfermos puede ayudar mucho a las mujeres a cuidar a sus familias durante los momentos difíciles. Ofrecer beneficios como la Ley de Licencia Médica y Familiar (FMLA, por sus siglas en inglés), el seguro por la incapacidad física a corto plazo, el seguro de vida y otros seguros complementarios, incluso si su personal es demasiado pequeño para necesitar esto, permite que las familias sean atendidas si un empleado se enferma o se lesiona, o incluso durante eventos felices, como el parto. Como la mayoría de los estadounidenses viven de cheque en cheque, estos beneficios son increíblemente atractivos para las mujeres líderes y ofrecen tranquilidad mental mientras trabajan.

Otras ideas que benefician a las mujeres de manera significativa incluyen ofrecer cuidado de los niños en el lugar o en ubicaciones cercanas, negociar una reducción en el precio de la matrícula a escuelas cristianas privadas, permitir días de «trabajo desde casa», dar un fin de semana libre al mes para ir a la iglesia en familia, proporcionar salas de lactancia, asignar fondos para servicios de asesoramiento para ellas o sus familias y ofrecer beneficios de adopción.

## HORARIOS FLEXIBLES

La maternidad es una responsabilidad a largo plazo que no termina cuando los niños comienzan la escuela. La crianza de los hijos a través de todas las edades y las etapas requiere energía, compromiso y flexibilidad. Pero también lo requieren las otras etapas de la vida de una mujer, como cuidar a los padres ancianos, ser abuelos, la menopausia e incluso el ser soltera. Aunque es fácil suponer que las personas solteras tienen más tiempo disponible, a menudo tienen una mayor necesidad de flexibilidad para visitar o mantenerse en contacto con la familia, desarrollar sus sistemas de apoyo social y aprovechar oportunidades únicas para su etapa de vida.

La mayor parte de la fuerza laboral del mercado ha cambiado a un horario de trabajo más fluido y flexible, sobre todo gracias a los avances en la tecnología que permiten trabajar desde prácticamente cualquier lugar en todo momento. Ofrecer flexibilidad tanto para hombres como para mujeres ayuda a apoyar a sus mujeres líderes y desarrolla una cultura donde es más importante la entrega de resultados que el número de horas en la oficina. Para los padres, esto les permite hacer cosas como dejar o recoger a sus hijos en la escuela, asistir a un concierto a media mañana, quedarse en casa con un niño enfermo o conectarse con las otras mamás en la fiesta de cumpleaños de un compañero de clase, mientras siguen cumpliendo bien con su trabajo.

Para los líderes en otras etapas de la vida, esto podría significar llevar a sus padres ancianos o abuelos al médico, trabajar en un proyecto de renovación del hogar, viajar, volver a estudiar, atravesar una crisis de salud o incluso comenzar una actividad adyacente. La mayoría de los líderes prosperan en este tipo de autonomía y flexibilidad, a menudo logran incluso más de lo que lo harían con horarios de trabajo estrictos y en un lugar definido.[18]

Jerry Hurley, de Life.Church, lo describió así:

> Por un lado, podría decir: «Bueno, usted no tiene que tratar a una madre trabajadora diferente a cualquier otra persona». Lo entiendo y estoy de acuerdo con eso. Sin embargo, si usted es una madre trabajadora, sabe que hay muchas cosas que tiene que hacer que el hombre trabajador promedio no tiene que hacer. Podemos decir que no debería ser diferente o no es diferente, pero la realidad es que, si usted es inteligente, reconocerá que en realidad sí existe diferencia.
>
> Una de las formas en que ponemos los beneficios a disposición de todas las personas es proporcionar a nuestro equipo una política de licencia ilimitada. Alentamos a nuestro equipo a tomarse el tiempo que necesiten cuando lo necesiten. Esto nos permite crear horarios muy flexibles y un ambiente de trabajo muy adaptable y útil para cada miembro del equipo, hombre o mujer, pero es particularmente beneficioso para las madres que trabajan. Culturalmente, también, todos necesitan saber que usar ese beneficio es aceptable.
>
> Trabajamos muy duro para asegurarnos de que no solo decimos que equilibrar la vida y la familia es muy importante para nosotros, sino que creamos la cultura para que eso se logre.[19]

Además, muchas personas están descubriendo formas de trabajar menos, incluso si eso significa ganar menos dinero. Trabajar entre la mitad y las dos terceras partes de un trabajo a tiempo completo les ha permitido seguir comprometidos con el trabajo sin perder sus otras prioridades. El trabajo compartido, el contrato de trabajo y las oportunidades de trabajo «fuera de lo común» son excelentes maneras de que las mujeres puedan maximizar su contribución en el ministerio y aun así cumplir a plenitud con los otros llamados en su vida. Por ejemplo, conozco a varias mujeres que trabajan en horarios muy intensos durante el año escolar, pero muy pocas horas durante el verano, cuando no tiene tanto trabajo en su ministerio y sus hijos están en casa de vacaciones. A menudo hay algunas semanas difíciles donde todo coincide, pero vale la pena por la conexión que pueden mantener el resto del año.

## OPORTUNIDADES DE EDUCACIÓN Y DESARROLLO

Aunque este no es un beneficio exclusivo para las mujeres, ellas tienden a tener menos nivel educacional, recursos y oportunidades de desarrollo que los hombres, tanto de manera formal como informal. Reserve dinero extra en el presupuesto de su iglesia para desarrollar mujeres líderes, incluyendo el pago y el tiempo libre para asistir a conferencias, talleres e incluso obtener títulos adicionales; estos son incentivos increíblemente atractivos para las mujeres líderes y muestran su compromiso con su desarrollo y su contribución a largo plazo. También es importante explicar estos beneficios a las mujeres y animarlas con frecuencia a aprovecharlos.

Recuerdo estar en el personal de una iglesia a finales de mis veinte años y me di cuenta demasiado tarde de que la iglesia ofrecía clases de seminario a bajo costo en el propio lugar para nuestro personal ministerial. Estoy segura de que me habrían permitido aprovechar esto junto a todos los hombres, pero no sabía que existía, y nadie pensó en ofrecérmelo.

## EQUILIBRIO TRABAJO-VIDA

Tener un alma sana y ser un buen ejemplo de cómo vivir en la cultura agitada de hoy es importante para todos en el ministerio, tanto para hombres como para mujeres. Elevar la expectativa en este debate ayuda a comunicar a las mujeres líderes de su equipo que no solo quiere que la iglesia triunfe, sino que también quiere que ellas y sus familias triunfen. Enseñe con frecuencia a su personal sobre la importancia del cuidado del alma, así como consejos prácticos sobre cómo priorizar esto ante las demandas del ministerio. Ofrezca días libres durante el año dedicados al crecimiento personal y espiritual. Proporcione libros, recursos y estudios para que los líderes puedan crecer por sí solos y en comunidad con otros líderes ministeriales. Y, lo más importante, asegúrese de modelar un equilibrio trabajo-vida saludable y que honre a Dios en su propia vida, ministerio y liderazgo.

## EVALUACIONES HONESTAS SOBRE EL DESEMPEÑO

A medida que hablo con los líderes de la iglesia, en especial con los hombres, uno de los mayores desafíos para lograr que las mujeres formen parte de sus juntas de liderazgo y de sus proyectos de desarrollo es tratar con mujeres que quieren estar allí pero que no son buenas para dirigir. A menudo no tienen las habilidades o los dones necesarios para liderar. ¿Pero cómo usted le dice eso a alguien? ¿Cómo puede defender a las mujeres y aún decir no a aquellas que deberían servir de otras maneras?

En mi experiencia, uno de los elementos fundamentales que le falta a la mayoría de las mujeres, en especial a las mujeres en el personal de la iglesia o en los ministerios de mujeres, es la retroalimentación honesta y constructiva. He oído decir que las iglesias pueden cansarse de «casos de amabilidad», donde la honestidad y la sinceridad suelen ser anuladas por la amabilidad y la adulación poco sinceras. Esto puede ser perjudicial para el desarrollo de las mujeres líderes capaces, resistentes y seguras.

Una de mis entrevistadas describió el mejor escenario para ella como joven líder como «trabajos difíciles con jefes grandiosos».[20] Desafortunadamente, la mayoría de las mujeres no reciben el tipo de retroalimentación honesta y en tiempo real necesaria para ser conscientes de sí mismas y crecer como líderes. Incluso si se les dan oportunidades, no aprenden las mismas lecciones ni crecen de la misma manera que los hombres que reciben comentarios más descriptivos y directos.

En un estudio investigativo reciente, se descubrió que las mujeres eran mucho menos propensas a recibir comentarios específicos relacionados a los resultados de su desempeño, independientemente de si eran positivos o constructivos.[21] En otras palabras, incluso cuando lo hacían bien, no sabían exactamente por qué. Y si lo hacían mal, no estaban seguras de por qué y qué hacer para mejorar la próxima vez. De hecho, los elogios vagos como: «Hiciste un trabajo realmente bueno», se les dan con más frecuencia a las mujeres. Los hombres, por otro lado, tienden a recibir una retroalimentación mucho más instructiva, por ejemplo: «Debes trabajar en la habilidad de _____. Una vez que aprendas eso, me gustaría involucrarte en _____». Sin este tipo de detalles o próximos pasos, es difícil para cualquier líder desarrollarse.

La tendencia a dar a las mujeres retroalimentación superficial con pocos pasos para mejorar crea estos «casos de amabilidad». He conocido mujeres que han pasado años sirviendo en equipos de la iglesia, pero nunca lograron salir del grupo de secretarias, y a veces por razones comprensibles. En un esfuerzo por valorar a estas mujeres y apreciarlas, muchos de sus líderes las colman de vagos elogios, las presentan públicamente como el «pegamento» que «realmente mantiene el lugar unido» y celebran su valor en el equipo con frecuencia.

Para ser justos, hay muchas mujeres maravillosas y capaces que en realidad son el pegamento que mantiene unido a un equipo. Pero desafortunadamente, muchas veces ese no es el caso, y estos líderes no están siendo del todo honestos. En ocasiones, estas mujeres todavía están en su mismo puesto porque tienen actitudes terribles. He sido testigo de algunos comportamientos impactantes cuando sus líderes abandonan la habitación. He conocido a muy pocas que hayan reclutado o equipado a un voluntario. Muchas de ellas se quejan constantemente de todo lo que hacen y afirman que no son valorados, y piensan que, si alguien escuchara sus ideas, todo funcionaría mucho mejor.

Bien ¿adivine qué? La actitud, el ser capaz de equipar a otros y de resolver problemas son componentes clave de un liderazgo efectivo. Sin embargo, estas mujeres no tienen idea de eso. Se les ha permitido estar descontentas, ser negativas y poco desarrolladas. Desafortunadamente, tienen un largo camino por recorrer, incluso si tienen dones que pueden usarse en un rol de liderazgo.

A medida que comience a desarrollar mujeres líderes, asegúrese de ofrecer comentarios honestos a aquellas que desean liderar, pero que aún no están listas. Es difícil. Es incómodo. Será doloroso para ellas, y probablemente también para usted. Es por eso que la retroalimentación de 360 grados puede ser tan útil. Muchos de nosotros no sabemos cómo dar buenos comentarios. Es difícil ser claro y objetivo. Pero recibir aportes de los líderes, los colegas y los informes directos de los empleados proporciona suficientes perspectivas e ideas para brindar comentarios detallados con pasos intencionales para el desarrollo.

Luego, a medida que continúe trabajando con ellas, asegúrese de ofrecerles comentarios frecuentes y en tiempo real sobre esos eventos cruciales que contribuyen al desarrollo. La mayoría de las organizaciones han cambiado la retroalimentación formal una vez al año por retroalimentación más frecuente. Se ha demostrado que esto es especialmente útil para las mujeres.[22] Usted puede tener un liderazgo allí que no sabía que estaba latente. Quizás su primer paso es aprender a reclutar y desarrollar un equipo. ¿Quién no podría usar a un grupo de nuevas voluntarias de oficina haciendo mandados y brindando apoyo administrativo? O podrían descubrir nuevos dones y habilidades que las liberen para contribuir a plenitud con su trabajo actual, sin el deseo de ascender más. De cualquier manera, avanzar hacia una retroalimentación más honesta e intencional permitirá que ocurran los debates correctos con las mujeres líderes correctas y eliminará la idea tácita de que invitar a las mujeres al liderazgo significa permitir que *todas* las mujeres lideren.

## MÉTRICAS PARA LOS CONTRATOS Y LOS ASCENSOS

Se han realizado muchas investigaciones y existe documentación sobre cómo las mujeres no son contratadas o ascendidas tan a menudo como los hombres. Sin embargo, la única forma real de saber si su iglesia está haciendo mejoras en esta área, es comenzar a indagar sus propios datos sobre reclutamiento, entrevistas, contratos y ascensos. Dado que usted no puede cambiar lo que no mide, deberá establecer métricas de referencia que seguirá durante los próximos meses y años.

Puesto que el valor real de mediciones como esta crece con el tiempo, vale la pena el esfuerzo para decidir qué medir y cómo medir. Por ejemplo, si en cinco años desea ver cómo progresan las mujeres a través de sus programas de capacitación de liderazgo, deberá comenzar a indagar sobre el género en las solicitudes desde *ahora*. Como equipo, pregúntense: «¿qué quieren que sea diferente para el año próximo? ¿Para los próximos diez años?». Una vez que tenga claro cómo quiere que luzcan las cosas en el futuro, descubrir en qué enfocarse y comenzar a medir en el presente se hace mucho más fácil.

Qué medir dependerá de su organización, de la visión a largo plazo de su iglesia y de su posición teológica, pero aquí hay algunas sugerencias para que su equipo comience a pensar. Están colocadas en orden, desde la más simple hasta la más detallada. Recomiendo responder al menos las primeras cinco. El resto puede ajustarse en dependencia del tamaño de su iglesia, la cantidad de voluntarios y el personal.

## Métricas mínimas de referencia

1. ¿Cuál es nuestra proporción de género en los roles de liderazgo del personal asalariado en nuestra iglesia o ministerio? (Es mejor tomar roles administrativos / de oficina y centrarse en los roles de ministerio / liderazgo).
2. ¿Cuál es nuestra proporción de género en los roles de liderazgo voluntarios?
3. ¿Cuál es nuestra proporción de género en los roles voluntarios?

Los puntos del 1 a 3 hablan de la efectividad de su preparación de liderazgo.

4. En nuestros programas o clases de capacitación de liderazgo, ¿qué porcentaje son mujeres y qué porcentaje son hombres?

(Este es un indicador de cómo serán sus proporciones futuras. También podría indicar si tiene mujeres líderes fuertes bajo la autoridad de hombres líderes sin entrenamiento).

5. ¿Cuál es nuestra proporción de género en nuestro equipo de liderazgo ejecutivo / principal y el equipo de dirección / gerencia? (Esto aborda el tener una perspectiva femenina en las decisiones de liderazgo de alto nivel y lo que las mujeres pueden percibir como «posible» para ellas).

Métricas adicionales

6. Complete las diferencias en los porcentajes de género en todos los niveles de toda su estructura de liderazgo.

7. Compare las proporciones de género por ministerio.

8. Compare las proporciones de género en los roles voluntarios y de liderazgo según la edad y el ministerio. (Los ministerios de jóvenes adultos y estudiantes son entornos excelentes para desarrollar jóvenes líderes de ministerios. Si tiene buenas proporciones aquí, comenzará a verlos crecer como líderes de ministerios en toda la iglesia. Si no las tiene, sabrá que necesita investigar el por qué).

9. Compare las tasas de empleo por género. Para hacer esto, no use solo los títulos. Clasifique a todos los empleados por niveles similares de responsabilidad (¿qué tipo de responsabilidad y nivel de independencia se exhibe?), y alcance de supervisión (¿cuántas personas, tipos de proyectos o tareas?). Asegúrese de comparar lo que los empleados *realmente* hacen, no lo que está en sus descripciones de trabajo o suposiciones de lo que sus trabajos pueden implicar. Una vez que los tenga clasificados, compare lo siguiente:

   a. Títulos.

b. Pago: monto y estado exento. Asegúrese de incluir las horas extra y los tipos de salario.

c. Beneficios.

d. Nivel educacional.

e. Licencia u ordenación.

f. Beneficios educativos disponibles (entrenamientos internos, libros, conferencias, reembolso universitario).

g. Beneficios educativos obtenidos (¿Han sido invitados formalmente a aprovechar sus oportunidades? ¿Y cuál es el porcentaje de hombres y de mujeres que acceden a estos beneficios?).

h. Oportunidades de desarrollo de liderazgo en el trabajo (nivel de habilidad del supervisor para desarrollar miembros del equipo, mentoría de un líder de nivel superior, líderes que cobijan, oportunidades de «extensión» ofrecidas con retroalimentación).

i. Oportunidades de conexiones con líderes del mismo género / entrenamiento.

j. Conexión y apoyo a cónyuges / familia.

k. Número de años en el mismo nivel / título (incluso si está en el mismo rol, debería haber avance a medida que aumentan los niveles de experiencia. Por ejemplo, pastor de nivel 1, 2, 3 o asistente ministerial nivel 1, 2, 3).

l. Promedio de tiempo hasta el ascenso.

m. Aumento promedio año tras año.

A medida que calcula estas métricas, considere obtener datos sobre otras minorías para las que desea ser más intencional. Es mucho más fácil hacer todo esto a la vez. Si no está seguro de qué más debe investigar, obtenga un informe demográfico sencillo del radio de cinco kilómetros de la ubicación de su iglesia o campus. Tome los tres grupos étnicos principales y vea si su liderazgo refleja con precisión la comunidad que ha sido llamado a alcanzar. También puede agregar personas con discapacidades o dentro de ciertos rangos de edad, u otros grupos minoritarios que considere cercanos al corazón de Dios para su iglesia.

10. Analice las tasas de contratos. Si bien los sistemas de cuotas a menudo son contraproducentes, establecer objetivos para los contratos de mujeres pueden producir resultados medibles.

   a. Proporciones de género de los solicitantes (habla de estrategias de reclutamiento y cultura general de la iglesia)

   b. Proporción de quienes logran llegar a una entrevista.

   c. Proporción de los contratados (podría indicar un prejuicio en su prácticas y decisiones de contratación)

La Iglesia Chase Oaks en Dallas ha estado desafiando a sus líderes a tener más diversidad étnica y de género en sus grupos de reclutamiento. De hecho, hace poco el pastor ejecutivo decidió no considerar a ningún candidato a empleado de sus líderes ministeriales a menos que también hubieran entrevistado a un cierto número de candidatas. Fue un desafío para el equipo buscar nuevas redes y reclutar de nuevas maneras, pero lo hicieron. Agregaron a tres mujeres líderes altamente calificadas a la lista de entrevistados y terminaron dándole el trabajo a una de ellas.[23]

11. Evalúe los entrenamientos del personal sobre diversidad. Determine el porcentaje de líderes del personal y voluntarios que han renovado su comprensión de sus creencias, visión y expectativas cuando se trata de cuestiones de diversidad. A pesar de que el entrenamiento sobre diversidad ha sido objeto de escrutinio por no ser muy efectivo, sigue siendo increíblemente útil cuando se trata de introducir nuevas ideas sobre los beneficios de la diversidad en el rendimiento del equipo y sobre

cómo el prejuicio juega un papel en nuestra vida cotidiana. También es una excelente manera de introducir un lenguaje común entre los miembros del equipo y normalizar el debate de temas tan delicados y a veces muy cargados.

12. Determine cómo se obtienen los beneficios de los empleados. ¿Las mujeres conocen y aprovechan al máximo los beneficios que usted ofrece? Estas son ofertas destinadas a comunicar valor e inversión en sus líderes que continúan dirigiendo incluso durante las diferentes etapas de su vida. Observe lo siguiente:

a. La cantidad de mujeres que acceden a los beneficios de licencia familiar total (un índice bajo podría indicar que no tienen un conocimiento pleno de lo que está disponibles para ellas, que no creen que se les ofrezca a todos los miembros del personal o que temen usar los beneficios debido a consecuencias negativas para su posición en el trabajo).

b. El porcentaje de mujeres que invierten en su plan de retiro.

c. El promedio de días que las empleadas toman como licencia de maternidad (cuanto mayor es el número, más seguras están de su capacidad para continuar en su profesión durante los años de la crianza de los hijos).

A medida que comience a recopilar información, es probable que descubra algunas tendencias. Por ejemplo, tal vez no tenga mujeres que soliciten vacantes de trabajo en el ministerio. Esto podría señalar un problema de conocimiento dentro de su iglesia donde los miembros no saben que estos roles están disponibles para las mujeres. O tal vez la forma en que se redacta la descripción del trabajo comunica algo no intencionado, o los lugares en los que se anuncia no tienen muchas mujeres líderes. Hay muchos artículos en Internet y recursos disponibles dentro del área de recursos humanos para ayudar a superar este tipo de barreras para el desarrollo de mujeres líderes dentro de todos los niveles de liderazgo.

## LAS ESPOSAS DE LOS PASTORES

Algunos de los comentarios de nuestras encuestadas tuvieron que ver no solo con ser mujer líder, sino también con estar casadas con un pastor. Hay muchas esposas de pastores que disfrutan tener un rol de apoyo y de respaldo, pero también hay mujeres líderes fuertes que están casadas con pastores, pero que buscan sus propias oportunidades de liderar.

Lamentablemente, esto se vuelve complicado.

Por un lado, hay un liderazgo que debe descubrirse *junto al* esposo. Esto tiende a ser una extensión del liderazgo y el empleo del esposo. En muchas culturas eclesiásticas hay grandes expectativas, ya sean manifiestas o sutiles, de que la esposa del pastor debería servir a tiempo completo en el ministerio junto a su esposo sin recibir salario o sin autoridad propia. Una mujer compartió: «Durante años no me pagaron porque le pagaban a mi esposo, así que era como un especial "dos por uno". Pero después de diez años en que mi esposo, nuestro pastor ejecutivo y el superintendente de distrito pelearon por mí con el concejo de la iglesia, me pusieron dentro del personal asalariado. He allanado el camino para que esto nunca más vuelva a suceder bajo mi vista».[24]

En dependencia de la pareja, trabajar juntos puede ser hermoso, ya que se complementan las habilidades de forma mutua y guían a la perfección a su familia y la iglesia. Muchas iglesias, ministerios estudiantiles y esfuerzos misioneros se logran principalmente a través de esta cooperación matrimonial. De las personas con las que he hablado, he descubierto que esto funciona mejor en entornos de iglesias o ministerios más pequeños donde hay un alto liderazgo relacional y la capacidad para que todos puedan interconectarse con facilidad y al mismo nivel.

La esposa de un pastor comentó sobre su experiencia:

Nunca me han tratado como «menos que». De hecho, actualmente tengo el problema de que la gente quiere asignarme el rol de copastora con mi esposo. No soy pastora, no estoy llamada a serlo, y siempre explico con gentileza que esa no es mi función. Esta es una nueva experiencia en nuestro entorno actual de ministerio. Me encanta servir junto a mi esposo, pero nunca he deseado ser su igual en el área de liderazgo.[25]

Este «liderazgo compartido» puede ser más desafiante en lugares donde los equipos son más grandes, donde es más difícil entender quién trabaja realmente para la iglesia, cuáles son sus roles y a quién acudir ante cada preocupación.

Recientemente estuve entrenando a una mujer líder que trabaja para un pastor que codirige con su esposa en una gran estructura de liderazgo de una iglesia matriz. Los límites de sus roles son confusos y han caído dentro del funcionamiento de sus responsabilidades matrimoniales y familiares. La esposa, que no trabaja a tiempo completo ni puede asistir a todas las reuniones del personal, recibe todos los correos electrónicos de ambos, es el principal centro de comunicación del equipo y dirige la mayor parte de la logística. El esposo / pastor es distante, permite que su esposa sea la que se «relaciona» y solo se dirige al equipo cuando algo sale mal. Esta situación es muy confusa para el equipo y hace que mi clienta de entrenamiento trate de respetar y honrar a ambos líderes, pero sin tener la claridad, la dirección, la retroalimentación o la equidad relacional necesaria para tener éxito en su trabajo.

Para las esposas de pastores, esto también puede ser confuso.

- «¿Debo intervenir y liderar?».
- «¿Dónde están mis límites?».
- «¿Soy parte del equipo de liderazgo o no?».
- «¿Dónde encajo exactamente?».

Una de las encuestadas comentó:

Soy la esposa del pastor principal y ministra acreditada que dirige dos áreas de ministerio, pero no estoy en la nómina de salarios. Cuando fui con todo el personal a un lugar donde se realizan eventos para analizarlo como una posible opción para un próximo evento, el pastor ejecutivo presentó a todos bajo el título de «pastor (nombre)», excepto a mí. Yo era la esposa del pastor. Ahora, no me avergüenzo de ese título, pero en esa situación me hacía quedar como una esposa entrometida y no como parte del equipo pastoral.[26]

Definir con claridad los roles de todos los líderes, independientemente de con quién estén casados, es fundamental para ayudar a desarrollar mujeres líderes. Así como es perjudicial otorgarles responsabilidades a las mujeres líderes en el equipo sin la autoridad requerida para hacer el trabajo, también es perjudicial otorgarles a algunas mujeres autoridad sin ninguna responsabilidad real debido a con quién están casadas, con quién se relacionan, con quién salen o de quién son amigas cercanas. Este tipo de nepotismo es peligroso para cualquier miembro de la familia o relación privilegiada.

Esto también puede incluir otros roles de liderazgo como ancianos, diáconos y líderes denominacionales, o cualquier otro rol de influencia en su iglesia. El liderazgo es una combinación sana y equilibrada de responsabilidad y autoridad. Cuanto más alineadas estén estas cualidades, más efectivos y saludables serán sus equipos.

Por otro lado, existe la expectativa de que la esposa del pastor es solo eso: la esposa de su esposo, sin dones, habilidades y pasiones únicas de ella. Como comentó una mujer: «A pesar de mis años de experiencia, educación y credenciales denominacionales, cuando mi esposo y yo fuimos llamados a ser pastores de campus en una nueva iglesia, el pastor principal me dijo: "Te transformarás en lo que sea que tu marido esté haciendo"».[27]

Dar a todas las mujeres, incluidas las esposas de pastores o las esposas de otros líderes, oportunidades para identificar y explorar sus dones y descubrir el llamado único que Dios tiene para sus vidas es increíblemente importante cuando se trabaja para desarrollar mujeres líderes en toda su iglesia. Rara vez es útil asumir que solo porque una mujer está casada con un líder de la iglesia, también es una líder madura, calificada y competente. Cada mujer merece la oportunidad de aprender, crecer y ser afirmada en sus dones y habilidades por su propio mérito.

La esposa de un pastor explicó:

Creo que, en mi caso, para la gente siempre he sido la «esposa del pastor». «Oh, qué lindo apoyo para su esposo». Soy su mayor admiradora y defensora, pero durante mucho tiempo creo que eso ha nublado mi mentalidad de lo que soy capaz o de lo que Dios tiene para mí. Hasta los últimos cinco o seis años, probablemente he tenido una mentalidad «marginal» y no me he encaminado ni me he esforzado por ser otra cosa que «la esposa del pastor» (aunque he hecho mucho en el ministerio). Estoy en una nueva etapa en la que Dios ha despertado algo en mí. Él tiene un propósito para mí más allá de quedar al margen. Me ha dado una voz y una plataforma y quiere usarme... Solo necesito decir que sí. Así que finalmente, hace un año, comencé a tomar clases universitarias en las que había pensado y que había pretendido hacer varias veces en los últimos dieciséis años. Ahora me falta solo una clase más para la certificación y luego comenzaré a trabajar con mi licencia. Y no es que «necesite» eso para que Dios me use, obviamente, sino que me estoy esforzando por aprender y crecer como persona y como líder. También me he propuesto estar disponible y, si me siento guiada por el Espíritu Santo a dar un mensaje, compartir una palabra, orar por las personas, etc., simplemente daré el paso al frente y lo haré.[28]

Desafortunadamente, ya sea que queramos admitirlo o no, todos tenemos algún tipo de prejuicio inconsciente que afecta las decisiones de liderazgo que tomamos y, en última instancia, a las personas por las que sentimos prejuicio. Analizar de cerca nuestras prácticas de recursos humanos, debatir estos temas delicados de una manera abierta y colaborativa, y responsabilizarnos a través de las métricas pueden garantizar que realmente lideremos de una manera que se alinee con nuestras creencias y valores.

Como expresó una de nuestras encuestadas:

No les hagamos a las mujeres ningún favor extra, ni las ascendamos, solo por su género. Esto anula el propósito de demostrar igual capacidad y, creo, disminuye la validez de las mujeres en los roles de liderazgo en la mente de algunas personas. Si estoy en la mesa solo porque alguien necesita llenar una «cuota» femenina, prefiero encontrar otra mesa para sentarme. Sin embargo, asegurémonos de estar atentos y brindar oportunidades para que las mujeres crezcan, lideren y avancen en nuestras iglesias y organizaciones. Y busquemos formas de proporcionar ejemplos positivos de liderazgo femenino para nuestras mujeres (y hombres) líderes emergentes. Estoy agradecida por los contextos en los que he servido donde me han alentado, me han brindado la misma oportunidad que a los hombres y me han desafiado a ir «al frente» como mujer en el liderazgo.[29]

*Modelo a seguir # 8*

# CAMBIE SU CULTURA

«**N**o podía creerlo».

El pastor ejecutivo terminó su historia y me miró de forma inquisitiva. Había estado tan emocionado de ofrecer un ascenso a dos mujeres líderes en el equipo del ministerio infantil. Su iglesia había estado trabajando para crear conciencia sobre las mujeres líderes y se dieron cuenta de que un gran paso de avance para lograr eso era darles títulos, salarios y beneficios que coincidieran con su nivel de liderazgo y cuidado pastoral hacia las personas. No podía esperar para reunirse con ellas, celebrar sus contribuciones individuales, explicarles por qué se merecían el ascenso y felicitarlas por convertirse en pastoras.

Las dos mujeres lo rechazaron a quemarropa. Y él no tenía idea de porqué.

Le expliqué que está trabajando contra una cultura fuerte e influyente. No todas las mujeres van a saltar ante la oportunidad de ser ascendidas o de ser parte del liderazgo, en especial si les toma por sorpresa.

Le expliqué que, para muchas mujeres, si se les pide de repente que sean líderes ministeriales o pastoras, sería como si alguien entrara a su oficina y les dijera: «¡Felicitaciones! Hemos decidido que usted será una gran astronauta. La NASA quiere que vaya sola al espacio la próxima semana en un cohete experimental. Sabemos que esto nunca antes se ha hecho, y que muchas personas no están de acuerdo con que lo intentemos, pero creemos que usted lo hará muy bien. ¿No está feliz?».

Si bien la NASA podría pensar que esto es un gran honor y, obviamente, una oportunidad única, es probable que usted pensaría en el hecho de que no sabe nada sobre ser astronauta. Nunca antes había pensado en ir al espacio. Nunca le había pasado esa idea por su cabeza. De hecho, tal vez alguien le haya dicho que es más probable que otras cosas sucedan antes de que usted vaya a la luna. No importa si le aseguran que sus habilidades son más que suficientes para esta misión. En efecto, el trabajo que ha estado haciendo en los últimos años ha sido el entrenamiento perfecto para esta oportunidad. Está más que calificado, a pesar de que no tiene formación en la NASA, ni entrenamiento, ni experiencia como astronauta, y lo único que le pasa por la mente son escenas de las películas sobre astronautas que por lo general intentan superar algún tipo de crisis espacial que pone en peligro sus vidas. Aunque agradecería que le preguntaran, su respuesta seguramente será: «No, gracias».

Esto es lo que puede sentir una mujer a la que se le presentan nuevas oportunidades de repente. Va en contra de casi todo lo que le han enseñado, y en muchos casos, este pensamiento honestamente nunca ha pasado por su cabeza como una opción, o si lo ha hecho, ha renunciado a cualquier tipo de esperanza. Para un hombre que ha estado observando a «astronautas» pastorales durante toda su vida, probablemente se imagina cómo sería tener ese trabajo. Él tiene amigos que son astronautas. Quizás incluso haya realizado algunas actividades sencillas de «tipo astronauta» como voluntario, mientras que una mujer es probable que nunca haya pensado en eso.

Además, hay una cultura densa en cada iglesia que muchas mujeres, sobre todo aquellas que van «adelante», enfrentarán. Puede ser desafiante, hiriente, confuso y, en algunos casos, bastante doloroso.

Recuerdo haber hablado con una directora ejecutiva recién contratada que hacía poco se había reunido por primera vez con el equipo de ujieres. Ellos no habían sido muy atendidos en el pasado, y su trabajo consistía en ayudarlos con los recursos y servir de enlace para todo lo que necesitaran del personal. Los ujieres pasaron la primera mitad de la reunión explicando en términos inequívocos que no creían que las mujeres debían enseñar a los hombres. A pesar de sus años de experiencia profesional y acceso organizacional, ella solo respondió: «Está bien. Haré todo lo posible para asegurarme de que no aprendan nada de mí».

Aun cuando, teológicamente, ella no estaba sobrepasando ningún límite al ayudarlos a obtener nuevas canastas para la ofrenda o al pedir nuevas camisas de ujieres, la cultura subyacente iba a impedir que ella pudiera ayudar a ese equipo. Todos perdemos cuando nuestra cultura no está lista o no está dispuesta a aceptar nuevas ideas.

Peter Drucker lo expresó mejor: «La cultura desayuna estrategia».[1] Las culturas de nuestras iglesias, equipos de liderazgo y organizaciones son los entornos interpersonales únicos en los que lideramos, trabajamos y adoramos. A veces son difíciles de describir porque con frecuencia están «atrapadas» en vez de ser «enseñadas», y se basan en una combinación de creencias fundamentales, suposiciones, valores y formas de interactuar entre sí. Pero son poderosas. Las mejores ideas del mundo no pueden dominar la cultura, aun cuando la gente realmente quiere ver un cambio. Usted tiene que entrar y cambiar la cultura antes de que sus planes y sus estrategias puedan echar raíces y producir el fruto que desea cosechar.

Me gusta pensar en las culturas organizativas como ecosistemas. Son entornos que influyen y son influenciados por aquellos que viven allí. Por ejemplo, un bosque profundo y espeso es una comunidad con una variedad de plantas, animales y organismos muy diversos, pero maravillosamente interdependientes. Si falta algo, todo el sistema se afecta. Los ecosistemas son complejos, están interconectados y no son fáciles de cambiar; sin embargo, al mismo tiempo, se pueden alterar. Están vivos y son orgánicos y se ajustan constantemente para mantener todo vivo y fructífero.

Lo mismo sucede en nuestras iglesias. Somos una comunidad de muchos pensamientos e ideas diferentes donde nos influenciamos unos a otros de forma profunda. Lo que sucede en una parte del cuerpo repercute en todas las demás partes. Somos complejos, estamos interconectados y no somos fáciles de cambiar. Estamos vivos y somos orgánicos y nos ajustamos continuamente (afortunadamente) para mantenernos dando fruto. De hecho, a menudo tenemos muchos ecosistemas, o subculturas, que conviven y conforman lo que somos como cuerpo de la iglesia.

No obstante, algo increíble ocurre cuando dos ecosistemas se transforman en uno, como cuando un bosque montañoso se convierte en desierto. O como la desembocadura de un río que lleva agua dulce al océano de fuerte agua salada. Los dos ecosistemas se superponen e influencian entre sí, y crean un tercer entorno donde las plantas y la vida silvestre tienen una abundancia de diversidad y riqueza que ninguno de los dos ecosistemas tiene por sí solo.

En Florida, denominamos a esta mezcla de agua dulce y salada «agua salobre». No es del todo dulce ni del todo salada; está en el medio. Lo mismo sucede con el suelo, la vegetación, la vida animal y los insectos; es una combinación de ambos entornos. A menudo, hay plantas o vida animal únicas que solo pueden existir en la biodiversidad de estos dos entornos interconectados. A este espacio integrado se le llama ecotono. «Eco» de la palabra *ecología*, y «tono» de la palabra griega *tonos*, que significa tensión.[2] En otras palabras, un ecotono es un lugar donde dos ecosistemas fuertes convergen, y de esa tensión sale algo más abundante, rico, prolífero y bello.[3]

Cuando lideramos el cambio dentro de nuestras culturas, lideramos la tensión de dos ecosistemas que convergen. Un conjunto de ideas, valores y comportamientos comienza a influenciar y a cambiar otro conjunto de ideas, valores y comportamientos. Si no lo dirigimos bien, puede ser una colisión confusa y difícil en la que ambas partes se dañan y permanecen desconectadas. Pero si hacemos el trabajo difícil de desarrollar la conexión y la aceptación de forma intencional, podemos aliviar la tensión y crear un entorno abundante, rico y bello, más fructífero y prolífero incluso de lo que cualquier cultura puede ser por sí sola.

Pero no es fácil.

Las culturas únicas se definen por su lenguaje, límites y símbolos.[4]

Esta es la materia prima de todo ecosistema organizativo, y puede ser increíblemente útil y positivo. Cuando alguien no se alinea con la cultura, es fácil de ver y enfrentar. Aun cuando se deja por sí sola, la cultura se reproduce automáticamente para mejor o para peor. Los entornos saludables, donde todos estos componentes se alinean en la dirección correcta, mantienen a todos moviéndose juntos. Como un equipo de remo donde todos reman en la misma dirección y al mismo tiempo, estas fuertes culturas son poderosas, incluso indetenibles.

Entonces, cambiar la cultura requiere asumir estos tres aspectos.[5] Es necesario mezclar los ingredientes del ecosistema para obtener un entorno diferente y, por tanto, un fruto diferente. Las organizaciones que más han progresado en ayudar a las mujeres líderes a desarrollarse y a contribuir con sus iglesias han cambiado de forma estratégica y metódica su cultura. No es fácil y no sucede rápido, pero es necesario para que ocurra un cambio real.

## LENGUAJE Y VOCABULARIO

Las palabras importan. El lenguaje crea una mentalidad. Las historias comunican cultura. Lo que decimos y la forma en que lo decimos marca una diferencia.

Esto se evidencia frecuentemente en la forma en que elegimos a nuestros líderes. Una fuerte presentación es una herramienta poderosa para allanarle el camino a alguien para que dirija una reunión, una iniciativa, un mensaje, un ministerio, o un departamento.[6] Las presentaciones ayudan a los hombres líderes a tener influencia, porque muchas veces ellos son presentados de forma inconsciente con información sobre sus logros, su desempeño anterior, sus resultados tangibles y su energía. Por otra parte, las mujeres líderes son comúnmente presentadas por su personalidad, sus relaciones (con quién están casadas o quiénes son sus amigos), su apariencia física y sus habilidades en el trabajo en equipo. En ambos casos todo es cierto, pero desafortunadamente, esto hace que, de forma involuntaria, las mujeres tengan que probar su habilidad y competencia antes de que puedan comenzar a dirigir en verdad. Escoger nuestras palabras con cuidado y enfocarnos en los logros, la independencia y la iniciativa de la mujer líder va a hacer que ella pueda dirigir desde el mismo comienzo.

Esto también se puede evidenciar en cómo comunicamos la importancia de la opinión femenina, sobre todo en escenarios oficiales como eventos y servicios de adoración. Cuando era adolescente, recuerdo haber escuchado una conferencia anual para pastores, transmitida por una estación de radio cristiana. Cada predicador fue perspicaz, inspirador y espiritualmente desafiante. Ahora me doy cuenta de que todos eran hombres, excepto una. Joni Erickson Tada fue una «oradora invitada» que «compartió».

Ahora, estoy bastante segura de que todos eran «oradores invitados» puesto que era una conferencia, pero ella fue la única que presentaron de esa manera. Ella habló la misma cantidad de tiempo y en el mismo escenario que todos los demás. Enseñó la Palabra de Dios. Utilizó historias personales para mostrar sus puntos y aprovechó la plataforma para crear conciencia sobre su organización sin fines de lucro. Las únicas diferencias eran que ella era cuadripléjica y mujer, y al final recibió una gran ovación. Sin embargo, su presentación y la descripción de lo que hacía fueron totalmente diferentes a las de los hombres.

Analizar con detenimiento cómo se usa el lenguaje es muy útil. Usted puede evaluar cualquier palabra que su cultura esté usando de manera específica para ciertos géneros aunque las palabras no necesariamente tengan una conexión de género. Como la palabra predicar versus enseñar o compartir. Liderar versus facilitar. O responsabilizarse versus influenciar. Incluso cambiar nuestra lengua vernácula común de «los muchachos» por «el equipo» transmite un mensaje. Ninguna de las mujeres líderes de alto nivel que entrevisté expresó haberse sentido ofendida por ser «uno de los muchachos» o haber sido llamada algo más masculino (y a todas les había sucedido), pero el uso de un lenguaje inclusivo comunica un valor a los que están fuera de su equipo, sobre todo a los líderes jóvenes que observan y escuchan lo que es posible para ellos. Una mujer líder compartió esta historia:

> Estábamos anunciando a nuestros nuevos pastores del área y nosotros (líderes ministeriales del personal), que fuimos llamados a orar por ellos. El pastor principal dijo: «Qué estupendo equipo de muchachos es este», y todo el lugar estalló en carcajadas porque yo estaba parada en medio del círculo. Fue un momento divertido, pero me hizo más dolorosamente consciente de cuál es nuestro prejuicio aquí. Y digo todo eso con gran amor, pero es la verdad. Otro líder (hombre) me envió un mensaje de texto de inmediato: «Estoy muy agradecido de que estés en tu rol y de darles a las jóvenes de nuestro equipo una visión de lo que pueden ser».[7]

Por cierto, lo contrario también es válido para los ministerios dominados por mujeres, como el ministerio infantil. Referirse al equipo como «las muchachas» o planificar actividades del equipo que por lo general solo las mujeres disfrutan es igual de excluyente.

Cuando se trata del lenguaje que usamos en nuestra cultura, no solo es importante lo que decimos, sino también lo que callamos. En términos más amplios, nuestra sociedad en general tiende a descartar a las mujeres y sus perspectivas. Esto a menudo se hace de manera muy sutil y provoca que sea muy difícil para las mujeres saber exactamente qué sucedió. Porque de alguna manera no pueden expresar plenamente sus pensamientos, y muchas veces el debate gira de tal manera que otras personas reciben el crédito por sus ideas. Ellas se sienten tronchadas, interrumpidas o ignoradas.

Según un artículo del *New York Times*: «Los investigadores constantemente descubren que las mujeres son más interrumpidas y que los hombres dominan las conversaciones y la toma de decisiones, en oficinas corporativas, reuniones de la ciudad, juntas escolares y el Senado de Estados Unidos».[8] La palabra del argot popular para esto es *manterrupting* (*man*=hombre; *interrupting*= interrumpir), y es tan común que la mayoría de las personas ni siquiera se dan cuenta cuando esto sucede.[9] Como equipo, es fundamental hablar sobre qué impresión da esto, lo que conduce a ello (a menudo temas urgentes o bien cargados), y cómo contribuir para que todos se responsabilicen. Puede que ni siquiera sea estrictamente una cuestión de género; a menudo las ideas de los introvertidos también son interrumpidas con facilidad y se pasan por alto en las conversaciones del liderazgo.

El objetivo es que todos los miembros de su equipo de liderazgo tengan la capacidad de expresar sus perspectivas a plenitud, y que el resto del equipo escuche y considere esas ideas. La colaboración no es lo mismo que el consenso, pero no escuchar a todas las personas impide que su equipo y su iglesia vean tantos aspectos del problema como sea posible antes de tomar una decisión. Como H. L. Mencken nos recordó: «Para cada problema complejo hay una solución clara, plausible e incorrecta».[10]

## LÍMITES Y FRONTERAS

Para las naciones, las fronteras son líneas tangibles que están claramente marcadas y, a menudo, protegidas. Aparecen en los mapas. A veces son creadas o reforzadas por puntos de referencia inamovibles, como un océano o una cordillera. Nos muestran dónde comienzan y dónde terminan los países.

Para los equipos y las organizaciones, los límites son más conductuales. ¿Qué tipo de comportamientos permitimos? ¿Qué no toleraremos? ¿Qué sucede si alguien viola un límite cultural? ¿Cómo celebramos y apoyamos a las personas que defienden nuestra cultura? Los límites culturales pueden parecer un poco menos concretos, pero también deben establecerse, trazarse y protegerse. Es lo que crea su cultura y define dónde ella comienza y dónde termina.

Muchos equipos tienen valores centrales: esas creencias fundamentales y principios rectores para una iglesia u organización. Pero he llegado a conocer varias iglesias que también establecen valores de liderazgo: esas creencias y principios rectores para los líderes de su organización. El liderazgo es un privilegio y requiere un mayor nivel de compromiso y, a menudo, de sacrificio. Sobre todo, en el entorno de la iglesia, distinguir las actitudes, los comportamientos y las prácticas de los líderes puede ser una herramienta muy útil para conducir el cambio cultural.

Por ejemplo, no es extraño que alguien comience a asistir a la iglesia y tenga muy poca comprensión de sus creencias o cultura de la iglesia. Esta persona puede decir o hacer cosas que no estén en correspondencia con lo que la mayoría de las personas en su congregación dice o hace. Como iglesia, queremos que todos se sientan bienvenidos. Todos somos iguales al pie de la cruz, y esta es una parte importante al ministrar a una comunidad local: venga como usted es y será amado y aceptado. Es lo que Dios hace por cada uno de nosotros.

Sin embargo, por lo general Él no nos deja así. Las elecciones y los hábitos de nuestro estilo de vida que son perjudiciales para nosotros mismos o para otros cambian con el tiempo a medida que crecemos en nuestra relación con el Señor y dentro de una comunidad saludable. Como líder, incluso hay algunas opciones que no están permitidas, ya sea bíblicamente o debido a las preferencias de la iglesia. Esbozar estos comportamientos y actitudes de «más alto nivel» puede ayudar a elevar el estándar de su cultura y hacer que todos remen en esa nueva dirección.

En el Modelo a seguir # 2, hablamos sobre la necesidad de definir con claridad lo que usted cree. Estos límites les permiten a las mujeres prosperar como líderes dentro de su cultura sin detenerse debido a conjeturas erróneas. Sin embargo, cuando se trata de nutrir la cultura, es fundamental articular ambos lados de ese límite. Puede haber algunos roles o responsabilidades que las mujeres no pueden tener, pero asegúrese de comunicar también todos los roles y las responsabilidades que sí pueden ejercer. Y tanto las mujeres como los hombres necesitan saber cuáles son estos roles porque así es como las partes individuales de su ecosistema trabajan juntas y se apoyan entre sí.

Un líder me habló de una iglesia que tenía todo tipo de problemas de contabilidad y finanzas. A la iglesia estaba asistiendo una contadora pública muy respetada, pero los ancianos se negaban a dejar que los ayudara porque era mujer. Ella era más que capaz de ayudar, ya que tenía todo tipo de experiencia y una oficina llena de empleados de calidad que podrían haber resuelto sus problemas de forma gratuita, pero no le permitieron ayudar porque, según ellos, puesto que las mujeres no pueden ser líderes principales de la iglesia, tampoco pueden proporcionar experiencia en *ningún* área de la iglesia. Este es un caso desafortunado donde la iglesia comunicó solo un lado del límite. Tenían claro lo que las mujeres *no* podían hacer, pero no aclararon lo que sí *podían* hacer.

Otro ejemplo de la necesidad de definir los límites es el tema de las «tareas domésticas de la oficina».[11] Estas son tareas importantes que mantienen todo funcionando sin problemas, pero a menudo no se le asignan a nadie de manera específica. Casi todas las líderes con las que hablamos y la mayoría de las participantes de nuestra encuesta mencionaron la tensión que sienten en torno a tareas que generalmente se etiquetan como «trabajo de mujeres».

- «¿Por qué siempre *me* piden que tome notas en la reunión del liderazgo?».
- «La cocina compartida es un desastre, pero si me tomo el tiempo

para limpiarla, ¿se convertirá en mi nuevo rol? ¿Pensarán que tengo tiempo extra para algo así?».

- «Al parecer soy la mejor en este equipo de líderes para redactar el programa y llevar copias para todos. ¿No debería hacer eso la persona que dirige la reunión?».

Las mujeres a menudo se sienten atrapadas entre estar dispuestas a ayudar donde sea necesario y caer en tareas que al final desacreditan su liderazgo. Sin mencionar que cuanto más «tareas domésticas» asume una mujer, menos tiempo tendrá para realizar su trabajo real. Establecer límites claros como líderes de lo que son sus «tareas compartidas» y rotarlas o asignarlas claramente ayudará a mantener sus límites alineados con sus valores, y será un gran alivio para las mujeres líderes en sus equipos.

Los límites aparecen realmente cuando alguien es responsable de violarlos. Esto es importante sobre todo cuando se trata de enfrentar los prejuicios. Definir con claridad cómo nos trataremos unos a otros, independientemente del género, es una conversación importante que se debe tener en todos los niveles de la organización. Pero se vuelve serio cuando las personas tienen que responder por sus acciones, incluso hasta sus últimas consecuencias. Lo que toleramos es lo que creemos. Tony Hsieh, director ejecutivo de Zappos, expresó: «Creemos que es realmente importante proponer valores fundamentales con los que puedan comprometerse. Y por compromiso, queremos decir estar dispuestos a contratar y a despedir en base a ellos. Si están dispuestos a hacer eso, entonces están bien encaminados a construir una cultura empresarial en correspondencia con la marca que desean establecer».[12]

## SÍMBOLOS E ICONOS

Los símbolos y los íconos encierran significados profundos y pueden comunicar algo de manera mucho más efectiva que las palabras por sí solas. Si se usan de forma intencional, los símbolos tienen un poder significativo para influir y cambiar la cultura. Por ejemplo, insertar una mujer a su equipo de liderazgo principal es un símbolo muy fuerte que indica que está invitando a las mujeres al liderazgo. Sin embargo, también puede haber símbolos no intencionales, como no tener mujeres en el equipo de liderazgo principal. Aun cuando no sea intencional, los líderes asumirán que las mujeres no son bienvenidas a servir como líderes si no hay ninguna mujer en el equipo.

Cuando entrevisté a hombres líderes principales de las iglesias sobre este tema, la mayoría de ellos habló sobre la creación de algunos gestos simbólicos y estratégicos para ayudar a comunicar la nueva dirección en la que querían encaminar la iglesia. Sin dudas, este es el punto donde se debe comenzar. Colocar mujeres líderes calificadas y competentes en sus equipos y proyectos y en roles de liderazgo significativos es una forma importante y efectiva de comunicar el cambio. Además, invitar a las mujeres a hablar, compartir sus testimonios o participar en un panel durante un mensaje puede ser muy impactante, al igual que incluir oradoras como invitadas a cualquier plan de enseñanza que tenga en su iglesia durante el año.

No obstante, las cifras importan, y un gesto simbólico es solo eso… simbólico. Solo colocar a una mujer en una posición de liderazgo para dar la apariencia de igualdad de género no es lo mismo que abrazar la diversidad. Lo mismo es cierto para las mujeres oradoras. Como expresó Verna Myers: «La diversidad se invita a la fiesta; a la inclusión se le pide que baile».[13] Solo invitar a una mujer a hablar una vez al año en el Día de las Madres no es lo mismo que aceptar a las mujeres comunicadoras. Eso se conoce como tokenismo y no es útil a largo plazo. La más reciente investigación ha descubierto que la «diversidad» tiene un umbral del 30 % al 40 % para ser efectiva.[14] En otras palabras, si usted tiene diez líderes ministeriales, tres o cuatro de ellos deberían ser mujeres para ser efectivos en la diversidad de género. Si se dan cincuenta y dos sermones al año, sería una declaración muy poderosa si de quince a veinte son enseñados por mujeres, o al menos ellas están involucradas.

Para las iglesias, el servicio de adoración de fin de semana simboliza mucho de lo que creemos y practicamos. Reunimos toda la iglesia el primer día de la semana para simbolizar que ponemos a Dios en primer lugar. Le cantamos alabanzas, adoramos juntos, tomamos la Cena del Señor para recordar Su sacrificio, confesamos nuestros pecados, nos saludamos, llevamos nuestros diezmos, estudiamos la Biblia, bautizamos a los nuevos creyentes, damos testimonio de lo que Dios ha hecho, celebramos los milagros y compartimos nuestras cargas y peticiones de oración, entre muchas otras cosas. Lo que hacemos como cuerpo en nuestras reuniones de fin de semana se traduce en cómo operamos como comunidad de fe el resto de la semana. Es nuestro vehículo principal para comunicar la verdad, la visión y la cultura.

Una manera simple de crear conciencia sobre el valor de las mujeres es incluir personajes bíblicos femeninos en sus sermones. A principios de mis veinte años comencé a leer toda la Biblia cada año. Una de las cosas más sorprendentes que descubrí fue la cantidad de mujeres increíbles que aparecen en la Escritura. Ellas dirigieron, enseñaron, juzgaron, inspiraron, fracasaron, influyeron, resolvieron problemas, discipularon y, a menudo, fueron escogidas por Dios para ser usadas de manera poderosa y estratégica. Pero por alguna razón, en la mayoría de las iglesias a las que he asistido, rara vez se predica sobre ellas.

En las últimas dos semanas, he estado escuchado una serie de sermones sobre el Libro de los Hechos y un mensaje sobre la vida del rey Josías. Desafortunadamente, estos dos pastores perdieron grandes oportunidades de destacar a las mujeres líderes increíbles que aparecen en estos pasajes: Priscila y Hulda la profetisa. Simplemente las omitieron al leer los textos y en los puntos de los mensajes. Sin dudas, las mujeres no tienen que ser el mensaje central todas las semanas, pero he descubierto que es muy fácil y común con nuestros prejuicios inconscientes actuales sencillamente pasar por alto estas secciones de la Biblia. El resultado es una dieta bíblica a la que le faltan algunos nutrientes clave. Solo puedo imaginar cómo hubiera sido crecer como mujer joven en una iglesia donde se escuchara con regularidad cómo Dios usa a las mujeres en Su reino.

Casi todas las iglesias con las que trabajo comprenden el poder de los símbolos durante los servicios de adoración de los fines de semana cuando se trata de diversidad étnica. La mayoría de las iglesias están tratando de tener una mayor representación de la composición étnica de sus comunidades mediante la búsqueda intencional de músicos, cantantes, líderes voluntarios y miembros del personal étnicamente diversos e incluirlos de forma estratégica en el escenario como parte de los servicios de los fines de semana. Las imágenes con múltiples personas étnicas están en todas partes: programas, letreros, pancartas, carteles de bienvenida. En más de una ocasión, he visto a un hombre de color asistir a su primer servicio en la iglesia y ser atendido por varios líderes del personal durante toda la semana siguiente. Cuando se piden candidatos para un trabajo, la diversidad étnica es una fuerte preferencia. Lo mismo debe suceder con las mujeres líderes calificadas.

Asegurarnos de que las mujeres estén representadas en nuestros servicios de fin de semana, en nuestras publicaciones y en los roles visibles ayudará a comunicar el valor del liderazgo femenino y que ese liderazgo está disponible y abierto para las mujeres. Celebrar a las mujeres líderes dentro de la iglesia y también dentro de la comunidad, alentará e inspirará a las mujeres jóvenes a aprovechar las oportunidades de liderazgo. Este tipo de afirmación las convierte en mentoras y entrenadoras tan necesarias dentro del cuerpo de su iglesia. Varias de las mujeres líderes que entrevistamos tuvieron sus primeras experiencias de liderazgo en el equipo de adoración. Cantar y dirigir la música les permitió sentirse cómodas en el escenario y aprender a dirigir una congregación.

Además, buscar mujeres de forma intencional para que formen parte de su capacitación de liderazgo y ofrecerles «trabajos reales» con «títulos reales», incluso como voluntarias, será un símbolo importante para ellas, así como para los líderes que están observando.

# CAMBIO DE RITMO

Crear un ecotono saludable, vibrante y fructífero requiere tiempo. ¿Cuánto tiempo? Depende de los entornos y de cuán abierta sea su gente al cambio: ahí es donde reside la tensión y dónde está el potencial. Además de los modelos a seguir que hemos descrito en el libro, aquí hay algunos consejos a tener en cuenta.

## HABLE DE ESTE CAMBIO CON LOS HOMBRES EN SUS EQUIPOS

La realidad es que, añadir mujeres líderes a sus equipos cambiará las cosas. Incluso cuando todos están de acuerdo en que estos cambios son positivos y que la iglesia será mejor, se *sentirá* diferente.

Recuerdo mi primera reunión de pastores de campus como su nueva líder. Entré y estaban en un combate de lucha masivo en el medio de la habitación. Seis hombres adultos tirando chanclatas y riendo. Fue encantador, y aunque lo consideré por medio segundo, decidí que no sería capaz de ser parte de ese tipo de vínculo, por mucho que quisiera.

Este tipo de conexiones, recuerdos y vínculos son parte de lo que hace que trabajar juntos sea muy divertido. Pero tener tipos de vínculo solo orientados a los hombres conlleva a todo tipo de consecuencias no deseadas. Tómese un tiempo con los hombres de sus equipos para hablar sobre cómo sería ese tipo de experiencias para las mujeres de su iglesia. Pregúnteles qué parecería, cómo ellas responderían si se intercambiaran las posiciones y qué pueden hacer para ayudar a mejorar esto.

Una mujer líder sugirió que los hombres del equipo reflexionaran sobre cómo sería si uno de los miembros de su equipo más distinguidos usara una silla de ruedas. ¿Seguirían planificando el día anual de golf? ¿Tomarían decisiones durante el descanso en el baño de los hombres si su compañero de equipo tuviera que usar el baño para discapacitados al final del pasillo? ¿Qué otras adaptaciones les gustaría hacer consecuentemente? ¿Cómo usted puede traducir estas ideas para que sean más acogedoras para las mujeres del equipo?

He sido la única mujer en muchos equipos, pero también he dirigido equipos de mujeres y he incorporado a un hombre. Tengo que reconocer que ser la persona que tiene que añadir una nueva voz, estilo y perspectiva en un equipo de alta afinidad es mucho más difícil que ser el incorporado. Todo parecía más fácil antes de que llegara la nueva persona. Parte de eso se debía a que éramos un equipo establecido y habíamos encontrado nuestro ritmo, hacíamos clic fácilmente y nos movíamos como un reloj. Habíamos incorporado mujeres dentro y fuera del equipo con bastante facilidad porque podían captar rápidamente nuestros matices y pensamientos no expresados. ¡No fue hasta que incorporamos a un hombre que nos dimos cuenta de que en realidad podíamos leer las mentes de las demás! Pero trajo una energía completamente diferente, un nuevo conjunto de ideas y conexiones con personas que nunca antes habíamos tenido. Para ser honesta, la fricción era bastante incómoda a veces, pero como líder, sabía que *valía la pena*.

Siga adelante y mantenga la visión de la diversidad y sus beneficios a la vanguardia. Traslade su tiempo de amistad a horas no laborales. Menos bromas internas y unos minutos más para explicar en detalle algo en una reunión bien valen la compensación en el impacto del reino.

## CONVERSE SOBRE ESTE CAMBIO CON LAS MUJERES EN SUS EQUIPOS

Como hemos analizado con anterioridad en este libro, las mujeres en sus equipos probablemente tendrán sentimientos encontrados con respecto a estos cambios. Algunas estarán encantadas, mientras que otras pueden ser resistentes. He descubierto que es fundamental guiar a sus mujeres con la Escritura. Enséñelas. Ayúdelas a luchar con la teología por sí mismas. Entrégueles libros sobre el tema. Responda sus preguntas. Permítales el tiempo y el espacio para pensar, orar, preguntar, llorar y soñar.

La mayor resistencia que he enfrentado ha sido de mujeres mayores que yo, o casadas con los hombres con los que trabajo. En ambos casos la resistencia se ha basado en el miedo y por lo general se ha resuelto cuando llegan a conocerme y a comprender mi corazón para servir como líder. Por otro lado, tengo amigos en el liderazgo de la iglesia que están teniendo una nueva ola de hombres y mujeres jóvenes que son los más resistentes. Hable sobre estos temas no solo en lo teórico, sino también con las mujeres que realmente lideran.

Ayúdelas a conocerse entre sí y dele espacio a las mujeres que no están seguras de si esto es correcto, o al menos que piensan que no es adecuado para ellas. Si tiene grupos o ministerios de mujeres, estos serían lugares importantes para conversar sobre su cultura cambiante. No todas allí serán líderes, pero todas tendrán la capacidad de apoyar o de luchar en contra de las mujeres líderes que usted está incorporando a sus equipos.

En las entrevistas y las encuestas, salieron a relucir los temas de «odio a las chicas», «peleas de gatos», «efecto de abeja reina» y «mujeres que se comen sus crías». Asumir que las mujeres serán competitivas y lucharán unas contra otras no es útil ni necesario, sobre todo en el reino. Esta es una mala reputación cultural que necesitamos cambiar. De hecho, una nueva investigación indica que estos comportamientos competitivos tienen poco que ver con el hecho de ser mujeres y más con estar en un entorno en el que las oportunidades son escasas y altamente competitivas.[15] Cuanto más avanzan las mujeres en el liderazgo, más receptivas son nuestras culturas hacia ellas, y cuanto más las mujeres hablen sobre cómo ayudarse entre sí, mejor serán nuestras culturas y nuestras relaciones femeninas.

Hable con las mujeres sobre los celos, la codicia, la ira, el sentirse excluida y lo que significa conocer y seguir su llamado. Asegúreles que hay espacio para todas y que usted apoya a todas las mujeres en la búsqueda del llamado que Dios tiene para sus vidas. Transmita una visión de unidad, apoyo, acogida al cambio y servicio mutuo por el bien del reino y para el beneficio de su iglesia.

# DIRIJA BIEN A SUS LÍDERES

No todos en su personal o en su iglesia han tenido la oportunidad de escuchar las historias de sus mujeres líderes o procesar este cambio durante el tiempo que usted y su equipo de liderazgo han tenido. Hacer suposiciones sobre cómo las personas responderán socavará la confianza y pondrá fin a los debates honestos que se necesitan para ser un cuerpo unificado.

La mayoría de los líderes han descubierto que es útil liderar con sus posiciones teológicas. Tómese el tiempo y el esfuerzo para presentar su punto de vista bíblico y explicar cómo llegó a esa conclusión. Asuma que sus líderes aman al Señor y quieren hacer lo que es correcto ante Sus ojos. Debe ayudarlos a ver la verdad tal y como usted la ha discernido. Tómese su tiempo, explíquela y luego acepte sus preguntas y debate. Apresurar este proceso y exigir el cumplimiento es quebrantar la relación individual de una persona con el Señor y la capacidad de esa persona de escucharlo a Él. Ore por sus líderes, deles los recursos que necesitan para estudiar el tema, esté disponible mientras procesan la información y deje que Dios haga Su trabajo.

Al final del día, puede que haya algunos líderes y miembros del personal que no estén de acuerdo con su posición teológica. Incluso, es probable que parte del personal, algunos voluntarios y miembros abandonen la iglesia, pero está bien. Al menos se van por una discrepancia teológica, no por un liderazgo pobre. Si los guía a través del proceso con amor y fidelidad (Pr 20.28), sus relaciones y su liderazgo estarán bien, y probablemente más fuertes, del otro lado.

Incluso en las iglesias cuya teología es muy abierta a que las mujeres lideren en diferentes niveles, tanto los hombres como las mujeres líderes hablaron sobre cómo sus culturas continúan evitando que las mujeres crezcan y lideren. Jon Ferguson, pastor fundador de la Iglesia Community Christian en el área de Chicago y cofundador de NewThing, un movimiento internacional de iglesias reproductoras, me expresó que está sorprendido por la falta de progreso de las mujeres como líderes en las iglesias: «Sin duda, hay más mujeres en roles de influencia significativa en la iglesia y en organizaciones sin fines de lucro ahora que nunca antes. Pero el ritmo todavía se siente muy lento. Creo que en muchos sentidos parece como si se dieran dos pasos hacia adelante y uno hacia atrás».[16]

Con respecto a su iglesia en específico, él describió no tener una limitación teológica sobre las mujeres en el liderazgo, pero declaró: «Nuestra desafortunada situación es que comenzamos (como iglesia) dominada por los hombres. Teníamos hombres en la mayoría de los puestos de autoridad y eso ha continuado mucho más tiempo de lo que esperábamos o quisiéramos. En realidad, lo estamos reconociendo ahora, y es algo en lo que estamos trabajando arduamente y progresando».[17]

## CELEBRA EL PROGRESO CON HUMILDAD

Al igual que con cualquier tipo de iniciativa o cambio cultural, el progreso a veces puede ser lento. Es importante mantener viva esta visión en sus equipos y en su iglesia, aun cuando las opiniones de las personas no avanzan tan rápido como a usted o a algunos de su equipo les gustaría. Mi consejo es mantenerse humilde, esperanzado y honesto. Sea directo con sus equipos sobre los resultados que percibe. Pida oración. No se rinda ni apruebe a aquellos que se resisten. Continúe educándose a sí mismo y a los que le rodean.

Si mantiene el tema vivo y frente a las personas, cambia la parte más difícil del prejuicio inconsciente: la parte inconsciente. Cambiar su cultura es probablemente la tarea más grande e importante al desarrollar bien a las mujeres líderes. Abrazar la tensión inherente cuando dos ecosistemas se unen no es fácil, pero es necesario para tener una comunidad más rica y fructífera. Reevaluar sus valores declarados y el uso del lenguaje, redefinir los límites e integrar símbolos estratégicos, puede ayudar a cambiar su cultura a un entorno que no solo acoge y apoya el nuevo liderazgo femenino, sino que crea una oportunidad para que muchos más líderes crezcan y prosperen.

# PRÓXIMOS PASOS Y CONSIDERACIONES FINALES PARA LAS IGLESIAS

Si ha hecho el trabajo difícil de definir su teología con respecto al tema de las mujeres en el liderazgo, entonces es hora de comenzar a actuar para maximizar el increíble talento y los recursos que Dios ha provisto en su cuerpo local. Cualquiera de los modelos a seguir que se han descrito en este libro será útil para avanzar, pero si desea algunos primeros pasos prácticos, aquí presentamos diez que lo ayudarán.

## COMIENCE POR PREGUNTAR Y ESCUCHAR

Comience con las mujeres líderes que conoce y en las que confía. Haga preguntas abiertas como:

- «¿Cómo se siente ser una mujer líder en nuestra iglesia?».
- «¿Qué tan bien estamos administrando sus dones para el enriquecimiento de nuestra iglesia?».

- «¿Dónde cree que están nuestros puntos ciegos cuando se trata de apoyar a las mujeres líderes?».

Puede hacerlo de forma individual, en pequeños grupos de debate de dos a tres personas, o incluso en un grupo focal más formal de diez a doce personas. He descubierto que un grupo de dos o tres brinda la mejor oportunidad para la interacción y el diálogo y al mismo tiempo mantiene viva la conversación y les brinda a todos la oportunidad de compartir sus perspectivas. Si usted no es parte de una iglesia más grande, aun así, puede buscar el entendimiento con las mujeres líderes que ya conoce y con las que ministra.

Tómese el tiempo suficiente. En un grupo de dos o tres, yo separaría de una hora y media a dos horas. Para grupos más grandes, asígneles de dos a tres horas. Por lo general, toma todo este tiempo atravesar la «simpatía» de la superficie y llegar al verdadero meollo del aprendizaje. Sea intencional sobre la creación de un entorno relacional y acogedor. Incluya una comida o refrescos sabrosos, o vaya a un restaurante donde haya privacidad. Minimice las distracciones y las interrupciones. Es probable que se compartan algunas emociones fuertes y experiencias difíciles, por lo que querrá asegurarse de que todos se sientan seguros de hacerlo sin ser escuchados casualmente por alguien fuera del grupo o sentirse incómodos.

Cuando invite mujeres líderes a este tipo de conversaciones, tómese unos minutos para ser intencional sobre su invitación a compartir sus perspectivas. Recuerde: para la mayoría de las mujeres, este es un tema que han guardado en silencio y que les ha «atiborrado» por mucho tiempo. Usted les está dando un regalo maravilloso, pero no todas entrarán listas para ser genuinas y mostrarse vulnerables.

Si es posible, haga la invitación inicial de forma personal y hágales saber que desea aprender a hacer esto mejor como iglesia y que la perspectiva de ellas sería muy útil en el proceso. Envíeles las preguntas con anticipación para que puedan analizarlas, recordar experiencias reales y tener tiempo para procesar sus emociones antes de debatir estas cosas en un entorno grupal. Incluso puede alentarlas a usar un poco de tiempo de trabajo para pensar en las preguntas, preparar notas escritas y procesar cualquier emoción que tengan antes de asistir a la reunión.

Asegúreles la naturaleza confidencial de esta conversación, cómo piensa utilizar esta información y que lo que comparten no será usado contra ellas ni ahora ni en el futuro. Puede parecer obvio para usted, pero la mayoría de las mujeres se preguntarán si vale la pena participar y ser completamente honestas.

Como equipo de liderazgo, realice estas «sesiones de escucha» con mujeres de todo su personal y liderazgo voluntario. Seleccione «anfitriones» que sean conocidos por su confiabilidad y habilidades interpersonales. Como líder principal y ejecutivo, es importante que participe en este proceso y lo defienda desde la cumbre de la organización, pero también debe ser honesto sobre sus propias habilidades y capacidades. Es posible que desee reclutar a alguien para dirigir las conversaciones, pero aún es importante que lidere la iniciativa y se mantenga informado de lo que están aprendiendo.

También es útil incluir varias mujeres diferentes de diversos roles en el proceso. Pero tenga cuidado de no solo hablar con las mujeres de su personal. Usted quiere hablar con las mujeres líderes, así que asegúrese de incluir mujeres líderes de grupos pequeños, aquellas que lideran con sus esposos y las esposas de pastores que dirigen sus propios ministerios, así como el personal que lidera proyectos o equipos.

Al cerrar su conversación, agradezca a cada una de las mujeres por arriesgarse y tener el coraje de ser honestas. Afirme sus perspectivas y comprométase con ellas a que continuará reflexionando sobre lo que han compartido y orará para descubrir de qué forma usted, como iglesia y como equipo de liderazgo, puede mejorar para apoyarlas y valorarlas a ellas y a las mujeres que las sucederán. Conozco a varios pastores que se han sentido impulsados a disculparse con las mujeres por el maltrato que han experimentado, aun cuando ellos en lo personal no fueron los responsables. Tómese un momento para orar por las participantes, el desarrollo y la administración de sus dones y el llamado de Dios a sus vidas. Asegúrese también de enviarles una nota complementaria de agradecimiento.

Cuando haya concluido sus «sesiones de escucha», decida en el equipo cómo quiere comunicar sus hallazgos a los participantes y qué planea hacer como equipo de liderazgo con estos resultados. No necesita sentir presión para satisfacer las expectativas de alguien o hacer algo drástico, pero si estas mujeres se han arriesgado a compartir sus ideas y experiencias, es respetable devolverles el favor explicándoles cómo fue el proceso, lo básico que usted aprendió y cuáles son los próximos pasos que pueden esperar de usted. Esto también provoca una responsabilidad muy saludable e importante. Incluso podría considerar decirles que espera que lo responsabilicen de avanzar en esta área. Esto genera un nuevo nivel de confianza, respeto y gracia por el arduo trabajo de liderar el cambio.

No importa qué rol tenga, ya sea líder o no a un alto nivel en su iglesia, o si es hombre o mujer, puede comenzar este tipo de aprendizaje y escucha intencional con las mujeres que conoce y con las que ministra. Amplíe su comprensión. Escuche bien. Tome nota. Busque temas o experiencias comunes. Haga preguntas de seguimiento. Repita con sus palabras lo que está escuchando para asegurarse de que entiende a cabalidad y sin arribar a conclusiones precipitadas o conectando rápidamente los puntos según sus propias suposiciones. ¡Tal vez descubra que lo está haciendo mejor de lo que creía en algunas áreas!

Mantenga una mente y un corazón abiertos, pídale al Señor que le ayude y ofrezca el regalo de toda su atención. Probablemente será la primera persona en hacer estas preguntas de este modo, y eso en sí mismo será bastante alentador y motivador.

## DEFINA LA REALIDAD

Tómese un tiempo para extraer las métricas básicas de recursos humanos del Modelo a seguir # 7: Mejore las prácticas de su gente. Mida los primeros cinco y comience a dar seguimiento al menos una vez al año como parte de sus procesos anuales con el personal.

# ESTABLEZCA SU VISIÓN, HECHOS IMPORTANTES Y METAS

Ahora que ha adquirido cierta perspectiva y ha definido con claridad en qué posición se encuentra hoy, es tiempo de orar y soñar con lo que Dios le está llamando a hacer en el futuro. Es probable que ya tengas algunas ideas interesantes, pero sueñe junto a su equipo de liderazgo.

- ¿Cómo debería ser nuestra iglesia en el futuro?
- ¿Dónde podrían las mujeres sentirse más útiles y maximizar sus talentos?
- ¿Cómo las vemos ganar influencia y servir?
- ¿Qué falta hoy que puede florecer en el futuro?
- ¿Cómo podemos hacer que hombres y mujeres trabajen de forma más cooperativa?
- ¿Cómo obtener lo mejor de todos?

Luego, comience a convertir su visión en hechos importantes. ¿Cómo sería esto dentro de diez años? ¿Dentro de cinco años? ¿Dentro de un año?

Por último, comience a establecer algunas metas concretas. Aunque las métricas en el Modelo a seguir # 2 no son lo único en lo que se enfocará, son una verificación rápida y simple para asegurarse de que está ocurriendo un progreso real, no solo conversación y actividad. También le impedirá tener solo una o dos mujeres líderes fuertes y visibles, sino que creará un espacio o un camino para desarrollar a todas sus mujeres líderes.

# DESIGNE UN CAMPEÓN

Aunque hay muchos factores y equipos que contribuirán a promover el diálogo en su organización, tiene que haber una persona en el equipo de liderazgo principal que sea el «campeón» y en última instancia responsable de esta iniciativa. Esto produce tres cosas principales:

1. Significa que alguien se despierta todos los días y piensa en este tema. Todos estamos ocupados, y si esta fuera una iniciativa fácil de implementar, probablemente ya lo habría hecho. Alguien necesita llevar la carga; de lo contrario, la urgencia del ministerio se impondrá y mirará sus métricas dentro de un año y se dará cuenta de que no ha progresado mucho.
2. Designar un líder fuerte de su equipo principal les hace ver a todos que esto es importante y que va a suceder. También le da al campeón la autoridad para hacer preguntas y hablar sobre los sistemas interdepartamentales que necesitan desarrollarse o cambiarse.
3. Hace que una persona sea responsable del progreso. Si todos están a cargo, nadie está a cargo. Promover a las mujeres en el liderazgo debe ser una iniciativa que forme parte de su sistema de responsabilidad regular, pero también debe ser revisado con frecuencia por el equipo de liderazgo al comienzo para ayudar a generar impulso y superar las barreras, y luego con menos frecuencia a medida que comience a tener un progreso real. El campeón obviamente observará las métricas a menudo y actualizará al equipo de liderazgo según sea necesario.

# DIRIJA BIEN A SUS LÍDERES

Tómese el tiempo para hablar sobre los cambios teológicos con sus equipos de liderazgo. Deles tiempo para procesar y hacer preguntas.

Vea sugerencias específicas para hacer esto bien en el Modelo a seguir # 8: Cambie su cultura.

## DE A LAS MUJERES VISIBILIDAD Y PLATAFORMA

La realidad organizativa es que, si usted es visible, las personas asumen que es un líder. La visibilidad en el escenario durante el fin de semana es una herramienta fundamental para comunicar autoridad. Cuando usted amplía la influencia de la plataforma, amplía la influencia de sus líderes. Incluso si es más conservador en su punto de vista teológico, resaltar a sus mujeres líderes el domingo por la mañana eleva su posición en la mente de la congregación, respalda el liderazgo que les ha dado y ayuda a las personas a darle un rostro al nombre y al ministerio. A continuación, le presentamos algunas sugerencias sobre cómo puede comenzar a dar visibilidad a las mujeres y a sus líderes femeninas.

- *Destaque a sus mujeres líderes.* Llévelas a la plataforma durante los anuncios, resalte lo que está haciendo su ministerio, permítales proyectar su visión y celebre lo que está sucediendo bajo su liderazgo, deles palabras de afirmación, ore por ellas y aliente a la congregación a apoyarlas.
- *Relate historias positivas sobre sus mujeres líderes.* Cuéntelas durante el sermón, en las reuniones de liderazgo y del personal, y durante los anuncios.
- *Asigne mujeres líderes para dar anuncios.* Esto puede parecer una tontería, pero tener una mujer líder o voluntaria que de los anuncios el fin de semana puede ser un símbolo grande y visible para la congregación.
- *Pida a mujeres líderes que dirijan las reuniones del liderazgo y del personal.* Ofrezca a las mujeres de su equipo la oportunidad de abrir y cerrar en oración, liderar la agenda, facilitar el debate y dar

las actualizaciones. Mientras lo hace, pida a los hombres que tomen las notas de la reunión y envíen las invitaciones fijadas en el calendario.

- *Reclute mujeres líderes para enseñar o coenseñar la clase de membresía.* Esta es una excelente manera de usar a las mujeres para enseñar sobre la historia y las creencias de la iglesia y por qué les encanta ser parte de la iglesia, además de establecer relaciones y conexiones con los nuevos asistentes y sus familias. Esto comunica de antemano a cada nueva persona que las mujeres tienen un lugar y una voz en su iglesia.

- *De a las mujeres líderes la oportunidad de dirigir grupos pequeños y dar clases.* Asegúrese de usar líderes con conocimientos y habilidades. Dar a las mujeres la libertad de dirigir y enseñar sobre una variedad de temas desarrollará sus habilidades y les ayudará a cambiar la mentalidad de la congregación.

- *Pida a las mujeres líderes que participen en un panel o en un equipo de enseñanza.* Esta es una excelente manera de introducir a las mujeres en la plataforma de enseñanza. Varíe las actividades del fin de semana al hacer entrevistas a un panel de personas sobre sus experiencias, o permitir que una mujer líder que sea una excelente comunicadora enseñe el sermón. Evite invitar a las mujeres solo para discutir los temas de ser esposa y madre.

- *Invite mujeres oradoras.* Invitar a una oradora es una excelente manera de escuchar la perspectiva y la voz de una mujer desde el púlpito, en especial si todavía está desarrollando las habilidades de sus comunicadoras.

# ELIMINE MALOS HÁBITOS

Todos tenemos hábitos y rutinas que manifestamos en la forma en que hablamos y describimos las ideas y a las personas, y muchos no son intencionales. La mejor manera de ser más consciente de sí mismo es inspeccionar su comportamiento y hacer que los demás nos responsabilicen. Como equipo, pueden hacer lo mismo los unos por los otros.

Por ejemplo, recomiendo auditar sus servicios de fin de semana, o cualquiera que sea su ministerio o función, sobre el tema de cómo se describe a las mujeres. Puede ser sorprendente cuántas veces enviamos mensajes no intencionales. Los niños y los adolescentes son especialmente vulnerables a que su cosmovisión sea conformada por el lenguaje y los símbolos. Es posible que tenga una percepción similar si estuviera trabajando para ser más inclusivo de personas de diferentes niveles socioeconómicos, pero se da cuenta que las únicas referencias que hizo en su sermón esa semana fueron sobre pagos de hipotecas, hacer fila en Starbucks y ese «olor a auto nuevo». Esto es involuntario pero nefasto.

Aquí hay algunas cosas básicas que usted o alguien de su equipo puede comenzar a calcular. Esto no tiene que entenderse como algo negativo o condenatorio; es solo para asegurarse de que su cultura (lenguaje, símbolos y límites) refleje sus valores y creencias.

- Número de veces que se destaca a las mujeres líderes desde el escenario (al dar un ejemplo de una mujer en su iglesia; al anunciar a una mujer que dirige una clase o evento).
- Número de veces que una mujer realmente dirige en el escenario.
- Número de veces que la enseñanza incluye una referencia positiva a una mujer de la Biblia.
- Número de veces que el ejemplo principal en el mensaje es una mujer líder fuerte en la Biblia.
- Número de veces que se usan palabras de género inclusivas en lugar de palabras que hagan referencia a un único género (por ejemplo, usar «las personas» en lugar de «los hombres»).
- Número de veces que un hombre líder hace referencia de forma genuina y positiva al liderazgo de los padres o del grupo familiar (por ejemplo, un hombre que recoge a sus hijos en la escuela o

en la tienda de comestibles, sobre todo en el contexto de que esto sea una responsabilidad frecuente, no una emergencia o un «favor» para su esposa).

- Número de veces que se describe a una mujer o una responsabilidad tradicionalmente femenina como algo negativo o como parte de una broma.

Esta es un área en la que podría establecer una meta de cuántas veces desea destacar de forma intencional y positiva a las mujeres líderes en su servicio y eliminar las referencias negativas. Incluso destacar a las mujeres dos o tres veces los domingos en el transcurso de un año realmente podría cambiar su cultura. Por cierto, a menudo los hombres también son descritos de manera muy negativa: incapaces de ser padres exitosamente, adictos al deporte y tontos en su mayoría. También vale la pena dar seguimiento a esto. Además, puede buscar qué tan bien usted representa las diferentes edades y la diversidad étnica.

## COMIENCE A RECLUTAR DE LAS BANCAS

Es posible que ya no tenga bancas en la iglesia, pero es probable que haya mujeres profesionales fuertes, capaces y exitosas en su iglesia que puedan ayudar a elevar el nivel de su liderazgo y ayudar a inclinar la balanza hacia sus objetivos de diversidad. Búsquelas. Hable con ellas. Pregunte cómo le está yendo a su iglesia al hablar de sus necesidades espirituales, minístreles y deles un lugar dentro del liderazgo ministerial.

Mientras escucha y aprende, busque mujeres que sean talentosas y tengan una pasión por su iglesia, que tengan llamado al ministerio o estén particularmente interesadas en temas de igualdad de género. Estas son excelentes líderes a reclutar para sus programas de liderazgo o para los próximos roles como voluntarias o como parte del personal. Incluso puede hablar con ellas sobre sus objetivos de colocar a las mujeres en roles de liderazgo influyentes que proporcionarán ejemplos sólidos y que serán mentoras para los líderes jóvenes en su iglesia. Muchas líderes espiritualmente maduras y experimentadas aprovecharán la oportunidad de tomar lo que han aprendido en sus profesiones y llevarlo al ministerio.

## SEA «OTROS» INTENCIONALMENTE

En sus niveles más altos de liderazgo, discuta cómo cada líder puede acompañar de forma personal a las mujeres en sus equipos o aquellas con quienes tienen una conexión natural. Por ejemplo, busque similares dones y habilidades, tipo de trabajo, área de pasión, carrera previa, etc. Identifique a las mujeres líderes más importantes y prometedoras de su organización, reconozca cuáles son sus puntos fuertes y cuál podría ser su potencial. Desafíense mutuamente en sus prejuicios y esté abierto a nuevas formas de ver a las personas.

Haga una lluvia de ideas sobre cómo puede patrocinar a sus mujeres líderes. ¿Qué roles deberían cambiarse o crearse para dar oportunidades a sus mujeres líderes de crecer y desarrollarse? ¿Existen sistemas y estructuras más formales que podría implementar en sus procesos de contratación y ascenso para asegurarse de que las mujeres reciban la misma consideración que los hombres?

Luego, decida qué líder del personal comenzará a conectarse con cada mujer líder prometedora. Acuerde un ritmo, un horario, lo que debería suceder en estos momentos de mentoría y cómo responsabilizará a estos líderes. Muchas de estas relaciones ya serán una parte natural de sus responsabilidades de liderazgo, pero esto añadirá propósito y ayudará a crear responsabilidad para el desarrollo de sus mujeres líderes más prometedoras. También ayudará a asegurarse de que alguien que conozca y se sienta responsable de la persona patrocine con regularidad a sus mujeres líderes para proyectos, oportunidades y ascensos. No todas las conexiones serán fantásticas, pero ciertamente comunicará valor y ofrecerá una gran oportunidad para que todos aprendan y se conviertan en mejores mentores por encima de las barreras de género.

Asegúrese de usar su gráfica organizativa para que todas las mujeres líderes estén en la lista. Es mejor comenzar en los niveles más altos de su organización y avanzar hacia abajo para crear un nivel de confianza y comprensión de cómo se prioriza a las personas para este esfuerzo. Sea directo con su personal sobre lo que está haciendo y por qué. Deberá asegurarse de hablar con una mentalidad de que hay «espacio para todos» y eliminar cualquier sensación de favoritismo, competencia o exclusión.

Si se encuentra en un entorno sin muchas mujeres líderes experimentadas en el ministerio, ofrézcase a pagar el entrenamiento de liderazgo de una fuente externa. Aunque los mentores y los patrocinadores internos son fundamentales, una mujer líder que pueda abordar los problemas que son únicos para las mujeres también será muy útil, comunicará cuánto valora a las mujeres líderes y reconocerá que hay algunas cosas que ellas merecen que usted no puede ofrecerles desde dentro de su organización.

## IMPLEMENTE LA UBICACIÓN EN EL MINISTERIO BASADO EN LOS DONES

Ayudar a las mujeres a identificar sus dones espirituales es un paso fundamental para llevarlas a aceptar su llamado en la iglesia. Hay varias formas de hacer esto y algunos sistemas integrales que puede implementar; sin embargo, no tiene que ser complicado. Tan solo añada una evaluación de dones espirituales a su proceso de inscripción de voluntarios, o su clase de membresía puede agregar una nueva dimensión de crecimiento espiritual a sus miembros y aumentar la efectividad de sus equipos de voluntarios. Esto introduce los conceptos y el lenguaje bíblico de los dones espirituales y los conecta con la contribución de una persona en su ministerio.

Además de comenzar de abajo hacia arriba, comience a presentar un ministerio basado en los dones o recuérdele esto a sus líderes si ya lo conocían. Guíe a su equipo a través de sus propias evaluaciones de dones. Discuta las diferentes fortalezas y debilidades que cada persona aporta al equipo. Hable sobre qué perspectiva falta en sus decisiones. ¿Qué dones no se están usando a plenitud? ¿Quién está trabajando principalmente fuera de su talento? De manera general, esta es una conversación importante a tener con el liderazgo, pero también ayuda a introducir la idea del ministerio basado en los dones y elimina el género de la ecuación. Es probable que tenga muchas personas con un potencial de dones que no han descubierto que deseará utilizar de manera diferente en el futuro, incluidas algunas mujeres que tienen liderazgo, enseñanza, administración (que no debe confundirse con las habilidades *administrativas*) u otros dones tradicionalmente no femeninos de los que podrá hablar y celebrar. También ayuda a los líderes a comenzar a reclutar y entrenar para los roles en sus equipos basados en los talentos de las personas y no en el prejuicio.

Estas son solo diez sugerencias, pero usted conoce su organización y su cultura mejor que nadie. Solo comience con algo. Como alguien ha declarado: «El secreto para salir adelante es comenzar». Si aún no ha definido con claridad su posición teológica, debería estar trabajando en eso, pero también puede comenzar a destacar a las mujeres que ya tiene en el liderazgo. Hay mujeres y jóvenes en la congregación que notarán la diferencia y verán al Señor y a sí mismas bajo una luz más grande y hermosa. No puedo esperar para ver cómo Dios las usará.

## MIS CONSIDERACIONES
## FINALES PARA USTED

Mi pastor concluyó el momento con: «Así es como se verá el cielo».

Lo recuerdo como si fuera ayer. Fue uno de los momentos más significativos que he experimentado dentro del ministerio. Hacía poco me había unido al equipo del personal de nuestra iglesia en una época en que la mano de Dios se movía de forma evidente en la vida de las personas de maneras únicas. Me encantaba orar con las personas en el altar después de los servicios de fin de semana, pero el servicio de esa noche fue diferente. Por primera vez, tuvimos personas que aceptaron a Cristo en cinco idiomas diferentes y casi de manera simultánea: inglés, español, portugués, haitiano y lenguaje de señas.

Escuchar estas oraciones a mi alrededor tocó mi corazón de una manera especial. Despertó algo en mí que esta chica blanca, de clase media, de Montana, no había experimentado antes o que incluso sabía que faltaba en mi vida y en mi fe: la diversidad.

Desde esa noche, he seguido orando, buscando y acogiendo experiencias y relaciones con personas que son diferentes a mí en todos los aspectos: orígenes étnicos, habilidades físicas, edades, profesiones, sistemas de creencias, niveles socioeconómicos, perspectivas, ubicaciones geográficas y opiniones políticas. Me siento frustrada al admitir que esto ha sido más difícil de lo que pensé que sería. También me da vergüenza el sentirme mucho más incómoda en estas situaciones y tener más prejuicios de los que me gustaría admitir. Y si soy del todo honesta, el principal entre mis propios prejuicios misteriosos e inesperados es el que a menudo he tenido contra otras mujeres.

Me da vergüenza admitir cuánto tiempo me ha tomado aceptar y apreciar plenamente a una presentadora de noticias, confiar en una doctora o escuchar de continuo transmisiones o programas de televisión dirigidos por mujeres. Me he visto en esas estadísticas de «simpatía», y me entristece pensar que he contribuido, de alguna manera, a propagar el estado de las cosas para las mujeres, sobre todo en entornos ministeriales. Siento que esta búsqueda ha sido una mezcla de arrepentimiento, divagación, aprendizaje, riesgo y esperanza de que estoy mejorando al no dejar que el miedo sabotee lo que Dios tiene para mí y para aquellos a quienes sirvo.

El miedo nos ciega de manera engañosa y poderosa. Nos hace olvidar que siempre hay espacio para uno más en la mesa de Dios. Nos hace creer que nuestros increíbles dones se ven disminuidos por los magníficos dones de otra persona. Y nos hace pasar por alto que siempre habrá más que suficientes personas a las cuales amar, más que suficientes personas a quienes servir, más que suficientes personas con quienes podemos compartir el evangelio y más que suficientes personas que necesitan un gran liderazgo. En el reino de Dios, hay más que suficiente para todos.

¿Por qué tenemos miedo de compartir? ¿Por qué tenemos miedo de entrar en nuestro llamado junto a otros que están entrando plenamente en los suyos? Tengo la sospecha de que llenar nuestras mentes y corazones con el tema de género nos ayudará a responder estas preguntas y desbloquear otras soluciones.

Casi todas las iglesias que conozco están trabajando para ser más étnicamente diversas, pero parece que esto siempre está fuera de su alcance. ¿Podría ser que, si aceptáramos escuchar los puntos de vista y las experiencias de las mujeres, seríamos mejores al acoger y abrazar todo tipo de diversidad? Si pudiéramos incluir completamente a las mujeres en el liderazgo, que ya representan más de la mitad de nuestra asistencia a la iglesia, ¿estaríamos más preparados para compartir nuestro liderazgo con personas que en verdad son minorías? Algo para reflexionar y analizar.

Pero tengo una gran esperanza en el cambio. El debate está cambiando. Los líderes se están dando cuenta. A veces se debe a algo personal, como una hija talentosa que llega a la mayoría de edad y pregunta: «Papá, ¿hay algún lugar para mí en la iglesia que pastoreas?». A veces, una crisis moral o espiritual obliga a un equipo de la iglesia a mirar con mayor detenimiento lo que en verdad sucede a puerta cerrada. Otras veces se basa en principios, como los hombres blancos y las celebridades blancas que participaron en la Marcha del movimiento por los derechos civiles en Washington porque cuando las personas con el poder comienzan a hacerse cargo de la difícil situación de los indefensos, aquellos que observan desde afuera comienzan a cambiar sus paradigmas de mucho tiempo.[1] Que podamos verlo una vez más.

En conjunto, ha habido un consenso general, incluso entre los hombres líderes con los que he hablado, que, como iglesia, sabemos que estamos llamados a hacer las cosas mejor. Deberíamos estar a la vanguardia en estos temas y establecer el estándar moral para el resto del mundo, no aprender de ellos ni ser desafiados por su moralidad.

Hoy, en nuestra generación, hay 70 millones de mujeres que participan en las iglesias de Estados Unidos.[2] Si cada una de esas mujeres solo ofrece de manera voluntaria una hora adicional al mes, eso significa 840 millones de horas adicionales de trabajo voluntario para nuestros ministerios *cada año*. Cualquiera que sea el próximo paso de su iglesia, usted tiene una oportunidad increíble de desarrollar los dones y las habilidades de las mujeres para el reino como nunca antes. ¿Qué podría ser diferente en la vida de su ministerio y misión si comenzara a liberar el potencial de las mujeres líderes que ya están en medio de usted?

*Para las iglesias que abren este diálogo, tal vez por primera vez:* quiero aplaudir su coraje y animarles a buscar todo lo que Dios tiene para su iglesia. Busquen la verdad de Dios y no se equivocarán.

*Para las iglesias que no están satisfechas con la forma en que administran los dones y las habilidades de sus mujeres líderes:* quiero alentarles a que incluso pequeños avances hacia el otorgamiento de poder puedan ser de gran ayuda. Tener conversaciones honestas, darles una voz y una plataforma a las mujeres líderes que ya conocen y enseñar cómo Dios ha usado a las mujeres para el impacto del reino puede despertar una pasión en una mujer líder que luego podrán aprovechar, nutrir y celebrar.

*Para aquellas iglesias exitosas que ya tienen influencia y plataforma:* quiero animarles a liderar el camino. Al igual que esos empresarios, pastores, políticos y celebridades blancos en la Marcha en Washington, tienen la oportunidad de abrir puertas de influencia no solo para las mujeres en sus equipos, sino también para las mujeres en las iglesias de todo el mundo. Continúen aprendiendo y trabajando en este tema en casa, pero también hablen sobre ello cuando se conecten con otros líderes. Eleven el nivel de diálogo en sus grupos. Inviertan en mujeres líderes y usen las plataformas que Dios les ha dado para crear caminos para el cambio. Tienen las llaves para desbloquear su potencial.

*Y para los hombres líderes que están abordando este tema en sus círculos de influencia*: gracias. Gracias por considerarnos. Gracias por preocuparse. Gracias por orar. Gracias por creer que se puede lograr más juntos que separados. Gracias por abrir puertas, tanto en sentido figurado como literal. Gracias por resolver sus propios problemas de una manera que no nos detiene. Gracias por ser sinceros. Gracias por correr el riesgo. Gracias por ser un ejemplo vivo de perder la vida (Mt 16.25), ser el último (Mr 10.31) y dar la vida por un amigo (Jn 15.13). Estamos eternamente agradecidas.

Tuve el privilegio de entrevistar a la doctora Jo Anne Lyon para el proyecto de este libro. Aunque en sus setenta años, actualmente es la superintendente general emérita y embajadora de la Iglesia Wesleyana, después de liderar la denominación durante varios años como la primera mujer superintendente general. Ella ha servido en el ministerio pastoral por más de treinta años, le han otorgado cinco doctorados honoris causa y es la fundadora y directora ejecutiva de World Hope International, que sirve en más de treinta países para aliviar el sufrimiento y la injusticia. Ella es mi nueva heroína.

Jo Anne cree que Dios está llamando a más mujeres como nunca antes. En sus estudios de teología histórica, explica que cada vez que ocurre un despertar espiritual, las mujeres a menudo son llamadas al ministerio y al liderazgo espiritual. Es una de las señales de un avivamiento de la que no se habla muy a menudo.

Pero dentro de Estados Unidos, explica, ha habido un ciclo nefasto. Históricamente, cuando comienza a producirse un despertar espiritual, tendemos a querer organizarlo, administrarlo, sistematizarlo e institucionalizarlo. En el proceso, las mujeres tienden a ser expulsadas. Pero ella cree: «Estamos en medio de un nuevo despertar, y Dios está llamando a las mujeres como nunca antes. Y oro para que esta vez las mujeres *se mantengan* comprometidas. ¡El movimiento está tomando lugar!».[3]

¿Qué pasa si esto es cierto? ¿Qué sucede si el surgimiento de mujeres líderes que al parecer vemos a nuestro alrededor es una señal de que Dios finalmente está respondiendo las oraciones de 2 Crónicas 7.14, por las cuales muchos de nosotros hemos estado orando por años?

Si mi pueblo, que lleva mi nombre, se humilla y ora, y me busca y abandona su mala conducta, yo lo escucharé desde el cielo, perdonaré su pecado y restauraré su tierra.

¿Qué pasa si esto es lo que estamos viendo? Oro que así sea. Y oro para que, esta vez, no nos lo perdamos.

Después de todo, así *es* como se verá el cielo.

# PREGUNTAS DE DEBATE
# EN EQUIPO

## MODELO A SEGUIR # 1: TRATE DE ENTENDER

1. ¿Con qué tipos de roles de género usted creció? ¿Cómo respondió a ellos?

2. ¿En qué forma ha visto a las mujeres ser condicionadas por nuestra sociedad o iglesias?

3. ¿Cree que su iglesia tiene un «techo de cristal empañado»? ¿Qué ha observado que respalde su punto de vista?

4. ¿Alguna vez ha observado que un líder lucha con un «piso pegajoso» (sus propios comportamientos o perspectivas detienen a ese líder)? ¿Qué puede hacer para ayudar a las mujeres a superar esto?

5. ¿Cuáles son algunas mujeres líderes a las qué podría comenzar a preguntarles sobre sus trayectorias de liderazgo?

## MODELO A SEGUIR # 2: DEFINA
## CON CLARIDAD LO QUE CREE

1. ¿Qué tan clara es su comprensión de las líneas teológicas de su iglesia para las mujeres líderes? ¿Cree que otros en su equipo tienen este mismo nivel de claridad?

2. San Agustín expresó: «En lo esencial, unidad; en lo no esencial, libertad; en todas las cosas, claridad». Desde su perspectiva, ¿este tema califica como «esencial» o «no esencial»?

3. Al mirar un gráfico teológico, ¿dónde trazaría sus creencias a medida que iba creciendo? ¿Sus creencias ahora? ¿Las creencias de su iglesia?

4. En una escala del uno al cinco, ¿qué tan alineados cree usted que estén las prácticas diarias en la cultura de su iglesia con sus creencias teológicas?

5. ¿Qué próximos pasos debe dar su equipo para aportar más claridad y coherencia a este tema?

## MODELO A SEGUIR # 3: EXTRAIGA DEL MUNDO EMPRESARIAL

1. ¿Quiénes son algunos de los líderes del mundo empresarial (hombres o mujeres) que contribuyen a su ministerio?

2. Como iglesia o equipo, ¿qué tan bien está aprovechando el mundo empresarial para acceder a mujeres líderes exitosas? ¿Qué mejoras puede hacer?

3. ¿Alguna vez ha sido culpable de reclutar mujeres líderes de calidad, pero no darles «trabajos reales» con un salario justo? ¿Qué filosofía o política subyacente lo hizo tomar esa decisión?

4. ¿Cómo está utilizando los servicios de adoración corporativos y otras plataformas influyentes para ayudar a demostrar sus creencias sobre las mujeres líderes?

5. ¿Cómo está ayudando a las mujeres líderes en la transición al ministerio, incluyendo el apoyo a sus esposos y familias?

## MODELO A SEGUIR # 4: INTEGRE LA FORMACIÓN ESPIRITUAL Y EL DESARROLLO DEL LIDERAZGO

1. ¿Cuán bien integra su iglesia el crecimiento espiritual y el desarrollo del liderazgo para los hombres y para las mujeres?

2. ¿Está usted perdiendo alguna oportunidad de desarrollar mujeres líderes en sus programas actuales de discipulado? ¿Qué podría cambiar?

3. ¿Cuál es su reacción ante la idea de que, en nuestra cultura, los hombres son mejor acogidos a medida que avanzan en el liderazgo, pero las mujeres son menos aceptadas? ¿Por qué cree que esto ocurre?

4. En el experimento del currículum de Heidi / Howard, cambiar un nombre alteró la forma en que se percibían las habilidades de esa persona. Describa algún momento en que ha descubierto que tiene este tipo de prejuicio.

5. ¿Qué tan bien ayuda su iglesia a las personas a identificar sus dones espirituales y conectarlos con las oportunidades de servicio? ¿Dónde podría hacer mejoras que beneficien a las mujeres en este proceso?

## MODELO ASEGUIR # 5: SEA «OTRO»

1. ¿Qué «otros» han desempeñado un papel importante en su vida y liderazgo? ¿Cómo?

2. ¿Cómo ayudan las redes informales de su iglesia a los hombres líderes emergentes? ¿Las mujeres líderes reciben estas mismas oportunidades?

3. ¿Qué piensa del «33 % perdido»? ¿Hay formas en que sus sistemas de liderazgo dejan de lado piezas críticas de desarrollo para las mujeres líderes?

4. En una escala del uno al cinco, ¿qué tan bien los líderes principales de su iglesia están guiando a las mujeres? ¿Qué sucede con el patrocinio a mujeres líderes? ¿Y con proveer entrenadoras experimentadas?

5. ¿Está de acuerdo en que la mayoría de las mujeres líderes en el equipo del personal hagan doble turno? ¿Hay maneras en que su iglesia podría proporcionar beneficios a todos los empleados que

apoyarían estratégicamente a las mujeres líderes que tienen un doble turno?

## MODELO A SEGUIR # 6: CREE UN ENTORNO DE SEGURIDAD

1. ¿Cuál ha sido su experiencia con el abuso sexual o la inmoralidad en el trabajo o la iglesia? ¿Cómo le ha impactado esto?
2. ¿Cuál es su respuesta a la idea de que la reglas de Billy Graham necesitan ser ampliadas para adaptarse a nuestra época y cultura? En su cultura, ¿cuáles son algunas adaptaciones que puede hacer para ser protector pero inclusivo de las mujeres de su equipo?
3. ¿Qué tan bien cree que las personas en su iglesia entienden los niveles de intimidad y cómo esto debería manifestarse en relaciones saludables y seguras?
4. ¿Cómo puede ajustar sus prácticas de liderazgo personal para poder ofrecer igualdad de oportunidades tanto a los hombres como a las mujeres a quienes dirige o influye?
5. ¿Qué conjeturas deben ser desafiadas en la cultura de su iglesia para asegurar que tanto los hombres como las mujeres líderes puedan desarrollarse a plenitud?

## MODELO A SEGUIR # 7: MEJORE LAS PRÁCTICAS DE SU GENTE

1. ¿Alguna vez se puso ha pensar mucho en los prejuicios? ¿Qué piensa de la investigación que determinó que cuanto más se cree que una persona no tiene prejuicios, más probabilidades hay de que esa persona muestre un comportamiento prejuiciosos?
2. ¿Qué le llamó la atención de la sección sobre las mujeres líderes que por lo general no reciben ni el mismo pago ni los beneficios

por el mismo trabajo que los hombres? ¿Alguna vez su iglesia ha sido culpable de esto?

3. ¿Los títulos de su equipo o iglesia describen con precisión las responsabilidades y la autoridad otorgadas a cada persona? ¿Ve consecuencias no deseadas cuando no coinciden?

4. ¿Qué tan bien da su iglesia retroalimentación frecuente y honesta a las mujeres líderes? ¿Cuál ha sido el resultado de esto?

5. ¿Cuáles son las métricas más importantes que considera que su iglesia debe comenzar a medir? ¿Qué espera que esto logre?

## MODELO A SEGUIR # 8: CAMBIE SU CULTURA

1. ¿Qué gran cambio será para su cultura comenzar a hacer un mejor trabajo al desarrollar mujeres líderes? ¿Cuál será tal vez la mayor área de resistencia?

2. ¿Qué tan bien su equipo escucha las ideas y las perspectivas de una mujer? ¿Alguna vez ha participado o experimentado «manterrupting» (interrupción por parte de los hombres)?

3. Verna Myers expresó: «La diversidad se invita a la fiesta; a la inclusión se le pide que baile». ¿Qué opina de esta cita? ¿Cómo se «invita» a las mujeres líderes a liderar en su iglesia? ¿Cómo se les «pide que bailen» al liderar en su iglesia?

4. ¿Hay movimientos simbólicos y estratégicos que podrían hacer que resalten a las mujeres líderes en su cultura?

5. ¿Qué tan rápido puede cambiar la cultura de su iglesia? ¿Cuáles son los pasos más importantes que puede dar para allanar el camino para cambiar su cultura y ser mejor en el desarrollo de mujeres líderes?

## PRÓXIMOS PASOS Y CONSIDERACIONES FINALES PARA LAS IGLESIAS

1. ¿Qué le parece la idea de que adoptar la diversidad de género

podría ayudar a su iglesia a hacer un mejor trabajo con la diversidad étnica?

2. De la lista sugerida de «próximos pasos», ¿cuál cree que es el *más* importante para abordar en los próximos treinta días?

3. Cuando se trata de desarrollar mujeres líderes, ¿dónde espera que pueda estar su iglesia en cinco años?

# MODELOS A SEGUIR PARA
# MUJERES LÍDERES

Me propuse escribir este libro específicamente para las iglesias y los equipos de liderazgo de las iglesias, porque, después de todo, tienen la mayoría de las claves para desbloquear el desarrollo de las mujeres líderes. Pero, como mujeres, nosotras también tenemos algunas claves, y no podía lanzar este proyecto al mundo sin plasmar algunos de los increíbles pensamientos y consejos de las mujeres asombrosas que entrevisté y de aquellas que participaron en nuestra encuesta. Sus ideas están llenas de santidad, sabiduría, discernimiento, inteligencia, realidad, humor y amor hacia los demás, llamadas a recorrer el mismo camino. Espero que el Señor abra muchas oportunidades para que todas nos sentemos juntas, compartamos historias y aprendamos, nos alentemos y nos agucemos unas a otras, ¡más pronto de lo que creemos!

Pero mientras tanto, aquí presento una breve descripción general de los cinco mejores modelos a seguir que sobresalieron, algunos de mis propios aprendizajes dichos por diversión, así como algunas palabras finales de sabiduría reveladas en nuestras entrevistas. Que le ayuden a comenzar en el camino correcto y que le alienten mientras asume todo lo que Dios tiene para usted.

## MODELO A SEGUIR # 1:
## COMPRENDA BIEN SU LLAMADO

Descubrir mi llamado siempre ha sido mucho más difícil para mí de lo que parecía ser para otros. No estoy bien segura de por qué, pero ahora que soy mayor y tengo un poco más de perspectiva, empiezo a pensar que quizás tiene que ver con una combinación de prioridades internas que al parecer compiten entre sí:

- Honrar los mensajes intencionados y los no intencionados que recibí al crecer en mi particular ciudad natal, familia, iglesia y amigos.
- Un conjunto de dones y habilidades naturales que me encantaba poner en práctica.
- Mi deseo de honrar a Dios y obedecerlo de todo corazón.
- Esforzarme por tener un corazón de siervo como Jesús en el que sacrificaría de buena voluntad la comodidad personal en aras de amar a los demás de forma apropiada.
- Participar en el proceso de santificación de toda la vida en el que sigo aprendiendo cuán pecaminosa y corrompida soy. Mi corazón tiende a vagar por espacios insalubres de codependencia, perfeccionismo, inseguridad, glotonería, soledad y miedo.
- Una carga no solo por administrar, sino por maximizar las oportunidades que Dios me ha dado.

Creo que es por eso que me apasiona tanto el entrenamiento y la planificación de la vida. Sé lo que se siente deambular y sé lo que se siente estar en una misión. Estar en una misión es mucho mejor, por eso quiero ayudar a las personas a llegar a esa comprensión más pronto.

No obstante, discernir su llamado también es un camino que Dios va desplegando a medida que usted camina con Él y transita por los giros y las vueltas de la vida. Parte de mi historia personal ha sido atravesar por lo que se sintió como una pausa de diez años desde mi llamado. Después que mi esposo resultó gravemente herido en una caída de veinticinco pies (siete metros y medio) de altura en el trabajo, mi vida dio un giro brusco e inesperado de lo que pensé que sería mi llamado a ser una madre que se queda en casa con su grupo de niños. Estaba embarazada en ese momento y pasé los siguientes años yendo a consultas de rehabilitación y cuidando a mi esposo en el proceso de tres cirugías. Al ver que sus heridas no sanaban y su dolor empeoraba, volví a trabajar a tiempo completo para mantener a nuestra familia para que él pudiera concentrarse en su recuperación. El grupo de niños resultó ser un hijo único, y pasé de ser una ama de casa a ser una líder ejecutiva y cuidadora a tiempo completo. Básicamente me convertí en una madre soltera tratando de ayudar a un niño pequeño a tener una sensación de infancia normal en medio de las crisis familiares diarias.

Lo sorprendente es que pasé la mayor parte de mis veinte años tratando de renunciar a mi deseo de ser una mujer profesional. Me encanta trabajar, o más bien, me encanta lograr cosas. Si fuera millonaria, aun así, estaría ocupada, hablando de liderazgo y ministerio todo el día y la mayor parte de la noche. Constantemente estoy leyendo de ocho a diez libros a la vez; ninguno de ellos de ficción. Me encanta aprender de personas interesantes, y siempre planeo cómo puedo trabajar con ellos para hacer algo extraordinario. En un momento tengo una docena de nuevas ideas que surgen en mi cabeza. Me ha tomado años aprender que mis vacaciones no son el momento de lanzar una nueva empresa o aventura ministerial, incluso si siento que de repente tengo mucho tiempo libre.

Como tal vez pueda adivinar, esa pausa de diez años no fue en realidad una pausa. No fue un desvío, ni siquiera inesperado. Era parte de cómo Dios estaba perfeccionando mi llamado. Estas limitaciones nuevas y no deseadas en mi tiempo, energía y capacidad no eran obstáculos a superar, sino barreras que Dios había establecido para ayudarme a refinar mis prioridades, mi mayor contribución y lo que finalmente planeaba hacer en mi vida y a través de ella. El valle de sombra de muerte tenía una forma de resolver mis tendencias perfeccionistas. ¿Quién tiene tiempo para la perfección cuando se está tratando de sobrevivir?

Cuando aquellos a quienes sentía que necesitaba me fueron quitados y me quedé sola con Dios, comencé a comprender en lo más profundo de mi alma de dónde proviene mi fuerza realmente. Recuerdo meses de despertarme todas las mañanas pidiéndole desesperadamente a Dios un milagro ese día, y Él lo hacía. Cuando las responsabilidades básicas de mi vida se volvieron abrumadoras, tuve que renunciar a mi preciosa identidad de ser una «rescatista». Mis mayores remordimientos fueron cuando entraba y hacía más de lo que Dios me pedía que hiciera. Eso era todo en mi fuerza. Necesitaba las duras lecciones de escuchar y obedecer, en lugar de solo evaluar y resolver. Resulta que administrar una abundancia de habilidades es mucho más difícil que maximizar una escasez.

Lecciones difíciles. Pero el sufrimiento es la puerta de entrada a la santificación, y, a fin de cuentas, ¿no es ese el objetivo final? ¿No *actuar* como Jesús, sino *ser* como Él? Ese es el centro del llamado: no hacer para ser, sino estar *con* Jesús para hacer *con* Jesús. Del ser fluye el hacer, desempeñar todos nuestros llamados, cualesquiera que sean.

La clave es aprender esto del Señor directamente. Otras personas ayudan, pero al final, la mayoría de nosotras tendremos un momento como Daniel. Habrá una oportunidad de obedecer a Dios junto a una oportunidad de ser aplaudida por otras personas. ¿Cómo podemos elegir a Dios si no sabemos con certeza si es Él? Estas son las principales formas de comprender su llamado expresadas por nuestras mujeres líderes.

## 1. DELEÍTESE EN LA PALABRA DE DIOS

Participe en la conversación que Dios quiere tener con usted a través de Su Palabra. No se trata de estudiar para una clase de seminario o de prepararse para un equipo devocional, sino de su devoción a Él. Esa dirección personal, íntima y satisfactoria para el alma que recibe solo cuando de forma humilde y en oración usted abre la Palabra de Dios y escucha Su voz. Es orar la Palabra de Dios en voz alta sobre su vida, su ministerio y las personas que ama. Es memorizar los versículos que le equipan para la batalla espiritual. Y es adorar a Dios a través del estudio y el aprendizaje simplemente para fortalecer su amor y conexión con Él. *Él* es nuestra gran recompensa, nada más.

«No temas, _____ [*su nombre*]_____. Yo soy tu escudo, y muy grande será tu recompensa» (Gn 15.1).

Aquí también es donde debe luchar *por usted misma* con sus creencias sobre lo que debería o no estar haciendo. Nadie más puede responder esto por usted. Haga el trabajo. Estudie, lea, ore, reflexione, discierna, discuta, cuestione, desafíese y luego decida; o al menos decida seguir buscando una respuesta.

Creo que muchas de nosotras todavía estamos tratando de identificar, de discernir y de escuchar lo que Dios quiere decirnos. Es difícil deshacer un sistema de creencias de toda la vida, pero la verdad nos hace libres. Y ser liberado por Dios mismo es la libertad que nos permite escuchar y obedecer nuestro llamado.

## 2. ACEPTE SER UNA INADAPTADA

¿Qué gran líder bíblico no fue un inadaptado en su época y lugar? Los líderes, por definición, no encajan. Van a la delantera. Ven cosas que otros aún no pueden ver. La corrupción de esta vida les molesta más que a otras personas, por eso son ellos quienes hacen algo al respecto. Si encajan, son liberales, o piensan como todos los demás, entonces están siguiendo, no liderando.

Para mí fue necesario poder estar sola. Como una persona introvertida, me encantaba estar sola en casa, pero cuando estaba en público, donde la gente podía *ver* que estaba sola, mis inseguridades tomaban el control, y por mi mente pasaban todo tipo de historias sobre lo que las personas podrían estar pensando de mí: *Ella no debe de tener amigos. Algo malo le pasa. Qué triste que esté sola.*

Esto fue un problema para mí en la secundaria. De hecho, no recuerdo haber almorzado en el comedor durante los cuatro años. Al principio iba a casa a almorzar, pero después de unas semanas descubrí que podía unirme a clubes de actividades extracurriculares que se reunían durante el almuerzo. Estuve en cinco clubes durante mi primer año, uno para cada día de la semana.

Como cristianas, se requiere estar solas, y especialmente como líderes. Aprender a pararse con confianza donde se supone que debemos estar, sin la necesidad de defendernos o menospreciar a los demás, es parte del fluir de nuestra comprensión profunda de quiénes somos en Cristo. Si nuestra identidad se construye en Él, ser un inadaptado tiene sentido porque Él era un inadaptado. Estamos solos cuando asumimos esa nueva responsabilidad, o rechazamos esa oportunidad, o hablamos o decimos que no. Nos oponemos a las presiones, los guiones o los roles asignados. Decepcionamos a la gente. Pero obedecemos lo que Dios nos está llamando a hacer, sin importar el costo. Mientras hagamos eso, seremos inadaptados hasta el cielo. Ahí es donde finalmente encajaremos. Esa es la esperanza que ancla nuestra alma.

## 3. ADMINISTRE SUS DONES DADOS POR DIOS

Conocerse a sí misma, lo que está dotada para hacer, y cómo utiliza esos dones para servir a los demás es fundamental para comprender su llamado. Sus dones no necesariamente explican *lo que* usted hace, pero le ayudan a saber *cómo* hacerlo.

Por ejemplo, mis dones principales son la administración, la enseñanza y el aliento. Eso significa que independientemente de la oportunidad que Dios me presente, estas son las formas principales en que Él espera que cumpla con mis responsabilidades. Entonces, cuando me pidieron que dirigiera el ministerio de jóvenes adultos, lo organicé y formé un equipo, enseñé algunas de las clases y animé a las personas a dar el siguiente paso de fe. Cuando dirigí los equipos de primeras impresiones, donde saludamos a los recién llegados, llevé la organización, la enseñanza y el aliento a esos equipos porque esos son mis dones. Lo mismo sucedió cuando tuve que lanzar campus, construir una escuela de liderazgo y escribir este libro.

Espero que a través de este libro haya esbozado las preocupaciones sobre los roles de género y el liderazgo ministerial de maneras que ahora son más claras y fáciles de entender, y que mis lectores hayan aprendido algo en el transcurso del libro y se hayan animado a dar el siguiente paso, sea lo que sea. Esto significaría que mis dones se han utilizado para servir y ayudar a otros. Mis dones también afectan mis otros llamados: como madre, esposa, hija, hermana, vecina y amiga que soy. Todos mis llamados y mis dones tendrán un lugar en cada uno de estos roles.

Conocer mis dones también significa que no importa si la persona que tengo delante es un líder más emprendedor / apostólico que ha fundado muchas cosas o que tiene un don de conocimiento y puede compartir un devocional que me dejaría asombrada durante varios días. Yo no soy esa persona. Yo soy yo. Y Dios me ha llamado a usar mis dones en este rol en este momento. Intentar ser otra persona es perder lo que Dios quiere hacer ahora a través de mí. El liderazgo es personal porque la forma en que lidero es una expresión de quién Dios me ha hecho ser.

Esto no significa que no crezca ni aprenda. De hecho, es muy importante que me preocupe por el desarrollo de mis dones. Cuando llegue al cielo, Dios me preguntará qué hice con lo que me fue dado. No le va a preguntar a mi jefe, ni a mi esposo, ni a mi pastor. Me preguntará a mí. (A ellos les hará otras preguntas).

Aprenda todo lo que pueda sobre sus dones. ¿Quién en la Biblia dirigía con esos dones? ¿Cómo le habla Dios a alguien con esos dones? ¿Cuáles son Sus expectativas? ¿Cuándo alguien los ha usado mal y qué ha sucedido? ¿Quién en su comunidad tiene esos dones? ¿Qué ve en ellos que admira? ¿De qué se quisiera alejar? ¿Qué libros puede leer? ¿A qué entrenamientos puede asistir? ¿Cómo puede obtener retroalimentación? ¿Cómo puede crecer y ser mejor?

Reciba palabras de afirmación de personas de su confianza y admiración. Muchas veces nos encanta hacer una cosa, pero somos fructíferas en otra bien distinta. Si no está segura de lo que estoy hablando, solo piense por un momento en esas audiciones de *American Idol* donde alguien que *ama* cantar es realmente terrible cuando lo hace.

Si no somos cuidadosas, esto nos puede pasar a nosotras. A veces, lo que *deseamos* ser puede ser tan claro que perdemos de vista quiénes fuimos *creadas* para ser en realidad. Aquí es donde desempeñan un papel importante las personas piadosas y confiables. Los dones espirituales deben ser confirmados por la comunidad espiritual de la que usted forma parte. Si su iglesia no tiene un proceso formal para el servicio basado en los dones, entonces pida a las personas que le den su opinión. Dígales qué dones usted cree que tenga y pregúnteles si han visto esos dones en usted producir algún fruto espiritual.

El fruto es la clave. Tener habilidades u obligarse a ser competente puede requerir una autodisciplina honorable, pero usted está buscando el fruto del Espíritu, que es algo totalmente diferente. ¿Dónde se refleja la unción de Dios en su vida y ministerio? ¿Dónde su menor esfuerzo produce resultados importantes? A menudo, los dones espirituales parecen tan naturales que ni siquiera usted se da cuenta de que no todos los demás pueden hacer lo que usted hace. Pregunte, esté abierta a los comentarios, obtenga muchas opiniones y ejemplos, y luego vea dónde Dios está bendiciendo sus esfuerzos.

El otro aspecto de tomar posesión de sus dones es asumir la responsabilidad de sus desventajas. A medida que estudia sus dones, busque su parte negativa. Todos la tenemos. Cuando mis dones se desenfrenan, puedo ser controladora, mandona y rápida para juzgar. También tiendo a explicar en exceso y evito enfrentar el mal comportamiento. No es mi intención, y ciertamente no quiero hacerlo, pero conocer esto de mí misma me mantiene en sintonía con mi comportamiento y controla mis mayores tentaciones. También me ayuda a advertir a las personas sobre mi lado negativo y aceptar comentarios abiertos y útiles. Todos necesitamos que otras personas nos digan cuando no somos como Cristo, porque la autoconciencia primeramente emana de los comentarios de los demás.

Saber cuál es su mejor contribución le ayuda a liberarse de tratar de ser alguien que usted no es. ¿A quién no le encantaría ser un vocalista increíble que puede llevar a las personas a la presencia de Dios a través de la música y la oración? ¿O predicar un mensaje que trae a miles a Cristo? Sé que me gustaría. Pero mi director de coro de cuarto grado me ayudó a aceptar desde el principio que el canto no era mi don principal. Debo admitir que fue un poco desalentador en ese momento, y en secreto, sigo cantando algunas canciones de alabanza y adoración sola en mi auto durante los viajes largos. Pero si hubiera malgastado los últimos treinta años detrás de la música en lugar del liderazgo, me habría perdido mucho. El plan de Dios no será frustrado, pero ciertamente no quiero perderme nada de lo que Él quiere que forme parte.

«Si ahora te quedas absolutamente callada, de otra parte vendrán el alivio y la liberación… ¡Quién sabe si no has llegado al trono precisamente para un momento como éste!» (Ester 4.14)

## 4. SIEMPRE DIGA «¡SÍ!»

Estos fueron temas consistentes en las entrevistas: Aproveche cada oportunidad que tenga. Haga varias cosas a la vez. Experimente. Vaya hacia adelante. No tenga miedo de agregar algo a su plato. Acepte grandes desafíos. Si Dios le está llamando a eso, le equipará para hacerlo. Puede ser que tenga que cambiar sus prioridades, liderar a un nivel superior y deshacerse de aquellas cosas en su vida que están más abajo en la lista de prioridades, pero todas estas son cosas buenas que Dios quizás quiere que haga de todos modos.

Por supuesto, digo esto dentro de lo razonable. Si su jefe o alguna otra persona importante en su vida (incluido el Señor) le está diciendo que *no* haga algo, sea respetuoso y obediente. Pero si no hay límites claros que le detengan, no se detenga, sobre todo si está comenzando su liderazgo. Esfuércese por explorar e investigar oportunidades. No espere a que alguien le dé permiso o que las nubes se despejen de forma milagrosa. Empiece a buscar y a pedirle a Dios que abra puertas y le aclare dónde quiere que concentre sus esfuerzos.

Recuerdo haber deseado tener la oportunidad de enseñar. Estaba en un ambiente donde los puestos de enseñanza no eran común para las mujeres, pero yo sabía que tenía un don y sabía que no lo estaba usando. Ansiaba mejorar en la enseñanza, pero eso es difícil sin práctica. Se lo llevé al Señor y le dije que, si Él me había dado ese don, seguramente quería que lo usara, pero que sería según Sus caminos y en Su tiempo. Prometí que, independientemente de las oportunidades que me llegaran, diría que sí, sin importar lo que me parecieran. Y así lo hice.

La primera oportunidad que tuve fue dirigir un grupo pequeño en mi vecindario. Era una reunión para ver videos, pero al menos podía dirigir el debate. La segunda oportunidad llegó un año después, para hablar en un grupo local de madres. La tercera, unos meses después, para dar la bienvenida y los anuncios en nuestro campus recién inaugurado. Luego, la cuarta oportunidad, hablar a las esposas en una conferencia de pastores en mi ciudad natal. ¡No lo podía creer! Esa realmente me animó.

Sentía que estaba en el camino correcto, pero después vinieron cuatro años de absolutamente nada. Luego comencé a dar los anuncios cada semana en el escenario de nuestra nueva iglesia y a hablar en nuestras reuniones de mujeres, y después conseguí un nuevo trabajo y enseñaba con bastante frecuencia en nuestra Escuela de Liderazgo. Ahora hablo en conferencias y talleres un par de veces al mes. Han pasado quince años, pero Dios ha estado incrementando mis habilidades. Todavía digo que sí, y la mayoría de las veces me pregunto cómo podré lograrlo. Pero de alguna manera Dios interviene y me ayuda a resolverlo.

Incluso si todo lo que logra es ser parte de una red, junta o equipo, participe. No tiene que ser el líder principal ni hacer nada increíble, pero debe mantener vivas sus redes y sus dones en acción. Esto es especialmente útil durante la primera etapa de la maternidad cuando es fácil dejar pasar esas oportunidades.

## 5. NO SE DETENGA

«Iris, en las películas tenemos a las protagonistas y tenemos a la mejor amiga. Tú, puedo decir, eres una protagonista, pero por alguna razón te estás comportando como la mejor amiga» (Arthur Abbott en la película, *El descanso*).[1]

Me encanta esta cita porque siento que esta ha sido mi vida: la mejor amiga, la segunda silla, el apoyo, la que celebra, la que equipa, la segunda opción, la vice. En muchos sentidos creo que mi ambiente eclesiástico dominado por hombres era el lugar perfecto para contribuir de manera significativa, pero también para nutrir mi tendencia a evitar la atención y la vulnerabilidad que esto conlleva; nadie fotografía nuestros defectos cuando nos escondemos tras bastidores.

No comencé de esa manera, y de hecho estoy empezando a pensar que fui hecha para el centro del escenario. (Aquí mis amigos más íntimos viran los ojos). Pero en algún momento del camino hacia la juventud adulta, al trabajar para construir un matrimonio piadoso, al vivir en un ambiente cristiano del sur, al escuchar demasiadas voces negativas en mi círculo íntimo y al pertenecer a un sistema eclesiástico que me daba todo tipo de mensajes contradictorios sobre lo que significa ser una mujer fuerte, retrocedí. Empecé a espiritualizar el ser «menos que».

En medio de eso, Dios aun así me obligó a ser «más que», pero no fui tras ello. Ni siquiera lo quería realmente. A pesar de todo, allí fue donde me encontré a mí misma, así que volví a la luz. Al principio fue incómodo porque recibí mucho menos aplausos y mucha más crítica que cuando servía desde las sombras. Pero Dios me exigió que descubriera la diferencia entre la humildad y el acomodamiento. Fue una distinción dolorosa pero importante.

Los israelitas tuvieron una experiencia similar. Después de cruzar el Mar Rojo y pasar demasiado tiempo en el desierto, llegaron al borde de la tierra prometida. El viaje había estado lleno de deambulación, preguntas y pecados rotundos. Pero ante ellos se proyectaba el centro del escenario: trescientas mil millas cuadradas (cuatrocientos cincuenta mil kilómetros cuadrados) de tierra prometida desde la cual ellos bendecirían e influenciarían al mundo entero.[2] Sí, había batallas que pelear y un río gigante que cruzar, en la época de la siega nada menos, y su líder de toda la vida no iba con ellos. Pero Dios estaba invitándolos y exigiéndoles, que salieran de la sombra y entraran en su llamado. Aquí es donde se manifiesta la fe, en el espacio entre lo que es y lo que podría ser.

Desafortunadamente, los israelitas no vencieron su tendencia a acomodarse. Es una lección que nunca aprendieron. Ellos lucharon y pelearon y reclamaron treinta mil millas cuadradas (cuarenta y cinco mil kilómetros cuadrados) como su nueva patria, un mero 10 % de lo que Dios había reservado para ellos.[3]

No quiero que eso me suceda a mí, y ciertamente no quiero que le ocurra a usted. Dios le ha entregado una tierra que reclamar, lugares donde ser victoriosa y una posición en la que bendecirá e influenciará a su mundo. No tiene que verse de cierta manera ni implicar ningún tipo de evento significativo o logro. Una de mis funciones favoritas como «protagonista» en este momento es liderar a un pequeño grupo de cinco chicas de secundaria los domingos por la mañana. No tiene que ser llamativo para ser significativo. Para la mayoría de nosotras, nuestras trescientas mil millas cuadradas ni siquiera serán vistas hasta que lleguemos al cielo. He vivido solo en el 10 %, y aunque lo disfruté y aprendí de él, no quiero dejar más terreno sin reclamar. Quiero conquistar todos los lugares que Dios me ha entregado, grandes y pequeños.

Si usted está persiguiendo su vocación en oración, usted es una protagonista. No vivamos como nada menos.

## MODELO A SEGUIR # 2: CONOZCA SU ENTORNO

Por mucho que desearía que no fuera así, la realidad es que el entorno en el que se encuentra tendrá un gran impacto en cómo puede liderar y qué oportunidades se le darán. Y así sucede en cualquier profesión u organización, no solo en las iglesias.

Pero no se equivoque: los planes de Dios para usted no se pueden detener. Él puede usar épocas de entornos prolíferos o épocas de entornos desérticos para hacer Su gran obra en su corazón. Nuestras entrevistas y comentarios en la encuesta estaban plagados de una apreciación retrospectiva de todo lo que Dios había enseñado y hecho en medio de tiempos de limitaciones y desafíos. Pero luchar por la realidad de su entorno y orar para saber si Dios quiere que esté allí es otro proceso. Aquí hay algunas preguntas importantes que debe hacerse mientras discierne dónde Dios quiere que sirva.

## 1. ¿ESTÁ BIEN SU CORAZÓN?

Siempre se le pedirá mantener un espíritu de unidad, respeto y sumisión. Todos servimos bajo autoridad, así que, honrar los roles que Dios ha establecido al final siempre triunfará. Puede ser fuerte, inteligente, segura y elocuente sin ser irrespetuoso. Hablar desde una posición de fortaleza humilde que defiende sus derechos es muy diferente a arremeter, exhibir un comportamiento pasivo-agresivo o participar en chismes destructivos. Sin embargo, en casos de abuso, comportamiento o trato impío, usted no tiene la obligación de defenderse ni de soportar bajo ese tipo de ambiente.

## 2. ¿ESTÁN ALINEADAS SUS CREENCIAS?

Rara vez las creencias de uno se alinean a la perfección con las de las demás personas en su iglesia. Así que concéntrese en los aspectos principales y pase por alto los de menor importancia. Pero si el tema de las mujeres en el liderazgo de la iglesia es algo importante para usted, o si afecta en cómo cumplirá su llamado, debe descubrir *por sí misma* lo que usted cree que Dios piensa sobre esto. Después, necesita saber qué cree su iglesia al respecto. Si coinciden, ¡genial! Hace las cosas muy fáciles y pacíficas.

Pero si no coinciden, debe decidir si puede vivir dentro de esos sistemas de creencias y apoyarlos como parte de la iglesia. Quedarse, pero estar siempre desafiando o en desacuerdo no es una opción. Muchas personas permanecen en iglesias donde hay sistemas de creencias con los que ellos no están de acuerdo en todo, y eso está bien. La clave es que usted debe ser capaz de apoyar a sus líderes, respetar sus puntos de vista y comunicarlos, especialmente si tiene algún tipo de liderazgo.

Si de algo vale, he visto que esto sucede en todos los lados del espectro teológico. Realmente está bien quedarse, y también está bien irse. En este caso, no existe una respuesta clara, correcta o incorrecta. Solo es usted, su familia, su iglesia y la comunidad de fe a la que Dios le está guiando a pertenecer durante la próxima etapa.

La única excepción sería si su iglesia está en el proceso de descifrar o articular con precisión lo que cree. Este puede ser un proceso difícil. Es razonable darles a sus líderes suficiente espacio y tiempo para llegar a su mejor conclusión y discernimiento de lo que Dios tiene para su comunidad. Mientras tanto, ofrezca su perspectiva e información útil con humildad y ore para que Dios les hable y los guíe con claridad.

## 3. ¿ES CAPAZ DE SEGUIR A SUS LÍDERES?

Un último aspecto de conocer su entorno se reduce a los líderes reales en el lugar. He visto iglesias que parecen tener todo a su favor, excepto que el pastor principal o uno de los líderes principales está lo suficientemente «apagado» como para que todo se torne inestable. A veces Dios nos deja en lugares que son difíciles, y otras veces nos libera para ir a equipos e iglesias más saludables. Aclarar sus emociones y experiencias puede ayudarle a identificar los problemas subyacentes, y así decidir si son lo suficientemente grandes como para provocar un cambio. Una de mis buenas amigas trabajaba para un pastor principal que era muy difícil, y la situación empeoraba cada año. Ella se quedó allí, tal vez más de lo que debía, porque amaba a la gente y tenía la esperanza de que las cosas cambiarían. Al final, tuvo que irse, debido a lo que el pobre liderazgo de su pastor le estaba causando de forma personal y espiritual.

Yo también tuve una experiencia cuando trabajé para un pastor que tenía muy poco entendimiento de sus propios dones y habilidades. Debido a esto, tendía a operar en la carne en lugar del espíritu y quería que todos nosotros lo siguiéramos, independientemente de nuestra conexión o talento. Al final, tuve que seguir adelante, porque me sentía llamada a administrar y desarrollar mis propios dones. O no podía ver el valor de ayudarme a desarrollar mis dones, o simplemente no sabía cómo ayudarme. También he trabajado para líderes increíblemente dotados y piadosos que, incluso en medio de creencias teológicas más estrictas, me permitieron liderar, aprender y ascender como líder.

A pesar de su teología, ser honesta sobre el entorno en el que está sirviendo y liderando, y discernir del Señor lo que Él le está llamando a hacer, le ayudará a conocer sus próximos pasos.

# MODELO A SEGUIR # 3: TENGA UNA MENTALIDAD DE SUFICIENTE PARA TODOS

Se ha investigado mucho sobre el síndrome de la «abeja reina». Esto se muestra en entornos de trabajo y liderazgo donde una mujer líder fuerte asciende en autoridad, pero mira o trata mal a otras mujeres.[4] Las abejas reina no han aprendido que Dios tiene espacio para todos. Para ellas existe un temor subyacente a que, de alguna manera, el liderazgo y la influencia son escasos, que hay pocas oportunidades, o que, si alguien más tiene éxito, sus posibilidades de triunfo disminuyen. El síndrome de la abeja reina puede penetrar en todas nosotras, a menudo sin que nos demos cuenta. Y tiende a cultivarse en entornos donde las mujeres líderes son pocas o distantes.

Mi amiga, Amy, describió de una forma muy bella su propia lucha con esta mentalidad:

Sí creo que existe en este mundo de hombres y mujeres tal cosa llamada «prejuicio de género» o «simpatía». Y podría estar equivocada, pero si me analizo de cerca, lo tengo. Es irónico porque soy una mujer en el liderazgo. Pero les daba a los hombres el beneficio de la duda mientras conducían, hablaban o enseñaban. Pero con las mujeres, mi actitud era algo así como esto: «Demuéstralo. Gánatelo». En algún momento me dije: *Esto es ridículo. ¿Por qué tengo esta perspectiva?*

Honestamente, mi primer paso, cuando veía, por ejemplo, a una maestra, y esos pensamientos entraban, esos «demuéstralo» o «veremos si nos gusta», comenzaba a orar por ella. Y, de esa manera, Dios en verdad comenzó a cambiar mi corazón. Porque cuando usted ora por una mujer que está al frente enseñando o dirigiendo, y usted ora por su éxito, eso comienza a cambiar su prejuicio.

Y luego comencé a darme cuenta, justo en mi propia vida, probablemente como madre y esposa, cuánto las mujeres nos necesitamos unas a otras. Y así, en esos años, simplemente cambié por completo. Y a través de mi amor y sinceridad, ese pensamiento prejuiciado en realidad se disipó. Pero fue algo muy real para mí.[5]

Desarrollar una mentalidad de «suficiente para todos» es fundamental para ayudarnos a liberarnos de las limitaciones autoimpuestas y para que Dios nos use para crear entornos más saludables y abundantes para las mujeres líderes que nos rodean y las que vendrán después de nosotras.

Dee Ann Turner, vicepresidenta de sostenibilidad, ha pasado la mayor parte de su carrera desarrollando y liderando el talento corporativo en Chick-fil-A, Inc (CFA). Como la primera mujer oficial en su empresa y líder en los niveles más altos durante más de treinta años, tiene una perspectiva única y sabia sobre el poder de la mentalidad de una mujer líder:

Desafortunadamente, creo que a veces, cuando tenemos una diferencia, como ser mujer, tenemos la mentalidad de que hay falta de oportunidades. Pensamos: *Solo puede haber* uno *de esto, o* uno *de eso*, y en verdad las empresas y la sociedad lo han reforzado de algunas maneras. Pero prefiero tener una mentalidad de abundancia. Pensar que hay suficiente para todos, así que ayudemos a todos a llegar allí. Traigamos personas con nosotras.

Una amiga mía, llamada Lynn, y yo, teníamos esa mentalidad. Muchas organizaciones terminan teniendo dos mujeres líderes y, durante mucho tiempo, fuimos las únicas dos oficiales femeninas, y usted pensará que tendríamos mucha competencia, pero nunca lo permitimos. Quiero decir, primero que todo éramos amigas, pero incluso cuando nuestro liderazgo se desarrolló, simplemente no lo permitimos. De hecho, Lynn fue la persona que me llevó a África por primera vez. Y nos encantaba hacer mucha obra ministerial juntas fuera del trabajo.

Una de las cosas que descubrimos desde el principio es que, porque solo éramos dos, había muchas mujeres que querían que las guiáramos. Bueno, simplemente no había tiempo suficiente para atenderlas a todas, así que se nos ocurrió esta idea. Nos apasionaba el trabajo en África, así que le dijimos a este grupo de mujeres: «Hola, este es el trato. Pasaremos tiempo con ustedes todos los meses, si participan en este programa con nosotras. Así que hicimos un discipulado de doce meses con estas mujeres, donde pasamos tiempo cada mes, y luego planeamos un proyecto en África. Estas mujeres recaudaron ochenta mil dólares para construir un comedor para que los niños de la escuela no tuvieran que comer afuera. Y luego planearon un poderoso programa para diez escuelas secundarias, con el objetivo de ministrar a sus adolescentes en oración, propósito y pureza. Fue tan increíble.

De hecho, algunos de sus supervisores hombres estaban tan impresionados con lo que estaban haciendo y el tiempo que invertíamos en ellas, que donaron personalmente para el viaje misionero y luego les permitieron tomarse el tiempo libre como tiempo de desarrollo, porque lo que estaban aprendiendo tenía un gran impacto en sus habilidades comerciales.

Lynn y yo encontramos formas de colaborar y coordinar juntas en lugar de competir. Por cierto, Lynn se convirtió en la primera mujer miembro del comité ejecutivo de CFA y ahora es asesora general.[6]

¡Guau! La historia de Dee Ann demuestra el poder de hacer espacio en nuestros corazones y vidas para abrazar a otras mujeres, orar por ellas, invertir en ellas y celebrar sus éxitos.

Uno de los desafíos de ser una inadaptada es que a menudo sentimos que tenemos que andar solas. Pero pararse sola no es lo mismo que estar sola. Hay espacio para todas, incluido usted. Alcance y haga conexiones. Si sigue encontrándose con «abejas reina», siga buscando hasta que nos encuentre al resto de nosotras las inadaptadas. Siempre tenemos espacio para una más.

## MODELO A SEGUIR # 4: JUEGA POCO (O NADA) A LAS CARTAS

Existen tantas cartas. Está la carta del género, la carta de Dios, la carta de la madre, la carta de la hormona, la carta del esposo, la carta de «estoy más emocional», la carta de la víctima, la carta del miedo, la carta de la teología, la carta de las restricciones, y así sucesivamente. Están al alcance de la mano. Quién puede discutir con ellas, ¿verdad?

Sus hijos le necesitan. Dios se lo dijo. Su esposo lo pidió.

Sin embargo, el problema con jugar a las cartas es que siempre acarrea consecuencias. Si juega la carta «estoy más emocional» porque respondió de forma irrespetuosa en una reunión, no debería esperar que sus líderes le asignen tareas de alto perfil porque les ha demostrado que usted no es confiable porque no controla sus emociones.

En una ocasión, estaba asesorando a varias mujeres líderes más jóvenes, y dos de ellas llevaron a sus esposos a una reunión con sus jefes. Una tenía problemas para salir de la oficina a tiempo debido a la carga de trabajo que le estaba dando su jefe. Ella llevó a su esposo para que él le explicara al jefe que ella necesitaba priorizar a su familia y que él debía dejarla ir a tiempo. Su jefe aceptó de inmediato, pero a ella le tomó más tiempo de lo necesario aprender a delegar y a crecer en su liderazgo. En mi opinión, ella se limitó a sí misma y limitó la capacidad de su jefe de desafiarla y desarrollarla.

La otra llevó a su esposo a reunirse con sus jefes porque no se sentía valorada ni estimada. Ella había expresado con anterioridad ante sus jefes sus fortalezas y deseos por su llamado, pero esperaba que la autoridad de su esposo hiciera que ellos tomaran sus preocupaciones más en serio. No fue así. Y, desafortunadamente, su credibilidad como líder humilde y segura solo disminuyó al mismo tiempo que aumentaron sus sospechas de prejuicio de género. Ella no se ayudó en absoluto.

Si usted está liderando bien, conoce las responsabilidades y las prioridades que debe cubrir. Si necesita establecer un límite, establezca un límite. No intente explicar por qué necesita irse, por qué no puede asumir algo extra o culpar a algo fuera de usted. Esto solo desacredita su capacidad para cumplir con sus responsabilidades.

Cuando ustedes digan «sí», que sea realmente sí; y, cuando digan «no», que sea no. Cualquier cosa de más, proviene del maligno. (Mt 5.37)

Los líderes no juegan a las cartas. Lideramos bien y ejercemos «agencia», que es la capacidad de actuar de manera independiente y tomar nuestras propias decisiones. De acuerdo, si sus jefes quieren una explicación, sin duda désela. Y, es un hecho, nuestra vida personal afecta lo que hacemos y las decisiones que tomamos. Pero con demasiada frecuencia las mujeres dirigen con excusas, en lugar de simplemente dirigir.

Mi talentoso amigo Kem habló de cómo aprendió de su compañero de trabajo que tenía un hijo con necesidades especiales. Tenía que salir del trabajo a las 3:30 p. m. todos los días para recoger a su hijo en la parada del autobús, porque su esposa también trabajaba por las tardes.

Nunca jugó la carta de los niños o la carta de las necesidades especiales. Nunca explicó por qué tenía que irse si una reunión se alargaba, solo decía que tenía que irse y luego se iba. Eso era todo. La mayoría de la gente sabía por qué, pero él no sentía la necesidad de explicarlo o justificarlo. Sabía que no debía jugar a las cartas.[7]

# MODELO A SEGUIR # 5: INVIERTA EN UN SISTEMA DE APOYO

Ninguna de nosotras puede tenerlo todo, o al menos no todo al mismo tiempo. Solo hay un determinado número de horas en el día y tantas cosas que puede lograr, sin importar qué tan bien haya aprendido a liderar. La buena noticia es que usted es una líder, y los líderes saben cómo formar y reclutar un equipo. Estos son los principales sistemas de apoyo en los que las mujeres líderes de alto nivel invierten, acceden con frecuencia y los que han marcado la mayor diferencia en sus vidas y liderazgo.

## 1. SUBCONTRATE TANTO COMO SEA POSIBLE

Desde buscar a alguien que haga los quehaceres de la casa, hasta ir a un restaurante en Nochebuena, hasta pedirles a las madres de la escuela que compren el doble de los útiles para el próximo inicio escolar, las líderes descubren lo que pueden delegar con facilidad. A veces es descubrir cómo repartir las responsabilidades del hogar con nuestro esposo e hijos, a veces es trabajar con un maestro para que nuestro hijo reciba tutoría adicional después de la escuela para que no tengamos que luchar con la tarea, o a veces es reclutar a un miembro de la familia para planificar los juegos del cumpleaños de nuestro niño.

La clave es saber cuál es su mejor contribución para las personas que ama y subcontratar tanto como sea posible para las demás cosas, y dejar de lado la culpa de que no puede ser todo para todos. El objetivo es asegurarse de que alguien cubra las bases.

## 2. PIDA AYUDA

¡Desde esposos, hijos, vecinos, miembros de la iglesia y familiares, la gente quiere ayudarla! Los hombres ciertamente no tienen problemas para pedir ayuda, entonces, ¿por qué nosotras sí? Vivimos en un tiempo único. No hay forma de que podamos hacer todo lo que una ama de casa a tiempo completo hacía hace cuarenta años, además de dirigir, trabajar o ser voluntaria de manera productiva. Simplemente es imposible. No enviamos a nuestros hijos afuera de nuestros hogares durante horas sin supervisión, y la mayoría de nosotras no vivimos a poca distancia de nuestros padres o hermanos para tener una mano extra cuando la necesitamos.

Nuestras vidas son complejas, difíciles y desconectadas. Cuando sentimos la tensión o estamos al límite de lo que podemos lograr por nuestra cuenta, necesitamos reevaluar, descubrir qué podemos dejar o entregar, y luego pedir ayuda. A veces, la mayor ayuda que podríamos necesitar es gente que ore por nosotras. Varios líderes que respeto han reclutado equipos de oración personal a los que pueden llegar para obtener apoyo adicional de oración y aliento continuo en su llamado.

Para aquellas que están casadas, muchas entrevistadas comentaron sobre el increíble apoyo que sus esposos son para ellas. No solo en respaldarlas y alentarlas en lo personal, sino en llevar de forma práctica su parte justa de las tareas del hogar y con los niños.

Si tiene dificultades para obtener el apoyo que necesita, asegúrese de descubrir exactamente lo que necesita y pídalo de forma clara. Desafortunadamente, hasta ahora en nuestra investigación, no hemos identificado a ningún esposo que pueda leer la mente de sus esposas.

## 3. MEZCLE SUS MENTORES

No caiga en la rutina con los mentores. Según las entrevistadas y los resultados de la encuesta, algunas de las mejores asesorías provienen de los hombres. Busque a todo tipo de personas para aprender y modelar después, lea ampliamente, escuche transmisiones de diferentes oradores y perspectivas, y pregúntele a alguien que admire si puede comprarle café y luego llévele una lista de preguntas bien pensadas.

Con mucha frecuencia, queremos una relación profunda, personal, duradera y que requiera mucho tiempo para sentirnos adecuadamente «asesoradas». Pero este tipo de relación rara vez ocurre, o al menos no por mucho tiempo. Dele a las relaciones de mentoría espacio para respirar. Persiga el aprendizaje, y Dios traerá a las personas adecuadas en el momento adecuado. Y prepárese, porque es probable que vengan en paquetes inesperados.

## 4. RELACIÓNESE CON AMIGAS PROFESIONALES

Las relaciones y las conexiones son difíciles para las mujeres líderes, pero se hacen más difíciles cuando lideramos en la iglesia y en realidad no tenemos acceso a nuestra comunidad de la iglesia, al menos no al mismo nivel de autenticidad al que estamos acostumbradas. Además, la dinámica de liderar y ser mujer es única.

He sido muy bendecida al ser parte de una red de mujeres pastoras ejecutivas durante los últimos años. La última vez que estuvimos juntas, por casualidad nos pusimos el apodo de «Unicornios monóculos». Los unicornios comunes no eran lo suficientemente únicos para nosotras, y nosotras también tenemos un solo ojo en lugar de dos. ¡Nos sentimos así de inusuales en el mundo!

Una de las mujeres más jóvenes de nuestro grupo lo describió así:

Todavía estoy tratando de averiguar qué tipo de apoyo necesito, soy una mujer extraña. Soy un gofre, no un espagueti. Lo que alimenta a otras mujeres no me alimenta a mí. No siento deseos de ir a la playa por el día. Me encanta comprar, pero no necesito hacerlo con un montón de amigas. ¿Qué necesito como mujer y como líder? Creo que lo que necesito es *identificación*. Algo que ayuda con la soledad y el aislamiento. Nada es peor que ir a un grupo pequeño o a un evento ministerial con la expectativa de tener conexión y luego convertirse en la pastora del grupo.

Varias mujeres hablaron sobre la construcción de relaciones o los pequeños grupos con mujeres líderes cristianas de alto nivel del mundo profesional, ya sea dentro de su iglesia o mediante otras redes. Recuerdo cómo fue cuando una famosa presentadora de noticias en nuestra iglesia entabló amistad conmigo como «una compañera con influencia y poder». No sabía en qué se convertiría tener una conexión con ella.

Muchas hablaron sobre aprender a cómo no enfocar sus relaciones laborales para que también fueran sus amistades más cercanas. Y dado que, por lo general, teníamos redes similares y probablemente conocíamos a algunas de las mismas personas (pero no siempre), nuestro grupo se convirtió en un lugar seguro para construir amistades reales que no se limitaban solo al trabajo y al liderazgo, aunque esos temas terminaban siendo una gran parte de nuestras conversaciones. «Compartíamos la vida juntas», y a medida que nuestros roles y etapas de la vida cambiaron, nuestras amistades tuvieron suficiente flexibilidad para permanecer intactas, y pudimos apoyarnos de forma mutua en medio de esas transiciones.

Una compañera pastora ejecutiva de nuestro grupo dijo recientemente: «No estoy dispuesta a aceptar el hecho de que lo que Dios tiene para todos los demás no lo tiene para mí». Ella fue tras las mujeres de alta capacidad en su iglesia y formó su propio grupo pequeño con ellas. «Ellas son mis amigas. Hemos servido en Perú juntas. Sabemos cómo apoyarnos las unas a las otras».[8]

Creo que eso es cierto para todas nosotras. Si Dios tiene comunidad, conexión y amistades auténticas disponibles para todos los demás en nuestras iglesias, entonces Él también las tiene para nosotras.

Es posible que estas cuatro ideas no sean exactamente lo que usted, su trabajo o su familia necesitan, pero con suerte le ayudarán a comenzar a pensar en el tipo de equipo y sistemas de apoyo que necesitará para cumplir con alegría y éxito todos los llamados que Dios le ha dado.

## PALABRAS DE ALIENTO

Al final de cada entrevista, le pregunté a las personas qué le dirían a una aspirante a líder del ministerio. Aquí hay una colección de consejos. Espero que le inspire y desafíe en sus próximos pasos. ¡Le estamos animando!

## DE PARTE DE SUS COMPAÑERAS LÍDERES

- «Aprópiese de su viaje. Sea dueña de él. Dé un paso adelante y colóquese en lugares que le desarrollarán, agudizarán y le permitirán ser vista».
- «La iglesia le necesita. El cuerpo de Cristo necesita que usted sea todo lo que Dios le creó para ser... Esto solo funciona cuando todos están haciendo lo que Dios les comisionó».
- «No se trata solo del desarrollo del liderazgo, se trata del *desarrollo del liderazgo espiritual*. Cuando uno es parte del liderazgo espiritual, como en el que estamos en la iglesia, usted va a ser atacado. A Satanás no le va a gustar lo que usted está haciendo. Y si usted no se da cuenta de que está en medio de una guerra espiritual, si no entiende que tiene las herramientas a través de la Palabra de Dios para declarar la Escritura en medio de las situaciones, y si no sabe que tiene que estar muy cerca de Dios, va a tener problemas. Sepa en su corazón quién es usted en Dios y conozca las herramientas que tiene en Él para que pueda tener éxito en el liderazgo espiritual».
- «Yo diría que tenga cuidado con las astillas sobre sus hombros, sobre todo en etapas de anonimato. Ese es probablemente parte del propósito de esa etapa en su vida. No se sienta defectuosa si aún no hay un lugar para usted».
- «Le diría que puede ser todo lo que Dios le ha creado y le ha llamado a ser. Le diría que camine con confianza en la plenitud de

ese llamado, sabiendo que Dios está con usted. Si hace lo que Él le ha dado para hacer, Él le dará poder y le ayudará».

- «Encuentre una mujer líder que esté más avanzada. Tal vez pregunte: "¿Puedo visitar, acercarme y observar a alguien que lo esté haciendo bien?"».

- «*Manténgase hambrienta* por el desarrollo del liderazgo. Usted es responsable de su propio crecimiento y desarrollo. Lea todo lo que pueda, especialmente cuando se trate de crecimiento y desarrollo».

- «Reconozca que la autoridad que está en su vida es dada solo por Cristo y no por una organización o un pastor o un título o una posición. Decidir la apariencia de esa autoridad en la vida no se trata de esperar la oportunidad. Se trata de permitir que el Espíritu Santo le guíe. Porque habrá todas estas pequeñas oportunidades en el camino, en las que usted tendrá que apoyarse y ser fiel, lo cual le fortalecerá su liderazgo. Creo que a veces podemos pasar por alto o minimizar estos pequeños momentos porque estamos esperando la oportunidad que parece real».

- «Su autoridad radica en quién Dios le creó para ser. Nadie puede añadir o quitarle a eso. Y cuanto más sensible sea al Espíritu Santo, más verá esas oportunidades y entrará cuando las puertas se abran. Y hágalo con gratitud».

- «Descubra dónde encuentra su valor. Todo lo demás es simplemente secundario».

- «Encuentre una mujer que pueda entrenarle y asesorarle. Pero no solo mire lo que otra persona puede hacer para ayudarle a levantarse. Encuentre a alguien más joven a quien pueda enseñar y llévela en la travesía con usted. Descubra todas las redes y los lugares donde pueda conectarse con mujeres porque usted está trabajando en un mundo de hombres. Tómese el tiempo para fortalecer quién es usted como persona, y eso es probable que ocurra en el contexto de otras mujeres».

- «Dedique mucho tiempo a aprender las habilidades que necesita y reconozca el hecho de que probablemente tendrá que hacer las cosas mejor que los hombres».

- «Tiene que controlar sus emociones. No puede negar sus emociones, pero tampoco puede dirigir basada en sus emociones. Tiene que guiar desde su llamado, su entrenamiento y las habilidades que Dios le ha dado».

- «Cuando sienta que tiene algo que decir o con qué contribuir, no se detenga. ¡Exprésalo!».

- «Cuando desperdicia energía emocional y mental en algo que en realidad no puede controlar, se está robando todas las otras alegrías que podría estar teniendo. Al final del día, debe decirse a sí misma: "Hice lo mejor que pude". No necesita dedicar ninguna energía a sentirse culpable».

- «Si siente en su corazón el deseo de hacer algo, encuentre formas de hacerlo, incluso si su título no corresponde con esa labor».

- «Dios la ha creado de manera única como mujer. Hay partes de usted que tenderán a dirigir más basada en la emoción y desde una posición de gracia y compasión. Eso es necesario en todos los rincones y en todos los sectores de nuestro mundo, no solo en la iglesia. Recuerde que las personas son el mejor regalo que Dios nos dio. Y debido a que tenemos esta habilidad única como mujeres, a veces amamos más profundamente y vemos el bien en las personas que los hombres no siempre ven. Necesitamos apoyarnos en eso».

- «No deje que el hecho de ser mujer defina su liderazgo. Deje que la forma en que Dios le ha dotado defina su liderazgo».

- «Solo traiga a la mesa lo que tiene que traer a la mesa. No intente ser un camaleón con sus homólogos masculinos. Y no tenga miedo de confiar en un rol que tradicional o principalmente ha sido de los hombres. Me encanta lo que Shelley Giglio le compartió con un grupo de mujeres con las que estaba: "Si alguien le dijo que usted no tiene un lugar en la mesa, no fue Jesús". Esté bien si hay cosas que hace o talentos que posee que histórica o tradicionalmente se han reservado para los hombres en la iglesia».

- «Confíe en Dios. Dios controla los corazones de los reyes. Puede hacer lo que quiera con quien quiera. Nadie podría sacarme del escenario si allí es donde Dios quiere que esté. No intente ponerse a la fuerza en esa posición. Si Dios le llamó, Él abrirá un camino».

- «No se trata de luchar por una agenda. Se trata de servir al Señor y de estar donde Él quiera que sirva. Servir *en realidad* se trata de servidumbre. Sea humilde, pero no tenga miedo de dar un paso y liderar con servidumbre y humildad, y *liderar bien*. Será vista por lo que es y por lo que tiene para dar».

- «Analice brevemente el liderazgo de la iglesia. ¿Es esta una cultura de liderazgo donde las mujeres pueden usar sus dones, talentos y pasiones? Comience allí».

- «Acepte los comentarios y encuentre formas de minimizar sus puntos débiles».

- «Debe hacer lo que hace por obediencia a la forma en que Dios le ha dotado y lo que Él le ha llamado a hacer. Pero tiene que hacerlo sometida a la autoridad bajo la que está».

- «Pregunte todo lo que necesita saber: haga tantas preguntas como sea posible y escuche. Sea agradecida y comunique su gratitud antes de pedir una oportunidad. No retroceda y no se aleje. ¡Vaya por ello! Use sus dones. Vuele, florezca y honre a los demás en el camino».

- «Pelee esas batallas. Preséntese. Necesitamos su voz en nuestra iglesia. La necesitamos en el reino. Analice los obstáculos internos que pueden estar reteniéndola, esos mensajes en su cabeza que está escuchando. Probablemente sean mentiras. Dé esos primeros pasos tan audazmente como pueda para atravesar cualquier puerta que esté abierta. Haga lo mejor que pueda en esos entornos más pequeños. Dios se dará cuenta, y otras personas le abrirán nuevas puertas».

# DE PARTE DE LOS HOMBRES

- «Primero, lamento que históricamente no hayamos hecho espacio para las mujeres. Dirija, encuentre su lugar, encuentre a su mentor y sirva. Puede liderar, servir e influenciar a otros sin tener un título».
- «Póngase a disposición de Dios y a disposición de sus líderes. Simplemente continúe presentándose, siga estando allí y prepárese para ser usada por Dios y sus líderes. Dios le usará, pero tiene que presentarse».
- «Si se siente llamada a liderar, debe informar a sus líderes que está sintiendo este llamado en su vida y pedirles consejo y asesoría. Pídales que hablen sobre áreas que pueden estar poco desarrolladas o en las que necesita trabajar. Usted puede ser un catalizador para ayudar a desbloquear algo para otras mujeres».
- «Prepárese para sentirse incómoda porque así será. Puede que tenga que trabajar más duro que otros, pero será mejor en eso. Sus dones y sus habilidades serán más fuertes porque ha sido pionera en una nueva expresión de la gracia y el liderazgo de Dios dentro de su iglesia».
- «Como líder, no veo nada en usted que Jesús no haya visto. Cuando Pablo dijo que somos obra de Dios y que fuimos creados para hacer buenas obras, no hay parámetros sobre eso: hombre o mujer. Eso nos incluye a todos».
- «A cualquier muchacha joven aspirante a líder en la iglesia, le diría: "¡Vuele!". Explore el don espiritual del liderazgo. Explore su aptitud para ello y deje que su aprendizaje y su pasión sean ilimitados. En este sentido, la idea de "nómbralo y reclámalo" es bastante buena».
- «Aprenda de otros hombres y mujeres líderes. Encuentre a alguien, una o dos personas, a quienes pueda hacer preguntas de forma periódica para crecer y aprender. Creo que el desarrollo del liderazgo es realmente en esencia un desarrollo personal, así

que busque las oportunidades que le ayudarán a madurar o desarrollar su liderazgo».

- «Si está en un lugar donde transita por el lodo debido al entorno en el que se encuentra, asegúrese de que Dios le haya llamado específicamente allí».

- «Dirija una "audiencia de uno". Al final de la jornada, nuestro valor como líderes tendrá que venir de cómo lideramos en relación con lo que Dios nos está llamando a hacer».

- «Sea lo mejor que pueda ser y busque las oportunidades y las puertas abiertas. Y cuando tenga una, aprovéchela al máximo. Y si la puerta no está abierta, es posible que deba darle un pequeño empujón».

- «Sea la mejor versión de usted misma. No intente ser otra persona. No mire a otros grandes líderes e intente emular las cosas que no están sincronizadas con lo que usted es. Sea la mejor versión de usted misma. No necesitamos plantillas de otras personas presentándose. Lo que necesitamos son mujeres líderes *totalmente vivas* en nuestras iglesias».

## Y DE MI PARTE

Uno de los grandes honores de escribir este libro fue poder entrevistar a Nancy Beach, antigua integrante de la Iglesia Willow Creek Community, autora de *Las mujeres lideran mejor* y, al menos para mí, una de mis pocas mujeres modelos a seguir en el ministerio que ha estado presente desde mis veinte años. Dios la ha usado de forma valiente y gentil a la vanguardia al plantear cuestiones de género en la iglesia evangélica, y todavía está ayudando a crear entornos seguros y acogedores para las mujeres líderes.

Pensé que sería apropiado terminar con algunas de sus reflexiones sobre lo que significa ser una de las primeras en abrir un camino que otras mujeres podrán seguir.

Uno de mis lados negativos es que le presto demasiada atención a lo que la gente piensa de mí. Controlo mi imagen y busco aprobación. La combinación de esas negatividades, además de ser la primera mujer en estar realmente «allá afuera», me hizo temer que podría equivocarme, ya fuera en mi desempeño laboral, o moralmente, o en el carácter, o en algo así, y las personas dirían: «Bueno, mira, eso es lo que sucede cuando ponen a una mujer en el liderazgo». Llevaba un *peso* tremendo.

Henry Gates es profesor afroamericano en Harvard, y está en la junta directiva de muchas organizaciones donde es la única persona de color. Él lo llama la «carga de ser icónico», que es el peso de ser un símbolo para la raza, en su caso. Y creo que he sentido esa carga de ser icónica como representante de mi género, lo cual es ridículo. No estoy representando a todas las mujeres, y nadie me pidió que hiciera eso. Pero sabía que estaba abriendo nuevos caminos en mi iglesia y que otras iglesias estaban observando. Solo quería asegurarme de hacerlo bien.

Miro a algunas de las mujeres que me siguieron y siento que veo algunas de las mismas tentativas en ellas. Solo quiero decir: «¿Sabe qué? ¡Adelante! Todos vamos a cometer errores. Todos tenemos tanto miedo de cometer errores, pero así es como se aprende. Simplemente haga lo mejor que pueda con el conocimiento que tiene. Pero necesita dejarse ver». Me tomó un tiempo, pero aprendí a aparecer y he encontrado mi voz con mayor fuerza.[9]

Le dije que lo hizo bien y que muchos de nosotros estamos recibiendo los beneficios.

Mi oración por usted es que escuche la voz de Dios más fuerte que la de cualquier otra persona. Cuando alguien comente sobre sus «buenas caderas de parto», se olvide de incluirla en una oportunidad, tenga miedo de trabajar con usted, la pase por alto, desestime su opinión, le pague menos o cualquier otra cosa que le quite la confianza o le haga cuestionar su habilidad para ser una fuerza en el reino, le pido que escuche la voz de Dios recordándole quién es, a quién pertenece y lo que realmente importa.

Creo que mientras seamos fieles para seguir apareciendo, seguir apoyándonos en las lecciones de santidad que Dios tiene para nosotras, seguir encontrando nuestra voz, seguir aprovechando las puertas que Dios abre y seguir aprendiendo (incluso de nuestros errores), estamos haciendo nuestra parte. Y las mujeres que nos siguen harán su parte. Y veremos qué sucede cuando Dios desate el potencial de Sus *mujeres* en Su reino.

No puedo esperar para verlo.

A Dios sea la gloria.

## PREGUNTAS DE DEBATE DE MODELOS A SEGUIR PARA MUJERES LÍDERES

1. ¿Cuál ha sido la parte más difícil de comprender bien su llamado?
2. ¿Qué tan bien conoce y comprende su entorno ministerial?
3. En una escala del uno al diez (siendo el diez el más natural), ¿cuán natural es para usted tener una mentalidad de «suficiente para todos»?
4. ¿Qué cartas tiende a jugar? ¿Cómo puede abordar situaciones difíciles de una manera saludable pero enérgica?
5. ¿Tiene sistemas de apoyo? Si es así, ¿con qué frecuencia invierte en o accede a ellos? ¿Qué puede hacer esta semana para estar más involucrada?
6. ¿Qué declaración de la sección «Palabras de aliento» le habló más y por qué?

# AGRADECIMIENTOS

Me gustaría agradecer a los incontables hombres y mujeres que trabajan duro cada día para ayudar a otros a crecer y desarrollarse, sobre todo en la iglesia local. Soy una receptora de su pasión y dones. Que todos seamos fieles en transmitir el mayor de todos los dones, la fe en Jesús, y lo que cuesta liderar bien en tiempos desafiantes.

Este proyecto no hubiera sido posible sin la generosidad de las increíbles personas a las que tuve el privilegio de entrevistar y las más de mil mujeres en todo el mundo quienes gentilmente compartieron sus historias y perspectivas en nuestra encuesta. Gracias por aparecer, dejar que sus voces se escucharan y compartir sus historias con todos nosotros.

Gracias a Amber Smart, Amy Anderson, Andrea Lathrop, Ashley Murphy, Becca Rowe, Bill Willits, Crystal Hart, Danielle Best, Debbie Pell, Dee Ann Turner, Denise McCleese, Giselle Jenkins, Heather Magnum, Janet McMahan, Jeanne Stevens, Jenni Catron, Jerry Hurley, Jo Anne Lyon, John Ortberg, Jon Ferguson, Judy West, Julie Bullock, Kathy Beechum, Kem Meyer, Kristi Kirschmann, Lindsay Willis, Mallory Bassham, Nancy Beach, Renee Cole, Sherry Surratt, Todd Mullins y a las mujeres de la reunión de pastoras ejecutivas del 2018.

Un gran agradecimiento al equipo de Kadi Cole & Company por su confianza en mí y en aquellos a quienes estamos llamados a servir. Un reconocimiento especial a Renée Miller y Danielle Borzillo, por todo su asombroso trabajo detrás de la escena. Y un agradecimiento muy grande a Carolyn Reed Master, por su experiencia, ánimo y trabajo enormemente duro para preparar este libro para el editor. No podría haber hecho esto sin ti. Nuestra amistad de casi veinte años es un tesoro.

A los equipos de la compañía editorial Thomas Nelson / HarperCollins Christian Publishing y de Leadership Network, en especial a Joey Paul y Greg Ligon: gracias por arriesgarse con tanta valentía por mí y por este tema. Un agradecimiento especial a Susan Ligon por su amistad e inversión profesional en mí.

Gracias a…

Mis amigos, que apoyaron sin vacilaciones este proyecto y me dieron comentarios críticos y muy necesarios en todas las etapas de los conceptos y el manuscrito: los amo y los aprecio a cada uno de ustedes.

Mis compañeras «Unicornios monóculos» del grupo de pastoras ejecutivas: estoy muy contenta de que juntas podamos ser unas inadaptadas.

Judy West, por tu amistad, mente increíble e incontables horas de sabios comentarios.

Debbie Pell y Jeannette Cochran, por su pasión y el don de ayudarme a pensar en grande.

Jill Brandenburg: este libro parece otra extensión más de tu liderazgo en mi vida. Gracias por todo.

Mi mamá, porque de ti recibí mi primera ronda de comentarios confiables y por siempre animarme, aun cuando no estabas muy segura de lo que estaba hablando.

Karen McNenny: eres mi amiga de toda la vida, colega profesional, mentora abundante y porrista personal. Siempre McLangy.

Mi hermandad personal, que me apoya, me alienta y ora por mí: Robin Stark, Sara Grace Wall, Renee Cole, Wendy Colbo, Renee Travis, Sue Muller, Bev Bonner, Brenda Sue Cole, Sandy Crawford y en memoria de Heather Koller: cada uno de ustedes es un tesoro en mi vida.

Mi maravillosa familia, Matt y Ethan: gracias no solo por apoyarme, sino por no quejarse mientras trabajo. Les amo mucho. Ustedes son mi llamado más importante.

Y un agradecimiento final a nuestro magnífico Señor. Qué aventura es amarte y seguirte. No lo cambiaría por nada.

# NOTAS

## BIENVENIDA

1. Vivian Hunt, Dennis Layton y Sara Prince, *Diversity Matters* (McKinsey & Company; 2 febrero 2015): https://www.mckinsey.com/~/media/mckinsey/business%20functions/organization/our%20insights/why%20diversity%20matters/diversity%20matters.ashx.

## MODELO A SEGUIR # 1: TRATE DE ENTENDER

1. Leadership Network (http://leadnet.org/) es una colaboración de liderazgo para pastores e iglesias con más de doscientos mil líderes de iglesias alrededor del mundo, comprendidos en la red para adquirir conocimiento innovador y estimular el impacto del ministerio local.

2. David M. Scholer, «1 Timoteo 2:9-15 y el lugar de la mujer en el ministerio de la iglesia», en *Women, Authority & The Bible*, ed. Alvera Michelsen (Downers Grove, IL: InterVarsity Press, 1986), pp. 193-219.

3. Robyn Wilkerson, *Shattering the Stained Glass Ceiling: A Coaching Strategy for Women Leaders in Ministry* (Springfield, MO: Influence Resources, 2017), p. 5.

4. Constitución de Estados Unidos, enmienda XIX.

5. Ley de Igualdad Salarial de 1963 (EPA, por sus siglas en inglés), Constitución de Estados Unidos 29, capítulo 8, § 206 (d).

6. Ley de Igualdad de Oportunidad de Crédito, Constitución de Estados Unidos 12, 1691 y siguientes. (1975 L).

7. Taylor v. Louisiana, 419 EE. UU. 522 (1975).

8. Pub. L. No. 95-555, 92 Stat. 2076 (1978).

9. Código 42 EE. UU. § 2000e_4, Comisión de Oportunidad Igualitaria de Empleo.

10. Julie Roys, presentadora: «¿Cuál es la visión de Dios para la mujer?», *Up for Debate* [Tiempo de debate] (pódcast MP3), Moody Bible Radio, 9 diciembre 2017: https://moodyaudio.com/products/what-gods-vision-womanhood.

11. Danielle Best, entrevista por Kadi Cole, Royal Palm Beach, Florida, 14 febrero 2018.

12. J. J. DiGeronimo, «Sticky Floor Syndrome and Other Self Sabotage» [Síndrome del piso pegajoso y otro auto sabotaje]: https://www.jjdigeronimo.com/sticky-floor-syndrome-self-sabotage/, JJ DiGeronimo's website, 16 abril 2018.

13. Rebecca Shambaugh, *It's Not a Glass Ceiling, It's a Sticky Floor: Free Yourself from the Hidden Behaviors Sabotaging Your Career Success* (Nueva York: McGraw-Hill, 2008), pp. xiii–xv.

14. Tara Mohair, «Why Women Don't Apply for Jobs Unless They're 100% Qualified» [Por qué las mujeres no aplican para un empleo a menos que estén cien por ciento calificadas] *Harvard Business Review*, 24 agosto 2014: https://hbr.org/2014/08/why-women-dont-apply-for-jobs-unless-theyre-100-qualified.

15. DiGeronimo, «Sticky Floor Syndrome and Other Self Sabotage» [Síndrome del piso pegajoso y otro autosabotaje].

## MODELO A SEGUIR # 2: DEFINA CON CLARIDAD LO QUE CREE

1. Bill Willits, entrevista por Kadi Cole, Royal Palm Beach, FL, 22 febrero 2018.

2. Encuesta a mujeres líderes de iglesias, febrero 2018: https://www.surveymonkey.com/r/FemaleChurchLeadersSurvey.

3. Encuesta a mujeres líderes de iglesias.

4. Marco Antonio de Dominis: *De Republica Ecclesiastica* (London: Billius, 1617), 1:676.

5. Wayne Grudem: *Teología sistemática: Una introducción a la doctrina bíblica* (Grand Rapids, MI: Vida, 2007).

6. Charles Ryrie: *Teología básica* (Miami, FL: Unilit, 1993), pp. 57-58.

7. Kevin Giles: *The Trinity & Subordinationism: The Doctrine of God & the Contemporary Gender Debate* (Downers Grove, IL: IVP Academic, 2002), p. 15.

8. Dictionary.com: http://www.dictionary.com/browse/equalitarianism.

9. Grudem, *Teología sistemática: Una introducción a la doctrina bíblica* (Miami, FL: Vida, 2009), p. 245 de la edición en inglés.

10. Para un estudio más profundo sobre las posiciones bíblicas y teológicas del igualitarismo y la complementariedad, por favor, consulte los siguientes recursos: CBE International (Christians for Biblical Equality): https://www.cbeinternational.org/; CBMW (the Council on Biblical Manhood and Womanhood): https://cbmw.org.

11. El contenido de la publicación del blog de Adrian Warnock se usó en la creación de la gráfica teológica. Ver Warnock: «Gender: Complementarian vs Egalitarian Spectrum», 24 septiembre 2012: http://www.patheos.com/blogs/adrianwarnock/2012/09/gender-roles-a-complementarian-and-egalitarian-spectrum/.

12. Estadística del 61 %: Congregaciones de Estados Unidos, Blog, 2 febrero 2017: accedido 16 febrero 2018: http://www.uscongregations.org/blog/2014/02/17/what-are-the-major-challenges-that-u-s-congregations-face/.

## MODELO A SEGUIR # 3: EXTRAIGA DEL MUNDO EMPRESARIAL

1. Kathy Beechum, entrevista por Kadi Cole, Royal Palm Beach, FL, 20 enero 2018.

2. Robin J. Ely, Herminina Ibarra y Deborah Kolb: «Taking Gender into Account: Theory and Design for Women's Leadership Development Programs» [Tomar en cuenta el género: Teoría y diseño de programas de desarrollo de liderazgo de las mujeres], *Academy of Management Learning & Education* 10, no. 3 (septiembre 2011): 3: https://www.hbs.edu/faculty/Pages/item.aspx?num=41610.

3. Andrea Lathrop, entrevista por Kadi Cole, Royal Palm Beach, FL, 24 enero 2018.

4. James Strong, *Nueva concordancia Strong exhaustiva de la Biblia* (Grand Rapids, MI: Vida, 2002), referencia 2941. P. 49 del diccionario de las palabras griegas.

5. Jenny Catron, entrevista por Kadi Cole, Royal Palm Beach, 16 enero 2018.

6. Mallory Basham, reunión desayuno de WXP en la conferencia XP en la Iglesia Gateway en Southlake, Texas, con Kadi Cole, 8 marzo 2018.

7. Efrem Smith, y otros, *Let Women Lead*, Missio Alliance, 22 febrero 2018, seminario web: https://www.missioalliance.org/product/let-women-lead-webinar/.

8. Debate de mesa redonda sobre pastoras ejecutivas, Dallas, Texas, 8 marzo 2018.

9. Barna Group, «Christian Women Today, Part 1 of 4: What Women Think of Faith, Leadership and Their Role in the Church» [Las mujeres cristianas de hoy, parte 1 de 4: Lo que las mujeres piensan de la fe, el liderazgo y su rol en la iglesia], Barna.com, 13 agosto 2012: https://www.barna.com/research/christian-women-today-part-1-of-4-what-women-think-of-faith-leadership-and-their-role-in-the-church/.

10. Linda Schantz, debate en el desayuno de pastoras ejecutivas con Kadi Cole, Dallas, Texas, 8 marzo 2018.

11. Ashley Murphy, entrevista por Kadi Cole, Royal Palm Beach, FL, 1 febrero 2018.

12. Jerry Hurley, entrevista por Kadi Cole, Royal Palm Beach, FL, 15 febrero 2018.

13. Stephen J. Dubner, «After a Glass Ceiling; A Glass Cliff» [Después de un techo de cristal; un precipicio de cristal], Freakonomics Podcast, 14 febrero 2018: http://freakonomics.com/podcast/glass-cliff/.

## MODELO A SEGUIR # 4: INTEGRE LA FORMACIÓN ESPIRITUAL Y EL DESARROLLO DEL LIDERAZGO

1. Rod Rogers: Pastor Driven Stewardship: *10 Steps to Lead Your Church to Biblical Giving* (Dallas, TX: Brown Books, 2006), p. 92.

2. Jeanne Stevens, entrevista por Kadi Cole, Royal Palm Beach, FL, 19 abril 2018.

3. Andrea Lathrop, entrevista por Kadi Cole, Royal Palm Beach, FL, 24 enero 2018.

4. *Encuesta a mujeres líderes de la iglesia* (ver capítulo 2, n. 3).

5. Congregaciones estadounidenses: «¿Cuáles son los principales desafíos que enfrentan las congregaciones estadounidenses?» *USCLS* (blog de Encuesta de vida congregacional), 8 octubre 2018: http://www.uscongregations.org/blog/2014/02/17/what-are-the-major-challenges-that-u-s-congregations-face/.

6. Jill Brandenburg, entrevista por Kadi Cole, Royal Palm Beach, FL, 23 enero 2018.

7. Dr. J. Robert Clinton: *The Making of a Leader: Recognizing the Lessons and Stages of Leadership Development* (Colorado Springs: NavPress, 2012), p. 22.

8. Catalizador: «Condenado o fracasado: Estudio de catalizadores sobre los estereotipos de género en el trabajo descubre conflictos sin solución para

las mujeres», Catalyst.org: http://www.catalyst.org/media/damned-or-doomed-catalyst-study-gender-stereotyping-work-uncovers-double-bind-dilemmas-women (14 marzo 2018).

9. Sheryl Sandberg: *Lean In: Women, Work and the Will to Lead* (Nueva York: Alfred A. Knopf, 2013), pp. 39-40.

10. Kathleen L. McGinn y Nicole Tempest: «Heidi Roizen», Caso 800-228 de la Harvard Business School, enero 2000 (revisado en abril 2010): https://www.hbs.edu/faculty/Pages/item.aspx?num=26880.

11. Becca Rowe, entrevista por Kadi Cole, Royal Palm Beach, FL, 1 febrero 2018.

12. Judy West, entrevista por Kadi Cole, Royal Palm Beach, FL, 16 enero 2018.

13. Jo Anne Lyon, entrevista por Kadi Cole, Royal Palm Beach, FL, 23 enero 2018.

14. *Encuesta a mujeres líderes de la iglesia.*

15. Amy Anderson, entrevista por Kadi Cole, Royal Palm Beach, FL, 17 enero 2018.

16. Pauline Rose Clance y Suzanne Imes: «El fenómeno del impostor en mujeres altamente competentes: Dinámicas e intervención terapéutica», *Psychotherapy Theory, Research and Practice 15*, no. 3 (otoño de 1978): 1: http://www.paulineroseclance.com/pdf/ip_high_achieving_women.pdf.

17. Amber Smart, entrevista por Kadi Cole, Royal Palm Beach, FL, 15 enero 2018.

18. Steven J. Stein y Howard E. Book: *The EQ Edge: Emotional Intelligence and Your Success* (Mississauga, ON: Jossey-Bass, 2006), pp. 13-26.

19. Debbie Pell, entrevista por Kadi Cole, Royal Palm Beach, FL, 17 enero 2018.

20. John M. Grohol: «15 Cognitive Distortions», Psych Central, actualizado, 12 abril 2018: https://psychcentral.com/lib/15-common-cognitive-distortions/.

21. Reuven Bar-On: «The BarOn Model of Social and Emotional Intelligence (ESI, por sus siglas en inglés)» *Psicothema* 18 Suppl (febrero 2006): S 13–25, http://www.eiconsortium.org/reprints/bar-on_model_of_emotional social_intelligence.htm.

22. Henry Cloud y John Townsend, *How People Grow: What the Bible Reveals About Personal Growth* (Grand Rapids, MI: Zondervan, 1996), p. 117.

23. Bob Goff: *A todos, siempre: Amar en un mundo lleno de contratiempos y gente difícil* (Nashville, TN: Grupo Nelson, 2019), p 163.

24. Carolyn Cunningham: «Las diferencias de género en la comunicación y

cómo esto afecta el avance de las mujeres» Conferencia de mujeres líderes, Spokane, WA, 14 marzo 2018.

25. Debbie Pell, entrevista por Kadi Cole, Royal Palm Beach, FL, 17 enero 2018.
26. Cunningham: «Las diferencias de género en la comunicación».
27. Peter Scazzero: *The Emotionally Healthy Leader: How Transforming Your Inner Life Will Deeply Transform Your Church, Team, and the World* (Grand Rapids: Zondervan, 2015), p. 50.
28. Kem Meyer, entrevista por Kadi Cole, Royal Palm Beach, FL, 7 febrero 2018.
29. Parker Palmer: *Let Your Life Speak: Listening for the Voice of Your Vocation* (San Francisco: Jossey-Bass, 2000), p 78.
30. Cloud y Townsend: *How People Grow*, p. 134.

## MODELO A SEGUIR # 5: SEA «OTRO»

1. Henry Cloud: *El poder del otro* (Nueva York: Harper, 2017), pp. 8-9.
2. Cloud, p. 13.
3. El acrónimo significa «Madres de niños en edad preescolar». Comenzó en 1973 cuando un grupo de madres de niños pequeños se unieron para compartir sus vidas y sus viajes de crianza. En los últimos 45 años, MOPS ha ampliado su alcance para incluir a las madres con niños mayores, asociándose con iglesias y organizaciones de todo el mundo para equipar y alentar a las madres en más de 60 países.
4. Sherry Surratt, entrevista por Kadi Cole, Royal Palm Beach, FL, 29 enero 2018.
5. *Encuesta a mujeres líderes de la iglesia* (ver cap. 2, n. 3).
6. Dan Schawbel: «Sylvia Ann Hewlett: Find a Sponsor Instead of a Mentor», *Forbes*, 10 septiembre 2013: https://www.forbes.com/sites/danschawbel/2013/09/10/sylvia-ann-hewlett-find-a-sponsor-instead-of-a-mentor/2/#41aa5359330b.
7. *Encuesta a mujeres líderes de la iglesia*.
8. Gail M. McGuire: «Gender, Race, and the Shadow Structure: A Study of Informal Networks and Inequality in a Work Organization», *Gender and Society* 16, no. 3 (2002): pp. 303-22: http://www.jstor.org/stable/3081781.
9. *Encuesta a mujeres líderes de la iglesia*.
10. Anna Marie Valerio y Kartina Sawyer: «The Men Who Mentor Women», *Harvard Business Review*, 7 diciembre 2016: https://hbr.org/2016/12/the-men-who-mentor-women.
11. Valerio y Sawyer.

12. Susan Colantuono: «The Career Advice You Probably Didn't Get» TED, 16 noviembre 2013: https://www.ted.com/talks/susan_colantuono_the_career_advice_you_probably_didn_t_get.

13. Sylvia Ann Hewlett: *Forget a Mentor, Find a Sponsor* (Boston, MA: Harvard Business Review Press, 2013), 18-20, Kindle.

14. Jennifer Ludde, «Ask for a Raise? Most Women Hesitate», NPR, 8 febrero 2011: https://www.npr.org/2011/02/14/133599768/ask-for-a-raise-most-women-hesitate.

15. Dan Schawbel: «Sylvia Ann Hewlett: Find a Sponsor Instead of a Mentor », *Forbes*, 10 septiembre 2013: https://www.forbes.com/sites/danschawbel/2013/09/10/sylvia-ann-hewlett-find-a-sponsor-instead-of-a-mentor/2/#41aa5359330b.

16. Schawbel.

17. Jerry Hurley, entrevista por Kadi Cole, Royal Palm Beach, FL, 15 febrero 2018.

18. Carolyn Gordon, en «Women in Ministry» video de YouTube, 1:51, publicado por el Seminario Teológico Fuller, 19 agosto 2015: https://www.youtube.com/watch?v=D-GqCCmJIAs.

19. Bill Willits, entrevista por Kadi Cole, Royal Palm Beach, FL, 22 febrero 2018.

20. Arlie Hochschild, con Anne Machung, *The Second Shift: Working Families and the Revolution at Home* (Nueva York: Grupo Penguin, 2012), p. 4.

21. Sylvia Ann Hewlett, Executive Presence: *The Missing Link Between Merit and Success* (Nueva York: HarperCollins, 2014), p. 166.

22. Judy West, entrevista por Kadi Cole, Royal Palm Beach, FL, 22 enero 2018.

## MODELO A SEGUIR # 6: CREE UN ENTORNO DE SEGURIDAD

1. Laura Santhanam: «Poll: A Third of Women Say They've Been Sexually Harassed or Abused at Work», noticias del Servicio Público de Divulgación (PBS, por sus siglas en inglés), 21 noviembre 2017: https://www.pbs.org/newshour/nation/poll-a-third-of-women-say-theyve-been-sexually-harassed-or-abused-at-work.

2. *Encuesta a mujeres líderes de la iglesia* (ver cap. 2, n. 3).

3. Claire Miller: «Unintended Consequences of Sexual Harassment Scandals», *New York Times*, 9 octubre 2017: https://www.nytimes.com/2017/10/09/upshot/as-sexual-harassment-scandals-spook-men-it-can-backfire-for-women.html (20 abril 2018).

4. Billy Graham: *Tal como soy* (Miami, FL: Vida, ©1997), pp. 128-29 de la edición en inglés.
5. Joseph Myers: *The Search to Belong: Rethinking Intimacy, Community, and Small Groups* (Grand Rapids: Zondervan, 2003), pp. 20, 39-54.
6. Karen Longman: «¿Pisos pegajosos? ¿Techos de cristal empañados? Enfrentando las barreras que impiden que las mujeres asuman liderazgo», Sesiones de análisis, Desarrollo de las mujeres en conferencia de liderazgo, Azusa, CA, 5 marzo 2018.
7. Peggy Martin: *The Therapeutic Use of Self* (London: Palgrave, 1987), 38.
8. L. Gunzareth, V., y otros: «Instituto Nacional sobre el abuso de alcohol e informe de alcoholismo en el consumo moderado», Alcohol: Clinical and Experimental Research 28, no. 6 (junio 2004): pp. 829–47: https://www.ncbi.nlm.nih.gov/pubmed/15201626.
9. John Ortberg: entrevista electrónica por Kadi Cole, 8 de febrero de 2018.
10. *Encuesta a mujeres líderes de la iglesia.*
11. «Acoso»: Comisión para la Igualdad de Oportunidades en el Empleo de Estados Unidos, 2 mayo 2018: https://www.eeoc.gov/laws/types/harassment.cfm.

## MODELO A SEGUIR # 7: MEJORE LAS PRÁCTICAS DE SU GENTE

1. Kem Meyer (ver cap. 4, n. 28).
2. Keith Payne, Laura Niemi y John M. Doris: «Cómo pensar en "prejuicios implícitos"», *Scientific American,* 27 marzo 2018: https://www.scientificamerican.com/article/how-to-think-about-implicit-bias/.
3. Emily Pronin, Daniel Y. Lin y Lee Ross: «The Bias Blind Spot: Perceptions of Bias in Self Versus Others», boletín de personalidad y psicología social 28, no. 3 (marzo 2002): pp. 369-81: https://doi.org/10.1177/0146167202286008.
4. Kate Shellnut: «Women's March Sets Out to Exclude 40 Percent of American Women», *Christianity Today,* 18 enero 2017: https://www.christianitytoday.com/women/2017/january/womens-march-sets-out-to-exclude-40-percent-of-american-wom.html.
5. Laura Ortberg Turner: «The Christian F-Word», *Christianity Today,* 5 septiembre 2013: https://www.christianitytoday.com/women/2013/september/christian-f-word.html.
6. Max de Pree: *El liderazgo es un arte* (México, D. F. : Lasser Press Mexicana, 2002), p. 11.
7. *Encuesta a mujeres líderes de la iglesia* (ver cap. 2, n. 3).

8. Kathryn Vasel: «5 Things to Know About the Gender Pay Gap», CNN Money, 4 abril 2017: http://money.cnn.com/2017/04/04/pf/equal-pay-day-gender-pay-gap/index.html?iid=EL.

9. Ashley Milne-Tyte, presentadora, Episodio 105: «The Assistant», The Broad Experience (pódcast en MP3), 15 mayo 2017: https://itunes.apple.com/us/podcast/the-broad-experience/id524835071?mt=2.

10. Julia Carpenter: «Why Men Need to Believe in the Wage Gap», CNN Business, 20 febrero 2018: http://money.cnn.com/2018/02/20/pf/men-wage-gap/index.html.

11. Cyrus Schleifer y Amy D Miller: «Occupational Gender Inequality Among American Clergy, 1976-2016: Revisiting the Stained-Glass Ceiling», *Sociology of Religion* 78, no. 4 (8 enero 2018): pp. 387-410: https://doi.org/10.1093/socrel/srx032.

12. *Encuesta a mujeres líderes de la iglesia* (ver cap. 2, n. 3).

13. *Encuesta a mujeres líderes de la iglesia.*

14. *Encuesta a mujeres líderes de la iglesia.*

15. *Encuesta a mujeres líderes de la iglesia.*

16. Shelley Correll, Stephan Benard e In Paik: «Getting a Job: Is There a Motherhood Penalty?», Programa de políticas públicas y de mujeres de la Escuela de Gobierno Kennedy de la Universidad de Harvard, Portal de acción de género, marzo de 2007: http://gap.hks.harvard.edu/getting-job-there-motherhood-penalty (25 abril 2018).

17. *Encuesta a mujeres líderes de la iglesia.*

18. The Sloan Center on Aging & Work at Boston College, «Workers Need: Improved Performance & Productivity»: http://workplaceflexibility.bc.edu/need/need_employers_performance (25 mayo 2018).

19. Jerry Hurley, entrevista por Kadi Cole, Royal Palm Beach, FL, 15 febrero 2018.

20. Kem Meyer, entrevista por Kadi Cole, Royal Palm Beach, FL, 7 febrero 2018.

21. Shelley Correll y Caroline Simard: «Investigación: Retroalimentación imprecisa detiene a las mujeres», *Harvard Business Review,* 29 abril 2016: https://hbr.org/2016/04/research-vague-feedback-is-holding-women-back.

22. Paola Cecchi-Dimeglio: «How Gender Bias Corrupts Performance Reviews and What to Do About It», *Harvard Business Review,* 12 de abril de 2017: https://hbr.org/2017/04/how-gender-bias-corrupts-performance-reviews-and-what-to-do-about-it.

23. Jack Warren y Cindy Park, entrevista por Kadi Cole, Royal Palm Beach, FL, 24 abril 2018.
24. *Encuesta a mujeres líderes de la iglesia.*
25. *Encuesta a mujeres líderes de la iglesia.*
26. *Encuesta a mujeres líderes de la iglesia.*
27. *Encuesta a mujeres líderes de la iglesia.*
28. *Encuesta a mujeres líderes de la iglesia.*
29. *Encuesta a mujeres líderes de la iglesia.*

## MODELO A SEGUIR # 8: CAMBIE SU CULTURA

1. David Campbell, David Edgar y George Stonehouse: *Business Strategy: An Introduction*, 3.ª ed. (London: Palgrave Macmillan, 2011), p. 263.
2. Wikipedia, «ecotono», esta página se editó por última vez el 3 sep. 2019: https://es.wikipedia.org/wiki/Ecotono.
3. Susan Walker y otros: «Properties of Ecotones: Evidence from Five Ecotones Objectively Determined from a Coastal Vegetation Gradient», *Journal of Vegetation Science* 14, no. 4 (9 abril 2009): pp. 579-90: https://doi.org/10.1111/j.16541103.2003.tb02185.x.
4. Ken Behr: «How Christian Subculture Can Be a Stumbling Block», *Church Executive* (blog), 7 junio 2012: https://churchexecutive.com/archives/how-christian-subculture-can-be-a-stumbling-block.
5. Behr.
6. Carolyn Cunningham: «Gender Differences in Communications and How That Impacts Women's Advancement», Conferencia de mujeres líderes, Spokane, WA, 14 marzo 2018.
7. Lindsay Willis, entrevista por Kadi Cole, Royal Palm Beach, FL, 24 enero 2018.
8. Susan Chira: «The Universal Phenomenon of Men Interrupting Women», *New York Times*, 14 junio 2017: https://www.nytimes.com/2017/06/14/business/women-sexism-work-huffington-kamala-harris.html.
9. Jessica Bennett: «How Not to Be 'Manterrupted' in Meetings», *Time*, 20 enero 2015: http://time.com/3666135/sheryl-sandberg-talking-while-female-manterruptions/.
10. Henry Louis Mencken: *Prejudices: Second Series* (Nueva York: Alfred A. Knopf, 1920), p. 155.
11. Joan C. Williams: «What Works for Women at Work», video: Stanford VMware Women's Leadership Innovation Lab, 11 de octubre 2018: https://womensleadership.stanford.edu/whatworks.

12. Tony Hsieh: *Delivering Happiness: ¿Cómo hacer felices a tus empleados y duplicar tus beneficios?* (Barcelona, España: Profit Editorial, 2015), p. 154.

13. Janet H. Cho: «"Diversity Is Being Asked to the Party; Inclusion Is Being Asked to Dance" Verna Myers Tells Cleveland Bar", Verna Myers le dice a Cleveland Bar», Cleveland.com, 27 mayo 2016: http://www.cleveland.com/business/index.ssf/2016/05/diversity_is_being_invited_to.html.

14. Ann Sweigart: «Women on Board for Change: The Norway Model of Boardroom Quotas as a Tool for Progress in the United States and Canada», *Northwest Journal of International Law & Business* 32, no. 4 (2012): p. 81: http://scholarlycommons.law.northwestern.edu/njilb/vol32/is s 4/6.

15. Belle Derks y otros: «Do Sexist Organizational Cultures Create the Queen Bee?», *British Journal of Social Psychology* 50, no. 3 (septiembre 2011): pp. 519-35: https://doi.org/10.1348/014466610X525280.

16. Jon Ferguson, entrevista por Kadi Cole, Royal Palm Beach, FL, 15 enero 2018.

17. Ferguson.

## PRÓXIMOS PASOS Y CONSIDERACIONES FINALES PARA LAS IGLESIAS

1. Krissah Thompson: «In March on Washington, White Activists Were Largely Overlooked but Strategically Essential», *Washington Post*, 25 agosto 2013: https://www.washingtonpost.com/lifestyle/style/in-march-on-washington-white-activists-were-largely-overlooked-but-strategically-essential/2013/08/25/f2738c2a-eb27-11e2-8023-b7f07811d98e_story.html?utm_term=.d975b97a5a9c.

2. Grupo Barna: «Christian Women Today, Part 1 of 4: What WomenThink of Faith, Leadership and Their Role in the Church», Barna, 13 agosto 2012: https://www.barna.com/research/christian-women-today-part-1-of-4-what-women-think-of-faith-leadership-and-their-role-in-the-church/.

3. Jo Anne Lyon, entrevista por Kadi Cole, Royal Palm Beach, FL, 23 enero 2018.

## MODELOS A SEGUIR PARA MUJERES LÍDERES

1. *El descanso:* dirigida por Nancy Meyer, Columbia Pictures, 2006.

2. Phil-Israel: *The Banner of Israel* vol. 17 (2012), p. 482: www.RareBooksClub.com.

3. Phil-Israel: *The Banner of Israel.*

4. Belle Derks, Naomi Ellemers, Colette van Laar y Kim de Groot: «Do Sexist Organizational Cultures Create the Queen Bee?» *British Journal of Social Psychology* (2010), 26 mayo 2018: https://onlinelibrary.wiley.com/doi/pdf/10.1348/014466610X525280.

5. Amy Anderson, entrevista por Kadi Cole, Royal Palm Beach, FL, 17 enero 2018.

6. Dee Ann Turner, entrevista por Kadi Cole, Royal Palm Beach, FL, 1 febrero 2018.

7. Kem Meyer, entrevista por Kadi Cole, Royal Palm Beach, FL, 7 febrero 2018.

8. Mesa redonda de pastoras ejecutivas, Dallas, TX, 8 marzo 2018.

9. Nancy Beach, entrevista por Kadi Cole, Royal Palm Beach, FL, 16 enero 2018.

# BIBLIOGRAFÍA

Barna Group, Inc. «Christian Women Today, Parte 1 de 4: What Women Think of Faith, Leadership and Their Role in the Church». Barna, 13 agosto 2012: https://www.barna.com/research/christian-women-today-part-1-of-4-what-women-think-of-faith-leadership-and-their-role-in-the-church/.

Behr, Ken. «How Christian Subculture Can Be a Stumbling Block». *Church Executive* (blog), 7 junio 2012: https://churchexecutive.com/archives/how-christian-subculture-can-be-a-stumbling-block.

Bennett, Jessica. «How Not to Be "Manterrupted" in Meetings». *Time*, 20 junio 2015: http://time.com/3666135/sheryl-sandberg-talking-while-female-manterruptions/.

Campbell, David, David Edgar y George Stonehouse. *Business Strategy: An Introduction*, 3.ª ed. London: Palgrave Macmillan, 2011.

Carpenter, Julia. «Why Men Need to Believe in the Wage Gap». CNN Business, 20 febrero 2018: http://money.cnn.com/2018/02/20/pf/men-wage-gap/index.html.

Catalyst. «Damned or Doomed—Catalyst Study on Gender Stereotyping at Work Uncovers Double-Bind Dilemmas for Women»: http://www.catalyst.org/media/damned-or-doomed-catalyst-study-gender-stereotyping-work-uncovers-double-bind-dilemmas-women.

Cecchi-Dimeglio, Paola. «How Gender Bias Corrupts Performance Reviews and What to Do About It». *Harvard Business Review*, 12 abril 2017: https://hbr.org/2017/04/how-gender-bias-corrupts-performance-reviews-and-what-to-do-about-it.

Chira, Susan. «The Universal Phenomenon of Men Interrupting Women».

*New York Times*, 14 junio 2017: https://www.nytimes.com/2017/06/14/business/women-sexism-work-huffington-kamala-harris.html.

Cho, Janet H. «"Diversity Is Being Asked to the Party; Inclusion Is Being Asked to Dance" Verna Myers Tells Cleveland Bar». Cleveland.com, 27 mayo 2016: http://www.cleveland.com/business/index.ssf/2016/05/diversity_is_being_invited_to.htm.

Clance, Pauline Rose y Suzanne Imes. «The Imposter Phenomenon in High Achieving Women: Dynamics and Therapeutic Intervention». *Psychotherapy Theory, Research and Practice* 15, no. 3 (otoño 1978): p. 1. http://www.paulineroseclance.com/pdf/ip_high_achieving_women.pdf.

Clinton, J. Robert. *The Making of a Leader: Recognizing the Lessons and Stages of Leadership Development*. Colorado Springs, CO: NavPress, 2012.

Cloud, Henry y John Townsend. *¿Cómo crecemos?* Grand Rapids, MI: Vida, 2005.————. *El poder del otro: El asombroso efecto que otras personas tienen sobre ti, desde la sala de juntas hasta el dormitorio y más allá, y qué hacer al respecto*. Grand Rapids, MI: Vida, 2017.

Colantuono, Susan. «The Career Advice You Probably Didn't Get». TED, 16 noviembre 2013: https://www.ted.com/talks/susan_colantuono_the_career_advice_you_probably_didn_t_get.

Correll, Shelley y Caroline Simard. «Research: Vague Feedback Is Holding Women Back». *Harvard Business Review*, 29 abril 2016: https://hbr.org/2016/04/research-vague-feedback-is-holding-women-back.

Correll, Shelley, Stephan Benard e In Paik. «Getting a Job: Is There a Motherhood Penalty?». Harvard Kennedy School Women y Public Policy Program, Gender Action Portal, marzo 2007: http://gap.hks.harvard.edu/getting-job-there-motherhood-penalty, 25 abril 2018.

Cunningham, Carolyn. «Gender Differences in Communication and How That Impacts Women's Advancement.» Women Lead Conference. Spokane, Washington, 14 marzo 2018.

de Dominis, Marco Antonio. *De Republica Ecclesiastica*. Vol. 1. London: Billius, 1617.

de Pree, Max. *El liderazgo es un arte*. México, D.F.: Lasser Press Mexicana, 2002.

Derks, Belle, Naomi Ellemers, Colette van Laar y Kim de Groot. «Do Sexist Organizational Cultures Create the Queen Bee?». *British Journal of Social Psychology* 50, no. 3 (septiembre 2011). https://doi.org/10.1348/014466610X525280.

DiGeronimo, J J. «Sticky Floor Syndrome and Other Self Sabotage». *J J*

*DiGeronimo* (blog). https://www.jjdigeronimo.com/sticky-floor-syndrome-self-sabotage/, 16 abril 2018.

Dubner, Stephen J. «After a Glass Ceiling; A Glass Cliff». *Freakonomics Podcast*. Publicado 24 febrero 2018: http://freakonomics.com/podcast/glass-cliff/. Accedido 22 marzo 2018.

Ely, Robin J., Herminina Ibarra y Deborah Kolb. «Taking Gender into Account: Theory and Design for Women's Leadership Development Programs». Academy of Management Learning & Education, 10 no. 3 (September 2011): p. 3: https://www.hbs.edu/faculty/Pages/item.aspx?num=41610.

Giles, Kevin. *The Trinity & Subordinationism: The Doctrine of God & the Contemporary Gender Debate*. Downers Grove, IL: IVP Academic, 2002.

Goff, Bob. *A todos, siempre*. Nashville, Tennessee: Grupo Nelson, 2019.

Gordon, Carolyn. «Women in Ministry». Fuller Theological Seminary, 19 agosto 2015: https://youtu.be/D-GqCCmJIAs.

Graham, Billy. *Tal como soy*. Miami, FL: Vida, ©1997.

Grohol, John M. «15 Common Cognitive Distortions». Psych Central. Última actualización: 12 abril 2018: https://psychcentral.com/lib/15-common-cognitive-distortions/. Consultado 29 mayo 2018.

Grudem, Wayne. *Teología sistemática: Introducción a una doctrina bíblica*. Grand Rapids, MI: Vida, 2007.

Gunzareth, L., V. Faden, S. Zakhari y K. Warren. "National Institute on Alcohol Abuse and Alcoholism Report on Moderate Drinking." *Alcohol: Clinical and Experimental Research* 28, no. 6 (junio 2004): pp. 829-47. https://www.ncbi. nlm.nih.gov/pubmed/15201626.

Hewlett, Sylvia Ann. *Executive Presence: The Missing Link Between Merit and Success*. Nueva York: HarperCollins, 2014.———. *Forget a Mentor. Find a Sponsor*. Boston, MA: Harvard Business Review Press, 2013.

Hochschild, Arlie y Anne Machung. *The Second Shift: Working Families and the Revolution at Home*. Nueva York: Penguin Group, 2012.

Hsieh, Tony. *Delivering Happiness: ¿Cómo hacer felices a tus empleados y duplicar tus beneficios?* Nueva York: Business Plus, 2010.

Hunt, Vivian, Dennis Layton y Sara Prince. *Diversity Matters*. McKinsey & Company 2 febrero 2015: https://www.mckinsey.com/~/media/mckinsey/business%20functions/organization/our%20insights/why%20diversity%20matters/diversity%20matters.ashx.

Longman, Karen. «Sticky Floors? Stained Glass Ceilings? Addressing Barriers That Deter Women from Leadership». Sesiones de trabajo, Advancing Women in Leadership Conference. Azusa Pacific University, 5 marzo 2018.

Ludden, Jennifer. «Ask for a Raise? Most Women Hesitate». National Public Radio, 8 febrero 2011: https://www.npr.org/2011/02/14/133599768/ask-for-a-raise-most-women-hesitate.

Martin, Peggy. *The Therapeutic Use of Self.* London, England: Palgrave, 1987.

McCloskey, Robert. Portavoz del Departamento de Estado de EE. UU. Registrado por Marvin Kalb, reportero de CBS. TV Guide, 3 marzo 1984. Citado en una rueda de prensa no especificada durante la guerra de Vietnam.

McGinn, Kathleen L. y Nicole Tempest. "Heidi Roizen." Harvard Business School Case 800-228. Enero 2000. Última modificación, 2010: https://www.hbs.edu/faculty/Pages/item.aspx?num=26880.

McGuire, Gail M. «Gender, Race, and the Shadow Structure: A Study of Informal Networks and Inequality in a Work Organization». *Gender and Society* 16, no. 3 (2002): pp. 303-22: http://www.jstor.org stable/3081781.

Mencken, Henry Louis. *Prejudices: Second Series.* Nueva York: Alfred A. Knopf, 1920.

Meyer, Joseph. *The Search to Belong: Rethinking Intimacy, Community, and Small Groups.* Grand Rapids, MI: Zondervan, 2003.

Miller, Claire. "Unintended Consequences of Sexual Harassment Scandals." *New York Times,* 9 octubre 2017: https://www.nytimes.com/2017/10/09/upshot/as-sexual-harassment-scandals-spook-men-it-can-backfire-for-women.html. Accedido 20 abril 2018.

Milne-Tyte, Ashley, presentador. Episodio 105: «The Assistant». The Broad Experience (pódcast MP3), 15 mayo 2017: https://itunes.apple.com/us/podcast/the-broad-experience/id524835071?mt=2.

Mohair, Tara. «Why Women Don't Apply for Jobs Unless They're 100% Qualified». *Harvard Business Review,* 24 agosto 2014: https://hbr.org/2014/08/why-women-dont-apply-for-jobs-unless-theyre-100-qualified.

Palmer, Parker. *Let Your Life Speak: Listening for the Voice of Your Vocation.* San Francisco, CA: Jossey-Bass, 2000.

Payne, Keith, Laura Niemi y John M. Doris. «How to Think About Implicit Bias». *Scientific American,* 27 marzo 2018. https://www.scientificamerican.com/article/how-to-think-about-implicit-bias/.

Pronin, Emily, Daniel Y. Lin y Lee Ross. «The Bias Blind Spot: Perceptions of Bias in Self Versus Others». *Personality and Social Psychology Bulletin* 28, no. 3 (marzo 2002): pp. 369–81: https://doi.org/10.1177/0146167202286008.

Rogers, Rod. *Pastor Driven Stewardship: 10 Steps to Lead Your Church to Biblical Giving.* Dallas, TX: Brown Books, 2006.

Roys, Julie (presentadora). «What Is God's Vision for Womanhood?» Up for

Debate (pódcast MP3). Moody Bible Radio, 9 diciembre 2017: https://moodyaudio.com/products/what-gods-vision-womanhood.

Ryrie, Charles. *Teología básica*. Miami, FL.: Unilit, 1993.

Sandberg, Sheryl. *Lean In: Women, Work and the Will to Lead*. Nueva York: Alfred A. Knopf, 2013.

Santhanam, Laura. «Poll: A Third of Women Say They've Been Sexually Harassed or Abused at Work». PBS News Hour, 21 noviembre 2017: https://www.pbs.org/newshour/nation/poll-a-third-of-women-say-theyve-been-sexually-harassed-or-abused-at-work.

Scazzero, Peter. *El líder emocionalmente sano: Cómo el transformar tu vida interior transformará profundamente tu iglesia, tu equipo y el mundo*. Grand Rapids, MI: Vida, 2016.

Schleifer, Cyrus y Amy D. Miller. «Occupational Gender Inequality Among American Clergy, 1976-2016: Revisiting the Stained-Glass Ceiling». *Sociology of Religion* 78, no. 4 (8 enero 2018): pp. 387-410: https://doi.org/10.1093/socrel/srx032.

Schawbel, Dan. «Sylvia Ann Hewlett: Find a Sponsor Instead of a Mentor». *Forbes*. 10 septiembre 2013: https://www.forbes.com/sites/danschawbel/2013/09/10/sylviaann-hewlett-find-a-sponsor-instead-of-a-mentor/#3f5aa1801760.

Scholer, David M. «1 Timothy 2:9-15 & The Place of Women in the Church's Ministry». In Women, Authority & The Bible. Editado por Alvera Michelsen. Downers Grove, IL: InterVarsity Press, 1986.

Shambaugh, Rebecca. *It's Not a Glass Ceiling, It's A Sticky Floor: Free Yourself from the Hidden Behaviors Sabotaging Your Career Success*. Nueva York: McGraw-Hill Books, 2008.

Shellnut, Kate. «Women's March Sets Out to Exclude 40 Percent of American Women». *Christianity Today*, 18 enero 2017: https://www.christianitytoday.com/women/2017/january/womens-march-sets-out-to-exclude-40-percent-of-american-wom.html.

Smith, Efrem, Tara Beth Leach, David Fitch y Juliet Liu. «Let Women Lead». Seminario web, Missio Alliance, 22 febrero 2018: https://www.missioalliance.org/product/let-women-lead-webinar/.

Stein, Steven J. y Howard E. Book. *The EQ Edge: Emotional Intelligence and Your Success*. Mississauga, ON: Jossey-Bass, 2006.

Strong, James. *Nueva concordancia Strong exhaustiva*. Nashville, TN: Grupo Nelson, 2003.

Sweigart, Ann. «Women on Board for Change: The Norway Model of

Boardroom Quotas as a Tool for Progress in the United States and Canada».
*Northwest Journal of International Law & Business*, 32, no. 4 (2012): p. 81a.
http://scholarlycommons.law.northwestern.edu/njilb/vol32/iss4/6.

The Sloan Center on Aging & Work at Boston College. «Employers Need:
Improved Performance & Productivity». http://workplaceflexibility.bc.edu/
need/need_employers_performance. Accedido 25 mayo 2018.

Thompson, Krissah. «In March on Washington, White Activists Were Largely
Overlooked but Strategically Essential». *Washington Post*, 25 agosto
2013. https://www.washingtonpost.com/lifestyle/style/in-march-on-
washington-white-activists-were-largely-overlooked-but-strategically-
essential/2013/08/25/f2738c2aeb27-11e2-8023-b7f07811d98e_story.
html?utm_term=.d975b97a5a9c.

Turner, Laura Ortberg. «The Christian F-Word». *Christianity Today*, 25 septiembre
2013: https://www.christianitytoday.com/women/2013/september/
christian-f-word.html.

U. S. Congregations. «What Are the Major Challenges That U.S. Congregations
Face?». USCLS (U. S. Congregational Life Survey blog). http://www.
uscongregations.org/blog/2014/02/17/what-are-the-major-challenges-that-
u-s-congregations-face/. Accedido 10 octubre 2018.

Valerio, Anna Marie y Kartina Sawyer. «The Men Who Mentor Women».
*Harvard Business Review*, 7 diciembre 2016: https://hbr.org/2016/12/
the-men-who-mentor-women.

Vasel, Kathryn. «5 Things to Know About the Gender Pay Gap». CNN Money, 4
abril 2017: http://money.cnn.com/2017/04/04/pf/equal-pay-day-gender-
pay-gap/index.html?iid=EL.

Walker, Susan, J. Bastow Wilson, John B. Steel, G. L. Rapson, Benjamin Smith,
Warren McG. King y Yvette H. Cottam. «Properties of Ecotones: Evidence
from Five Ecotones Objectively Determined from a Coastal Vegetation
Gradient». *Journal of Vegetation Science* 14, no. 4 (9 abril 2009): pp. 579-90.
https://doi.org/10.1111/j.1654 1103.2003.tb02185.x.

Wilkerson, Robyn. *Shattering the Stained Glass Ceiling: A Coaching Strategy for
Women Leaders in Ministry.* Springfield, MO: Influence Resources, 2017.

Williams, Joan. «What Works for Women at Work». Book event, Stanford,
California, 15 abril 2014: http://gender.stanford.edu/news/2014/what-
works-women-work. Accedido 22 marzo 2018.

# ACERCA DE LA AUTORA

Kadi Cole es una de las autoridades con más experiencia en el desarrollo organizativo y de liderazgo en la iglesia actual. Con una trayectoria en el liderazgo ejecutivo de una de las iglesias multicéntrica más grandes de Estados Unidos y una maestría en Desarrollo de Recursos Humanos, ella ofrece estrategias prácticas y conocimientos relevantes y de fácil aplicación a la cultura de la iglesia contemporánea.

Kadi ayuda a las personas y a los equipos a descubrir y cumplir el propósito que Dios les ha dado con más efectividad y alegría a través de su trabajo internacional como asesora organizativa, entrenadora de liderazgo y facilitadora de LifePlan. Como una de las primeras mujeres líderes en servir en un rol ejecutivo en una gran iglesia multicéntrica, Kadi es miembro fundador de la Red de Pastoras Ejecutivas y también trabaja con iglesias para crear entornos en los que las mujeres líderes puedan desarrollarse de forma plena, prosperar en su llamado y ayudar a cumplir la misión de sus iglesias.

La actitud de Kadi de «cuéntelo tal cual es» es un enfoque refrescante que le permite conectarse de forma genuina con aquellos que aspiran a llegar a su próximo nivel de liderazgo e impacto.

Conéctese con Kadi en www.kadicole.com o en las redes sociales @kadicole.

# ¿HAS LEÍDO ALGO BRILLANTE Y QUIERES CONTÁRSELO AL MUNDO?

**Ayuda a otros lectores a encontrar este libro:**

- Publica una reseña en nuestra página de Facebook @VidaEditorial

- Publica una foto en tu cuenta de redes sociales y comparte por qué te agradó.

- Manda un mensaje a un amigo a quien también le gustaría, o mejor, regálale una copia.

¡Déjanos una reseña si te gustó el libro! ¡Es una buena manera de ayudar a los autores y de mostrar tu aprecio!

Visítanos en
EditorialVida.com
y síguenos en
nuestras redes sociales.